rororo sport
Herausgegeben von Bernd Gottwald

Tischtennis · Badminton · Squash

KARL-PETER KNEBEL/
BERND HERBECK/SUSANNE SCHAFFNER

TENNIS FUNKTIONSGYMNASTIK

Mit Fotos und Abbildungen
von Karl-Peter Knebel

Rowohlt

Die Verfasser bedanken sich bei Martina Doser,
Kathrin Rau, Britta Knebel, Felix Krabetz und Detlev Lindner,
die sich mit viel Geduld für die Demonstration der Übungen
zur Verfügung gestellt haben, sowie bei Marion Knebel
für die gewissenhafte Erstellung des Manuskripts.

Prof. Dr. Helmut Weicker gewidmet

Originalausgabe

Layout Angelika Weinert
Umschlaggestaltung Jürgen Kaffer / Peter Wippermann
(Foto: Walter Fogel)
Veröffentlicht im Rowohlt Taschenbuch Verlag GmbH,
Reinbek bei Hamburg, März 1988
Copyright © 1988 by Rowohlt Taschenbuch Verlag GmbH,
Reinbek bei Hamburg
Satz Times (Linotron 202)
Gesamtherstellung Clausen & Bosse, Leck
Printed in Germany
1680-ISBN 3 499 18621 7

13.–17. Tausend Juli 1989

Fotos Bongarts: Seite 1, 10, 12, 89,
119, 135, 136, 142, 197, 239, 240

Inhalt

Einführung 11

Warum Funktionsgymnastik? 13

Das Anforderungsprofil der Rückschlagspiele 15

Gewandtheit 16
  Gewandtheit in den Rückschlagspielen 17
Beweglichkeit 19
  Beweglichkeit in den Rückschlagspielen 21
Kraft 22
  Kraftfähigkeiten in den Rückschlagspielen 23

Was man über den Muskel und seine Funktion wissen sollte 31

Die Fasertypen – Grundlage motorischer Leistungsfähigkeit 31
Gelenk und Muskel – Funktionelle biologische Einheit 36
Das Funktionskreisprinzip 39
Wodurch muskuläre Dysbalancen entstehen 42
  Einseitige Trainingsbelastungen 42
  Überbelastungen 44
  Einseitige Kraftentwicklung 45
  Mangelhafte Dehn- und Entspannungsfähigkeit 46
  Falsche Koordination 47
  Verletzungen 49
  Unfunktionelle Übungsausführungen 50

Sportmedizinische Aspekte 52

Beanspruchungen des Schlagarms 53
Beanspruchungen der Beine 54
Wirbelsäulenbeanspruchung 55
   Beanspruchung beim Tischtennis 56
   Beanspruchung bei Badminton und Squash 57

Funktionsstörungen 62

Achillessehnen-Beschwerden 64
   Ursachen 64 / Vorbeugende Maßnahmen 65
   Übungsprogramm 65
Sprunggelenk-Beschwerden 66
   Ursachen 66 / Vorbeugende Maßnahmen 66
   Übungsprogramm 67
Kniegelenk-Beschwerden 67
   Ursachen 67 / Vorbeugende Maßnahmen 69
   Übungsprogramm 69
Muskelbeschwerden im Oberschenkel 70
   Ursachen 70 / Vorbeugende Maßnahmen 70
   Übungsprogramm 70
Rückenbeschwerden 71
   Ursachen 71 / Vorbeugende Maßnahmen 72
   Übungsprogramm 72
Beschwerden im oberen Bereich der Wirbelsäule 72
   Ursachen 72 / Vorbeugende Maßnahmen 73
   Übungsprogramm 73
Schulterbeschwerden 73
   Ursachen 74 / Vorbeugende Maßnahmen 74
   Übungsprogramm 75
Ellbogenbeschwerden 75
   Ursachen 75 / Vorbeugende Maßnahmen 76
   Übungsprogramm 76

Kinder- und Jugendtraining 77

Beweglichkeitstraining 78
Krafttraining 81

Training mit Mädchen und Frauen 86

Aufwärmen vor Training und Wettkampf 90

Funktionelles Aufwärmen 91
Dauer und Intensität des Aufwärmens 92
Allgemeine Aufwärmregeln 94
Aktives und passives Warmhalten 96
Aktives Entmüden – «Cool-down» 97
Falsches Aufwärmen 100

Beweglichkeitstraining 101

Stretching – Funktionelle Muskeldehnung 102
Wie wirkt Stretching? 103
Stretching und Muskelelastizität 110
Welche Methode zu welchem Zweck 114
Durchführung von Dehnübungen 116

Krafttraining 121

Grundlagentraining – Rumpfkraft vor Extremitätenkraft 122
Spezielles Krafttraining 124
   Kraftausdauertraining 130
   Krafttraining und Koordination 131
   Krafttraining und Beweglichkeit 132

Übungen und ihre Anwendungen 137

Zusammenstellung eines Übungsprogramms 139
   Auswahl der Übungen 139
   Übungsintensität und Übungsdauer 140
   Motivationale Aspekte 140
   Grundübungen 141

Übungen 143

Funktionskreis 1   143
Funktionskreis 2   145
Funktionskreis 3   161
Funktionskreis 4   182
Komplexübungen   189
Anbahnung   190
Aufwärmübungen vor dem Match   198
Dehnen und Entspannen in Wettkampf und Training   202
Anspannungs-Entspannungs-Dehnen
  (postisometrische Relaxation)   204
Kraftübungen mit Hilfsmitteln   211
Circuittraining   221
  Trainingsbeispiele   223
  Kraftzirkel   225
  Kraftausdauerzirkel   226
  Ausdauerzirkel   227
  Beweglichkeitszirkel   228
Unfunktionelle Übungen – Negativ-Beispiele   229

Anhang 241

Literaturhinweise   241
Die Autoren   247
Glossar   248
Sachregister   250

Vorwort

Es war immer mein Anliegen, unsere Trainer, Spitzenspieler und Jugendlichen von der Wichtigkeit umfangreicher und systematischer Konditionsarbeit zu überzeugen. Der Anfang in den frühen siebziger Jahren war recht schwer, ja manchmal fast entmutigend. Inzwischen gewinnt die Konditionsschulung dank der Einsicht vieler Fachkräfte, der neuen Trainer-Aus- und -Fortbildung sowie der Entwicklung im Profitennis, dort besonders bei den Spitzenspielern, immer mehr an Bedeutung: es wird allgemein für Fitness wesentlich mehr getan.

Trotzdem kann man immer noch nicht von einem Durchbruch des systematischen und zielbewußten Konditionsaufbaus sprechen. Zuviel Improvisation, zuwenig Wissen über die Methoden und Ziele sowie über die richtige Planung des Konditionstrainings bremsen die Entwicklung. Hinzu kommen mangelnde Kenntnisse in der funktionellen Anatomie und daraus resultierende Unkenntnis bezüglich der Notwendigkeit des Muskelaufbaus nicht nur der arbeitenden, sondern auch der stützenden Muskulatur. Dies bremst nicht nur die Leistungssteigerung, sondern kann vor allem eine erhöhte Anfälligkeit für Verletzungen und Dauerschäden zur Folge haben.

Trotz umfangreicher allgemeiner Fachliteratur in diesem Bereich mangelte es bisher an speziellen Anweisungen und Unterlagen, mit denen z. B. Spieler und Trainer eigene tennisspezifische Programme entwickeln können. Es ist deswegen äußerst erfreulich, daß sich die Autoren dieses Buches die Rückschlagspiele und dabei vor allem Tennis gewählt haben, um den Sportlern und Trainern ein umfangreiches und fundiertes Wissen zu vermitteln. Dieses ausführliche und sehr leicht verständliche Buch ist ein wichtiger Beitrag, der eventuelle Lücken im Wissen jedes Trainers ausfüllen kann. Ich gratuliere den Autoren herzlich und bin überzeugt, daß dieses Werk ein fester Bestandteil jeglicher Trainerausbildung im DTB sein wird.

Zum Abschluß möchte ich den Wunsch äußern, daß die dargebotenen theoretischen und praktischen Hinweise bis in den kleinsten Verein dringen und daß auch unsere Jugendlichen und Spitzenspieler auf dieses Buch zurückgreifen. Denn Selbstvertrauen und Selbstwertstreben kann nur auf der Basis der Selbständigkeit wachsen, und für diese sind die eigenen fachlichen Kenntnisse in allen Bereichen eine wichtige Voraussetzung.

Richard Schönborn / Cheftrainer des DTB

Einführung

Gymnastische Übungen zum Erhalt und zur Steigerung der Leistungsfähigkeit sind für viele Sporttreibende selbstverständliche Bestandteile des Trainings. Im Wettkampfsport gehören sie zum Standardprogramm des Aufwärmens. Auch nach Training und Wettkampf werden sie in einigen Sportarten angewandt, um die körpereigene Regeneration zu unterstützen. Weil Gymnastik die motorische Handlungsfähigkeit verbessert, gehört sie traditionell zu jedem Technik- und Konditionstraining. Sportmediziner empfehlen sie, um Verletzungsgefahren vorzubeugen; Krankengymnasten setzen sie therapeutisch ein; Psychotherapeuten bedienen sich ihrer, um bei psychosomatischen Störungen wieder Harmonie und Gleichgewicht des Seelenlebens herbeizuführen.
Selten jedoch wird ihre Wirkung von Sportlern und Trainern hinterfragt. Der Umgang mit ihr ist Gewohnheit geworden. Rumpfbeugen vorwärts, seitwärts, rückwärts... Arme schwingen! Übungen, über deren Sinn sich schon längst niemand mehr Gedanken macht. Das hat für uns vor mehr als 150 Jahren Turnvater Jahn erledigt.
Doch vor dem Hintergrund einer beachtlich gestiegenen Bedeutung des Sports als Freizeitbeschäftigung und der Entwicklung des Hochleistungssports, in den z. B. im Tennis und Tischtennis mehr und mehr Kinder und Jugendliche eingebunden werden, muß über die Rolle der Gymnastik als Element des Trainings neu nachgedacht werden.
Daß sich Nachdenken lohnt, beweist die geradezu wie ein Boom über den Sport hereingebrochene «Stretching-Welle», die das Beweglichkeitstraining in den meisten Sportarten gründlich veränderte. Der Amerikaner HOLT (1971) war der erste, der diese Dehnungstechnik für den Sport entdeckte, aufarbeitete und unter dem Titel «Scientific Stretching for Sport» im Eigenverlag vertrieb. Er nutzte dabei seine Erfahrungen in der Physiotherapie und manuellen Medizin mit dem einzigen Ziel, ein «optimales Muskel- und Gelenkverhalten zu fördern und darüber hinaus regelmäßig

Einfluß zu nehmen auf einen günstig abgestimmten komplexen Bewegungsablauf innerhalb und außerhalb des sportlichen Trainings» (WENDLER 1983, 118).
Bis vor ca. 15 Jahren wurde dem Konditionstraining im bundesdeutschen Leistungstennis noch kaum Bedeutung beigemessen, Technik und Taktik waren Trumpf. Die Zeiten scheinen zwar immer noch nicht ganz überwunden zu sein (vgl. WEBER 1986), doch die ausgeprägte Athletik der meisten Spitzenspieler(-innen), die auch dem letzten Tennisfan kaum verborgen bleibt, hat seine Auswirkung auf die Einstellung zur Kondition nicht verfehlt. Nicht minder bedeutsam sind die eigenen Anstrengungen des DTB. 1985 widmete der sportwissenschaftliche Ausschuß dem Thema «Kondition» ein ganzes Symposion.
Gymnastik ist nur ein kleiner, wenn sie aber funktionell angelegt wird, ein bedeutsamer Beitrag, die körperliche und psychische Verfassung des Sportlers zu steigern und seine Gesundheit zu sichern. «Ich predige es jeden Tag: Gymnastik, Gymnastik, Gymnastik. Jeder Sportler sollte täglich 20 Minuten Gymnastik machen – außerhalb seines Trainings, als Ausgleich» (MÜLLER-WOHLFAHRT 1987, 114).

Warum Funktionsgymnastik?

41 Prozent der Teilnehmer an den Deutschen Tennis-Jugendmeisterschaften der «Unter-14jährigen» im Jahr 1983 hatten noch nie ein Konditionstraining durchgeführt (zit. nach SCHÖNBORN 1984). Eine Zahl, die mehr als nachdenklich stimmen muß, wenn man bedenkt, daß Meisterschaftsteilnehmer in diesem Alter bereits über einen Zeitraum von ca. 3 bis 5 Jahren ein Leistungstraining mit einem durchschnittlichen Aufwand von ca. 10 Stunden pro Woche absolvieren (vgl. WEISS 1984).

Kein Wunder also, wenn bei Funktionsüberprüfungen jugendlicher Kaderathleten(-innen) bereits erhebliche Mängel und Defizite in der Leistungsfähigkeit des Bewegungsapparats festgestellt werden konnten (vgl. SOMMER 1984; DANGEL/REICHARDT 1985); Ergebnisse, die auch in Untersuchungen regelmäßig trainierender Kinder in der DDR von TAUCHEL und MÜLLER (1986) gefunden wurden. Die Befunde ergaben im wesentlichen einen defizitären Funktionszustand der Muskulatur in der Hüfte-Lenden-Becken-Region und im Schultergürtel sowie eingeschränkt dehnfähige Hüftbeuger, verkürzte Rücken- und Schulterblatt-Muskeln und deutliche Kraftdefizite der Gesäß-, Bauch- und Rückenmuskulatur.

Um Mißverständnissen vorzubeugen, muß erwähnt werden, daß solche Zustandsbilder natürlich nicht nur im Tennis anzutreffen sind, sondern auch in anderen Sportarten vorgefunden werden können. Doch zeigen die Längsschnittuntersuchungen eines deutlich: Bei dominanter Beanspruchung vorwiegend nur einer Körperseite, wie sie nun einmal in den Rückschlagspielen üblich ist, besteht eine weitaus größere Gefahr, sich ein muskuläres Ungleichgewicht (*Dysbalance*) mit langfristig negativen Auswirkungen auf den passiven Bewegungsapparat «anzutrainieren».

Der Anspruch einer Funktionsgymnastik wird vor diesem Hintergrund deutlich: Sie dient vordergründig dem *Erhalt und der Verbesserung des Muskel- und Gelenkverhaltens,* eine für die sportliche Bewegung entscheidende Grundlage. Auf diese Weise fördert sie nicht nur die Leistung, sondern stabilisiert sie auch. Ein Aspekt, der zunehmend an Bedeutung gewinnt, wenn «Tennistalenten» der Einstieg in eine Sportlerkarriere geebnet werden soll.

Funktionsgymnastik bezieht ihre Wirkungsweise aus festen Regeln, die der funktionellen Anatomie und Bewegungslehre entlehnt sind. Es handelt sich dabei um Übungen, denen neue Erkenntnisse der Physiologie und Sportphysiotherapie sowie eigene Erfahrungen der Anwendung bei Spitzensportlern zugrunde liegen. Das Wirkungsoptimum basiert auf speziellen Bewegungsmustern, die muskeltonisierende (anregende) bzw. -relaxierende (entspannende) Umstellungsprozesse einleiten.

Der Rahmen einer «Funktionellen Gymnastik für die Rückschlagspiele» ist daher weit gesteckt:

- Harmonische Ausbildung aller Organsysteme, soweit sie durch Gymnastik sinnvoll zu trainieren sind:
  Erhaltung und Verbesserung der Leistungsfähigkeit des Bewegungsapparats; Optimierung der Herz-Kreislauf-Funktion; Reduzierung der Anforderung an den Energiestoffwechsel durch ökonomisierte Bewegungsabläufe; Unterstützung der Koordinationsfähigkeit durch «Anbahnungsprozesse».
- Ausgleich angeborener, entwicklungsbedingter oder erworbener Schwächen des Stütz- und Bewegungsapparats, um Sportschäden vorzubeugen. Angeborene Schwächen können sein: Wirbelsäulenfehlstellungen; entwicklungsbedingt sind z. B. Veränderung der Körperproportionen in der Pubertät, und erworben werden z. B. *muskuläre Dysbalancen* aufgrund einseitiger und eintöniger Trainingsbelastung.
- Vorbereitung auf maximale Beanspruchung in Training und Wettkampf, um die psychische Leistungsbereitschaft anzuregen bzw. negative Erregungszustände zu dämpfen und Verletzungen vorzubeugen.
- Unterstützung der körpereigenen Regeneration nach Training und Wettkampf, um langfristig die Belastungsverträglichkeit zu erhalten und die Streßresistenz zu steigern.

Das Anforderungsprofil der Rückschlagspiele

Die konditionellen und koordinativen Fähigkeiten, über die Spieler und Spielerinnen im Tennis, Tischtennis, Badminton und Squash verfügen müssen sind Kraft, Ausdauer, Schnelligkeit, Beweglichkeit sowie Geschicklichkeit und Gewandtheit. Beim heute üblichen erweiterten Verständnis des Konditionsbegriffs müssen diesen Fähigkeiten entsprechende psychische Eigenschaften zugeordnet werden.

In welchem Ausmaß und mit welchem Ausprägungsgrad die einzelnen Fähigkeiten und Eigenschaften in den Rückschlagspielen gefordert werden, ist von unterschiedlichen Faktoren abhängig. Allein ein Vergleich der Spielfeldgröße und der damit verbundenen von einander abweichenden Laufwege und Aktionsräume macht deutlich, daß die Kondition eines Tennisspielers anders sein muß als die des Squashspielers. Verschiedene Spieldauer, nicht vergleichbare Ballgeschwindigkeiten, andersartige Schläger (Gewicht und Länge), ja selbst der spezielle Bodenbelag stellen ganz und gar unterschiedliche Anforderungen an die Kondition. Besonders herausragend sind in den Rückschlagspielen die hohen Ansprüche an die koordinativen Fähigkeiten.

Zwischen den genannten konditionellen und koordinativen Fähigkeiten bestehen enge Wechselbeziehungen hinsichtlich ihres Einflusses auf die sporttypische Leistungsfähigkeit. Beweglichkeit, Dehnfähigkeit, Entspannungsfähigkeit, Kraft und Koordination sind die hauptsächlichen Gegenstandsbereiche, auf die Funktionsgymnastik Einfluß nehmen kann.

Gewandtheit

Unter Gewandtheit versteht man die Summe der koordinativen Fähigkeiten unter besonderer Berücksichtigung u. a. des Reaktions-, Anpassungs-, Steuerungs-, Orientierungs-, Gleichgewichts- und Kombinationsvermögens. Sie ist die Fähigkeit eines Sportlers, die Bewegungsaufgaben seiner Sportart mit größter Ökonomie präzise und sicher zu lösen (vgl. LETZELTER 1985; JONATH 1986). Letztlich ist Gewandtheit die Fähigkeit, die vielfältigen Steuerungsmöglichkeiten des Bewegungsapparats zu organisieren. «Organisationszentrum» ist der *Motocortex,* unser «Bewegungshirn» (vgl. MARKWORTH 1983).

Reaktionsfähigkeit	– stark
Differenzierungsfähigkeit*	– sehr stark
Kombinationsfähigkeit	– stark
Anpassungs- und Umstellungsfähigkeit	– weniger stark
Orientierungsfähigkeit	– keine
Gleichgewichtsfähigkeit	– stark
Steuerungsfähigkeit	– stark
* Muskelentspannungsvermögen – unter Einbeziehung höherer Mechanismen des Zentralnervensystems	

Tab. 1: Trainingsmethodische Unterscheidung von Fähigkeitsmerkmalen der Gewandtheit und ihre starke bzw. weniger starke Beeinflußbarkeit durch Funktionsgymnastik

Ausdruck einer guten, dem Bewegungsziel entsprechenden Gewandtheit sind:
- *Ökonomisierte Bewegungsabläufe*
  Bewegungen werden müheloser, präziser, zielstrebiger, zweckmäßiger, flexibler, sicherer sowie geradliniger in Raum, Weg und Zeit. Die funktionalen Möglichkeiten des Bewegungsvollzugs sind erweitert.
- *Reduzierter Energieaufwand und Verbrauch*
  bei deutlicher Verminderung des Anstrengungs- und Ermüdungsgrades.
- *Verbessertes Zusammenspiel der Muskulatur*
  bei Vermeidung überflüssiger Mitinnervation nicht direkt beteiligter Muskeln und störender Nebenwirkungen. Hieraus resultiert eine Verringerung der Verletzungs- und Unfallgefahr (vgl. GOTTSCHALK/BEYER 1985).

Diese ausschließlich *physiologische* Betrachtungsweise wird der Gewandtheit nicht vollkommen gerecht. Sie hat auch eine *psychisch-vegetative* Komponente. Wer kennt nicht die Situationen, in denen Tennisstars mit Schieds- und Linienrichterentscheidungen hadern, sich als Folge psychisch so in die Enge treiben, daß sie kaum noch einen Ball richtig treffen. Wenn die innere Einstellung nicht stimmt, dann sind auch Reaktions-, Steuerungs- und Anpassungsfähigkeiten gestört. Dieses Beispiel macht deutlich, wie sehr Fähigkeiten immer als ganzheitliche Prozesse in enger Wechselbeziehung zueinander verstanden werden müssen. Ein hohes Maß an Gewandtheit stabilisiert die Psyche, doch auch eine stabile Psyche steigert die Verfügbarkeit der Gewandtheit auf nicht unerhebliche Weise.

Gewandtheit in den Rückschlagspielen

Die Bewegungsvielfalt in den Rückschlagspielen ist wie in allen anderen Kampf- und Mannschaftssportarten derart groß, daß es unmöglich ist, ein Anforderungsprofil exakt beschreiben zu können. Jedoch ist es möglich, *allgemeine Merkmale* hinsichtlich der sportartspezifischen Gewandtheit (Koordinationsfähigkeit) herauszuarbeiten.
Ein entscheidendes Kennzeichen der Rückschlagspiele sind – mit Ausnahme des Aufschlags – die nicht standardisierbaren, situativen Bewegungen. Kein Rückhandschlag – sei er auch noch so automatisiert – gleicht in Geschwindigkeit, Kraft und Ausführung, in der räumlich-zeitlichen Struktur dem anderen. Fortwährend muß «das motorische Schema» des Schlags der Spielsituation und den Aktionen des Gegners angepaßt werden. Der Erfolg im Wettkampf hängt davon ab, wie schnell und zweckmäßig diese «Situationsbewältigung» gelingt. Unvorhersehbares, so sollte man meinen, ist nicht trainierbar, und in der Tat gilt ein hohes Maß an Spiel- und Wettkampfpraxis in den Rückschlagspielen als bedeutsame Grundlage für die Gewandtheit. Die intellektuelle Leistung in den Rückschlagspielen besteht zumeist darin, in kürzester Zeit aus dem im Training erworbenen, reichhaltigen Bewegungsrepertoire jene Fertigkeiten auswählen, die zur Bewältigung der Spielsituation den größten Nutzeffekt zu bringen scheinen.
Doch die Anforderungen wären wohl recht mager, wollte man sie ausschließlich auf das bloße Auswählen von Fertigkeiten beschränken. Bisweilen verlangen Spielsituationen auch gänzlich neue Lösungen von Aufgaben; der Sportler «erfindet» eine Bewegung, die ihm zuvor gar nicht geläufig war. Gewandtheit, das soll hiermit ausgedrückt werden, bedarf in erster Linie des Kopfes, denn hier sitzt jenes «Computerzentrum», das in so genialer Weise unsere Bewegungen plant, steuert und kontrolliert. Was er

letztlich allerdings an sogenannter Bewegungserfahrung abspeichert, ist Sache des Trainings und der Wettkampfpraxis.

Ein interessanter Versuch, die Speicherkapazität zu erhöhen, ist das «bilaterale» Tennis (vgl. BUCHER/STADLER 1986; KUHN 1987), bei dem auch die ‹verkehrte›, nicht dominante Körperseite trainiert wird. Im Kern gründet diese Methode auf Erkenntnissen der Hirnforschung, die in den sechziger Jahren die Wissenschaftler zwangen, ihre Auffassungen über die Leistungsfähigkeit der Hirn-Hemisphären zu korrigieren (vgl. z. B. SPERRY 1973).

Im Sport hat man sich bisher wenig um die asymmetrische Entwicklung (auffälligster Ausdruck ist die Rechts- bzw. Linkshändigkeit) unseres Gehirns gekümmert. Die dominante Seite wird meist akzeptiert und selten der Versuch unternommen, die andere bewußt zu trainieren. «Bilaterales» Tennis ist dagegen ein schöpferischer Versuch, sich der vernachlässigten Hirnhemisphäre zu bedienen, um die Gewandtheit zu steigern: mit beiden Händen auf einer Seite (einseitig beidhändig), mit beiden Händen auf beiden Seiten (beidseitig beidhändig), mit der linken und rechten Hand (beidseitig einhändig) im Training zu schlagen sind ernstzunehmende Aufgaben, um die «motorische» Verfügbarkeit der so außerordentlich komplexen Gewandtheit zu verbessern (vgl. auch SYER/CONOLLY 1987).

Was das alles mit funktioneller Gymnastik zu tun hat? Gewandtheit hat auch eine konditionelle Seite, denn die Leistungsfähigkeit des Zentral-Nervensystems ist in erheblichem Maße auch vom Funktionszustand des Bewegungsapparats und des Herz-Kreislauf-Systems abhängig. Beides steht in einem wechselseitigen Verhältnis zueinander: Ermüden Herz, Kreislauf und Muskulatur, dann ist auch die Gewandtheit gestört. Eine gute Ausprägung der Gewandtheit ist aber auf der anderen Seite wiederum ein wirksames Mittel, um Ermüdungserscheinungen – peripher oder auch zentral – hinauszuzögern.

Die Rolle der funktionellen Gymnastik im Rahmen einer Gewandtheitsschulung wird klar: Sie stützt im wesentlichen die Transferwirkung von konditionellen und koordinativen Fähigkeiten sowohl in die eine als auch in die andere Richtung. Über den ‹Umweg› der Verbesserung von Elastizität, Dehnfähigkeit, Entspannungsfähigkeit der Muskulatur werden die Gelenkbeweglichkeit gesteigert und Voraussetzungen geschaffen für eine bessere motorische Lern- und Leistungsfähigkeit sowie für ein reibungsloses Zusammenspiel von Muskeln und Muskelgruppen (intermuskuläre Koordination). Funktionsgymnastik hilft Stoffwechselprozesse zu ökonomisieren und die Ausschöpfungsmöglichkeiten der vorhandenen Kraft zu optimieren (intramuskuläre Koordination).

Beweglichkeit

Im engen Zusammenhang mit der Gewandtheit muß die Beweglichkeit gesehen werden. Sie stellt eine motorische Kenngröße dar, die zwischen den konditionellen und koordinativen Fähigkeiten anzusiedeln ist.
Wir verstehen Beweglichkeit als *Gelenkbeweglichkeit* (vgl. KNEBEL 1985) und meinen damit die funktionalen Möglichkeiten, in Gelenken Bewegungen optimal ausführen zu können. Synonym wird auch der Begriff *Mobilität* mit seinen Grenzformen *Hypomobilität* (verminderte Gelenkbeweglichkeit) bzw. *Hypermobilität* (Überbeweglichkeit des Gelenks) verwendet.
Gemäß diesem Verständnis bestimmen folgende Faktoren die Gelenkbeweglichkeit:
- Zustand der knöchernen Formelemente (Form und Kongruenz von Gelenkkopf und Pfanne),
- Zustand der bindegewebigen Formelemente (Dicke bzw. Elastizität von Gelenkknorpel, Gelenkkapsel und Bändern),
- Zustand der auf das Gelenk einwirkenden Muskulatur (Elastizität, Kraft und Masse der Muskeln sowie Elastizität der Sehnen),
- Gelenkstoffwechsel (Gelenkschmiere),
- neurophysiologische Steuerungsprozesse (Muskeltonus, Entspannungsfähigkeit),
- psychophysische Hemmungs- bzw. Aktivierungsprozesse (psychische Gespanntheit bzw. Verspannung).

Ferner unterliegt die Gelenkbeweglichkeit einer ganzen Reihe anderer Einflußgrößen (vgl. GROSSER 1977 und WEINECK 1980):
- Mit zunehmendem Lebensalter vermindert sich die Gelenkbeweglichkeit infolge chemischer und struktureller Veränderungen der beteiligten Gewebe (Abbau elastischer Fasern);
- hormonelle Unterschiede sind wesentlich verantwortlich für die im Durchschnitt größere Gelenkbeweglichkeit bei Mädchen und Frauen;
- in den frühen Morgenstunden ist die Gelenkbeweglichkeit schlechter als zur übrigen Tageszeit;
- nach hartem, ermüdendem Training ist die Gelenkbeweglichkeit aufgrund biochemischer und neuronaler Steuerungsprozesse eingeschränkt;
- bei erhöhter Außentemperatur und nach funktionellem Aufwärmen ist die Gelenkbeweglichkeit besser.

Als Maßstab für die Güte der Gelenkbeweglichkeit wird sowohl in der trainingswissenschaftlichen als auch sportmedizinischen Literatur (vgl. HARRE 1971; WEINECK 1980; WEBER 1982) fälschlicherweise eine *maximale*

Bewegungsamplitude oder Schwingungsweite angesehen. Folgt man dieser Sichtweise unkritisch, so würde eine große Schwingungsweite der Arme, z. B. bedingt durch eine Hypermobilität in den Schultergelenken, folgerichtig auch als eine qualitativ gute Beweglichkeit angesehen werden müssen. Hypermobile Gelenke bedeuten aber in jedem Fall eine funktionelle Schwächung, die für die Sporttreibenden ein erhöhtes Verletzungsrisiko bedeutet und längerfristig die Gefahr eines Sportschadens begünstigt.

Eine quantifizierende, ausschließlich physikalische Betrachtungsweise, wie sie im Sport und in den Sportwissenschaften weit verbreitet zu sein scheint, reicht daher keinesfalls aus, um die Beweglichkeit eines Gelenks *qualitativ* zufriedenstellend beurteilen zu können.

Ausdruck einer qualitativ guten Gelenkbeweglichkeit im Sport kann daher nur eine funktionelle, optimale (nicht um jeden Preis maximale) Bewegungsamplitude sein, deren Größe von den *anatomischen und physiologischen Grenzen der Gelenksituation* bestimmt wird. Welchen Ausprägungsgrad sie jeweils haben muß, ist vom Anforderungsprofil der Sportart und von den individuellen Voraussetzungen des Sportlers abhängig. So ist die Schultergelenkbeweglichkeit von Tennis- und Badmintonspielern aufgrund des Überkopfspiels beim Schmettern bzw. Aufschlagen (Tennis) qualitativ anders einzuschätzen als bei Tischtennis- und Squashspielern. Sie muß auch dann anders beurteilt werden, wenn z. B. eine individuelle Fehlstellung der Brustwirbelsäule die Schwingungsweite der Arme im Schultergelenk einschränken würde.

Die Bedeutung der Beweglichkeit wird im Sport vorwiegend unter dem Aspekt der Leistungssteigerung gesehen. So auch im DTB-Lehrplan: «Eine hohe Schwingungsweite in den entsprechenden Gelenken erlaubt bei verschiedenen Schlagtechniken insbesondere wegen des verlängerten Beschleunigungswegs einen höheren Energiegewinn» (1986). Erst in zweiter Linie besinnt man sich ihrer Bedeutung als Verletzungsvorsorge, dann wiederum auch nur unter dem Gesichtspunkt der «höheren Belastungsfähigkeit» und der «besseren Leistungen in Training und Wettkampf».

In vielen Sportarten scheint eine rein *ethische* Begründung, Sport darf – gleich in welcher Form und mit welcher Intensität er auch betrieben wird – der Gesundheit nicht abträglich sein, nicht zu den ersten Überlegungen zu gehören. Vor dem Hintergrund vieler verletzter Spitzensportler bemüht man sich aber neuerdings erfolgreich, diese Sichtweise zu korrigieren (vgl. STEINHÖFER 1983; KNEBEL 1985; DANGEL/REICHARDT 1986; SPRING u. a. 1986). Ein Beispiel für diese Bemühungen sind die *funktionellen Dehntechniken* (wie z. B. Stretching), die in vielen Sportarten im Beweglichkeitstraining vermehrt angewandt werden. So auch in den Landes- und Bundeskadern des Deutschen Tennis-Bundes.

Beweglichkeit in den Rückschlagspielen

3In den Rückschlagspielen werden hohe Anforderungen an die Beweglichkeit gestellt. Blitzschnelle Richtungswechsel, abrupte Stops aus Lauf- und Schrittbewegungen und sehr dynamische Drehbewegungen des Körpers unter starken Torsionsbedingungen der Wirbelsäule beim Wechsel von Vorhand auf Rückhand, setzen einen überdurchschnittlichen Funktionszustand des aktiven und passiven Bewegungsapparats voraus. Besonders gefordert sind die Bereiche Schultergürtel, Brustwirbelsäule (Funktionskreise 1, 2, 4) und die Lendenwirbelsäule in Verbindung mit der Becken- und Hüftgelenksituation (Funktionskreis 3; vgl. auch Kap. «Das Funktionskreisprinzip», S. 39).

Letzterer Bereich muß aufgrund der spezifischen Beanspruchungen als typischer Problembereich der Rückschlagspiele betrachtet werden. Die asymmetrische Belastung der Wirbelsäule fördert die Hypertrophie (verstärkte Ausbildung) der Rückenmuskulatur auf der Schlagarmseite. Als Folge läßt sich eine deutliche Bewegungseinschränkung in Rotation und Seitneigung, vor allem der Lendenwirbelsäule feststellen (SOMMER 1984).

Foto: Puma

Darüber hinaus scheint die sogenannte «Bereitschaftsstellung» (vgl. Foto) in den Rückschlagspielen (besonders stark ausgeprägt beim Tischtennis) eine Verkürzungstendenz der Hüftgelenkbeuger (m. iliopsoas), der tiefen Rückenmuskeln (m.erector spinae lumbalis) und der Kniegelenkbeuger (mm. ischiocrurales) zu fördern. Die Folgen dieser negativen Anpassung drücken sich in einer relativen Unbeweglichkeit im Lenden-Becken-Hüftbereich aus (vgl. auch Kap. «Sportmedizinische Aspekte», S. 52). Wird zu allem Überfluß im Konditionstraining dieser Problembereich falsch trainiert oder werden die funktionalen Zusammenhänge der Funktionskreise bei der Übungsauswahl nicht berücksichtigt, dann sind längerfristig Überlastungsreaktio-

nen und Leistungseinschränkungen mit Begünstigung von Verletzungen und Sportschäden zu erwarten.
In der Übersicht über die biologischen Grundlagen (vgl. S. 19) ist ersichtlich, in welcher Weise durch Training die Beweglichkeit zweckmäßig verändert werden kann. Als primäre Einflußfaktoren müssen die Dehn- und Kraftfähigkeiten sowie die neurophysiologischen Steuerungsprozesse angesehen werden. Trainingsreize zeigen in beiden Bereichen die deutlichsten Veränderungen. Sekundäre, deswegen aber nicht minder bedeutsame Einflußfaktoren sind
– die bindegewebigen Formelemente,
– der Stoffwechsel des Muskel-Gelenk-Systems sowie
– der psychische Aktivitätszustand.
Quantitativ sind die Anpassungen, die sich durch funktionelle Gymnastik hier erreichen lassen, deutlich geringer.
Die eigentliche Form des Gelenks ist im Sport als eine «physiologische Konstante» zu betrachten, die positiv nicht verändert werden kann. Negative Formveränderungen (Abnutzungserscheinungen; Aufbrauchschäden u. a.) der Bauteile eines Gelenks, die leider im Sport oft vorkommen, sind auf jeden Fall zu vermeiden.
Beweglichkeitstraining muß daher funktional angelegt sein, d. h. Dehnfähigkeit und Kraft der Muskulatur sind parallel zu entwickeln. Nur ein *mobiles* und gleichzeitig auch *stabiles* Gelenk garantiert im Sport eine hohe Belastungsverträglichkeit (vgl. in diesem Zusammenhang auch die Kap. «Übungen und ihre Anwendungen», S. 137 und «Negativ-Beispiele», S. 229).

Kraft

Die Erscheinungsweisen der Kraft im Sport sind vielfältig. Nicht minder sind es die Methoden, Trainingsinhalte und Übungen, mit denen in den einzelnen Sportarten mehr oder weniger erfolgreich versucht wird, die muskuläre Leistungsfähigkeit hinsichtlich der ganzen Bandbreite der motorischen Kraft zu beeinflussen.
Alle Methoden der Kraftentwicklung verfolgen im Sport in der Regel das einzige Ziel: Erhaltung bzw. Verbesserung der Muskelkraft zur Steigerung der sportlichen Leistung.
Besonders im Wettkampfsport wird die Qualität der Kraft – getreu dem olympischen Wahlspruch «citius, altius, fortius» – beinahe ausschließlich an der produzierten sportlichen Leistung gemessen (KNEBEL 1986, 279). Die Rolle der Kraft zur *Vermeidung von Schäden* am Stütz- und Bewegungsapparat (vgl. BRENKE/DIETRICH/BERTHOLD 1985) wird indessen so gut wie gar nicht in die Überlegungen zur Leistungsförderung einbezogen.

Darüber hinaus haben wir uns im Sport in der Beurteilung der Kraft angewöhnt, sie vorwiegend als «physikalische Größe» zu erfassen, und vergessen dabei, daß es sich bei der Muskelkraft um eine «*biologische* Dimension» handelt, die sich mit den Maßstäben der Physik nicht vollkommen deuten läßt. Wie weit jemand springt, wie schnell er läuft, wie viele Kilogramm er hebt oder wie hart er aufschlägt, sind *äußerliche* Hinweise der Kraft, für die wir uns im Sport allemal interessieren. Doch was eigentlich in einem Schultergelenk passiert, wenn die Abfluggeschwindigkeit des Tennisballs beim Aufschlag um einige Stundenkilometer durch Krafttraining gesteigert werden kann, erweckt noch nicht mal einen ‹Hauch der Anteilnahme›.

Die Anmerkung im Lehrplan «Konditionstraining» des Deutschen Tennis-Bundes, «die Stütz- und Stabilisierungsmuskulatur hat beim Tennisspieler nicht nur einen funktionalen Aspekt für die Lauf- und Schlagtechnik, sondern vor allem auch eine Bedeutung für die Prophylaxe (Vorbeugung) von Sportverletzungen» (DTB-Lehrplan 5/1986, 70), ist ein erster ernstzunehmender Versuch, die Bedeutung der Kraft in dieser Sportart zu relativieren. Doch mehr als ein Ansatz sind diese Aussagen allerdings wohl noch nicht, denn schon im Praxisteil werden Kraftübungen empfohlen, die wenig funktional sind, noch entscheidend präventiv wirken.

Kraftfähigkeiten in den Rückschlagspielen

Für jede sportliche Bewegung brauchen wir Kraft: «Ob die Bewegungen lange dauern, ob sie gegen große Widerstände ablaufen oder ob sie mit hohem Tempo ausgeführt werden, Kraft wird immer benötigt – aber welche?» (LETZELTER 1986, 37).

In den Rückschlagspielen dominieren die *Schnellkraftfähigkeiten,* hauptsächlich gefordert in Form der *Explosiv- und Reaktivkraft,* die Fähigkeiten, Bewegungen mit hoher Beschleunigung und Geschwindigkeit durchführen zu können (vgl. Tab. 2, S. 24).

Die *Kraftausdauer* ist ein weiterer, die muskulären Leistungsmöglichkeiten stützender Faktor. Ihre *dynamische* Komponente dominiert in der Bein- und Armmuskulatur, die *statische* vorwiegend in der Rumpfmuskulatur.

Die Bedeutung der *Maximalkraft* als eine weitere entscheidende Kraftfähigkeit wird in den Rückschlagspielen noch unterschätzt. Das mag zum einen daran liegen, daß man hartnäckig an der tiefverwurzelten Auffassung festhält, Maximalkrafttraining fördere zwar den Aufbau der Muskelmasse und den Muskelquerschnitt, störe aber die Koordination und mache deswegen langsam. Zum anderen wird Maximalkrafttraining meistens mit «Training unter hoher (maximaler) Gewichtslast» an Kraftmaschinen und mit Hanteln assoziiert (vgl. SCHÖNBORN 1981, 208).

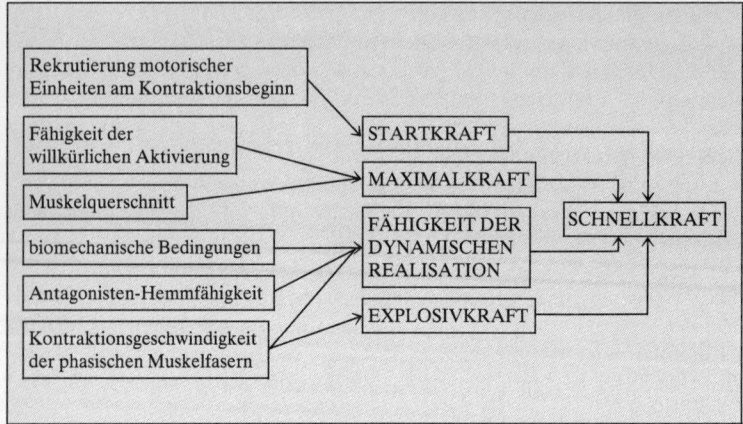

Tab. 2: Komponenten und deren Einflußgrößen – zur Struktur der Schnellkraft (nach BÜHRLE/SCHMIDTBLEICHER 1981)

Zahlreiche wissenschaftliche Untersuchungen (vor allem von BÜHRLE/ SCHMIDTBLEICHER u. a. 1985) haben aber in den letzten Jahren gründlich mit diesem vermeintlichen Widerspruch zwischen praktischer Bedeutung und vorgefaßter Meinung aufräumen können. Maximalkraft sollte als eine sportartabhängige Determinante betrachtet werden, deren Ausprägung in den Rückschlagspielen nicht *absolut* wie in den Kraftsportarten, sondern jeweils *funktional* anzustreben ist. Ein sportarttypisches, optimal hohes Entwicklungsniveau der Maximalkraft ist eine unabdingbare Voraussetzung für schnellkräftige Bewegungen, auch dann, wenn die zu überwindenden Widerstände – wie in den Rückschlagspielen – relativ klein sind. Das Maximalkraftniveau eines Gewichthebers ist absolut gesehen höher, deswegen qualitativ keineswegs besser als bei einem Tennisspieler.

Tennisspieler lassen sich im *Muskeltypus* (Beinmuskulatur) eher mit Weit- oder Hochspringern vergleichen, die trotz eines hohen Anteils an Maximalkrafttraining über eine ausgesprochen schlanke Muskulatur verfügen. Erreicht werden solche muskulären Anpassungen, indem man im Maximalkrafttraining nicht auf Muskelquerschnittsvergrößerung, sondern ein verbessertes Rekrutierungsverhalten (intramuskuläre Koordination) trainiert, d. h. der Muskel soll ‹lernen›, sein vorhandenes motorisches Potential intensiver auszuschöpfen. Die Trainingswirkung ist dabei sowohl von der Bewegungsausführung, dem zu überwindenden Widerstand, aber auch von der aktuellen Muskellänge und vom funktionellen Anpassungsgrad der Muskulatur abhängig (GOTTSCHALK/BEYER 1985).

Wird Maximalkrafttraining solchermaßen organisiert und durch funktio-

Maximalkrafttest

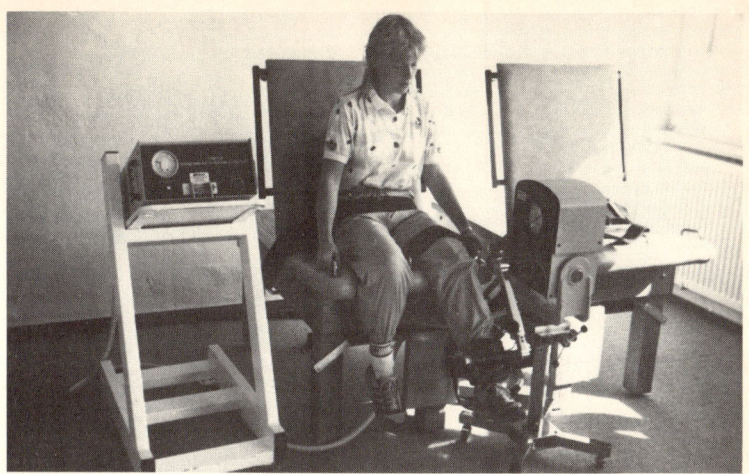

Computergestützter Test der Oberschenkelmuskulatur mit dem Cybex-II-System (Foto: B. Herbeck)

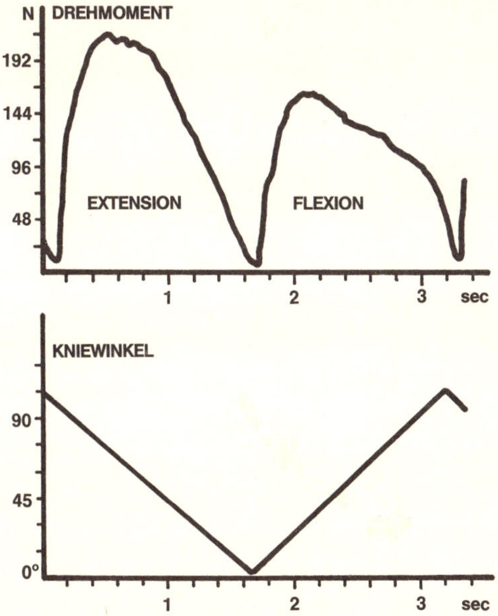

Abb. 1: Maximalkrafttest (60°/sec) der Kniegelenkstrecker (Extension) und Kniegelenkbeuger (Flexion) im Kurvenausdruck (Tennisspieler der Weltklasse)

nelle Dehnungsgymnastik unterstützt, dann ist keineswegs zu befürchten, daß die koordinative Leistungsfähigkeit negativ beeinflußt wird.

Abbildung 1, Seite 25, zeigt einen Maximalkrafttest der Kniegelenkstreck- (Extension) und der Kniegelenkbeugemuskulatur (Flexion) im Kurvenausdruck, der mit einem isokinetisch arbeitenden und von einem Computer gestützten Kraftmeß- und Diagnosegerät (CYBEX II) durchgeführt wurde. In Tabellen 3 und 4 sind die entscheidenden Daten des Computerausdrucks auszugsweise unter bestimmten Gesichtspunkten zusammengestellt.

Allein aus dieser Aufstellung ist zu ersehen, daß *Muskelkraft* ein multifaktorielles Geschehen ist, bei dem die maximale Ausprägung nur eine einzige unter vielen Kenngrößen ist. Der Kurvenausdruck in Abbildung 1 gibt z. B. Auskunft darüber, in welchem Kniewinkel und zu welchem Zeitpunkt die

Tab. 3: Isokinetischer Maximalkrafttest (System: CYBEX-II mit 60°/sec und 240°/sec).
Weltklasse-Tennisspieler im Vergleich mit Weltrekordler und Olympia-Teilnehmer im Hochsprung.
Anmerkung: linkes Bein des Tennisspielers zum Zeitpunkt des Tests verletzt. Beim Hochspringer ist links das Absprungbein.
Ein funktionelles Kraftverhältnis zwischen Extensoren und Flexoren des Kniegelenks (E/F-Index) wird bei 60°/sec-Winkelgeschwindigkeit mit 100 : 67%
(= 1.49 E/F-Index) angegeben.
(Leistungsangabe in Newton; 9,81 N = 1 kg)

		Tennisspieler		**Hochspringer**	
60°/sec	Test 1	N	E/F-Index	N	E/F-Index
rechts	Extension	226	1.55	218	1.49
	Flexion	145		146	
links	Extension	174	1.53	222	1.93
	Flexion	113		115	
240°/sec	Test 2				
rechts	Extension	120	1.90	101	1.12
	Flexion	63		90	
links	Extension	103	20.6	107	1.24
	Flexion	5		86	

maximale Kraft im Quadriceps erreicht wurde. Die Steilheit der Kurve weist eine sehr gute Schnellkraftfähigkeit aus, die im Tennis besonders wichtig ist. Dagegen ist die Ausprägung der Schnellkraft der Nachwuchsspielerin (Abb. 2, S. 28) nicht nur absolut gesehen, sondern auch in der Gelenk-Muskel-Beziehung (ausgedrückt durch die plateauartige Stauchung der Kurve) deutlich schlechter als bei der Weltklassespielerin.

Solche Kraftdiagnostik nützt nicht nur dem Spitzensportler, sondern ist auch wegen der Möglichkeit einer frühzeitigen Physioprophylaxe für den Breiten- und Jugendsport interessant, denn mit derartigen Tests lassen sich äußerst präzise Dysfunktionen des Muskel-Gelenk-Systems aufspüren.

Die beste Maximalkraft nützt wenig, wenn sie nicht für die Dauer eines Matches stabilisiert werden kann. Auch in einem fünften Satz muß ein Tennisspieler noch in der Lage sein, mit großer Wucht schlagen zu können. Maximalkraft hat demgemäß auch eine energetische Seite. Ein enger Zusammenhang mit der *Kraftausdauerfähigkeit* kann nicht geleugnet werden (vgl. Tab. 5, S. 29).

Tab. 4: Isokinetischer Maximalkrafttest (System: CYBEX-II mit 60°/sec und 240°/sec).
Weltklasse-Tennisspielerin im Vergleich mit Nachwuchs-Spielerin (Federations-Cup-Teilnehmerin)
Anmerkung: Beide Spielerinnen weisen im Extensoren/Flexoren-Vergleich (E/F-Index) im Test 1 deutliche muskuläre Dysbalancen auf. Ein optimales Verhältnis von 1.49 wird nicht erreicht.
(Leistungsangabe in Newton; 9,81 N = 1 kg)

		Weltklasse		**Nachwuchs**	
60°/sec	Test 1	N	E/F-Index	N	E/F-Index
rechts	Extension	186	1.93	134	2.0
	Flexion	96		67	
links	Extension	189	2.19	115	1.71
	Flexion	86		67	
240°/sec	Test 2				
rechts	Extension	105	1.56	89	2.22
	Flexion	67		40	
links	Extension	107	1.75	85	1.80
	Flexion	61		47	

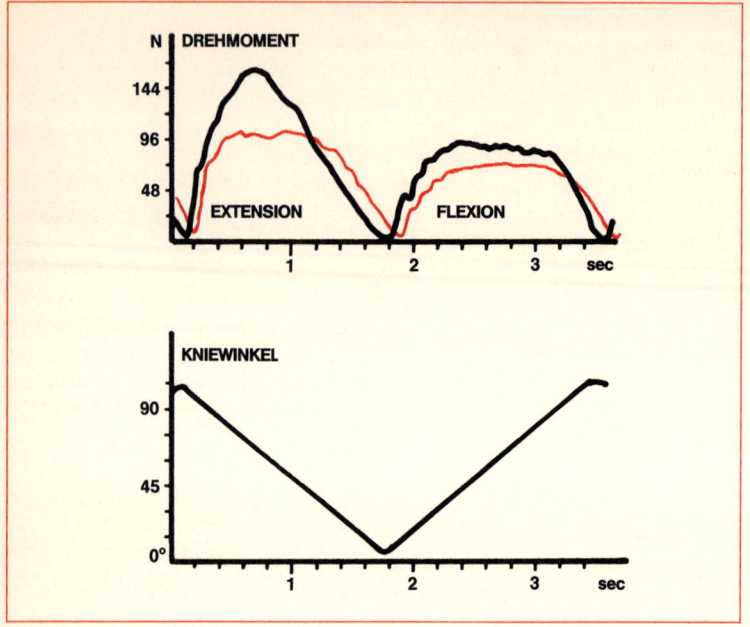

Abb. 2: Maximalkrafttest (60°/sec) der Kniegelenkstrecker (Extension) und Kniegelenkbeuger (Flexion) – rechtes Bein einer Weltklasse-Tennisspielerin (schwarze Kurve) im Vergleich zu einer Nachwuchs-Athletin (Teilnehmerin Federation-Cup; rote Kurve)
Der Vergleich der Kurven zeigt deutliche Defizite in den Schnellkraftfähigkeiten der Nachwuchs-Spielerin gegenüber der Weltklasse-Athletin. Beide Spielerinnen weisen im Extensoren/Flexoren-Vergleich (E/F-Index) bereits deutliche muskuläre Dysbalancen auf (vgl. Tab. 4, S. 27). Derartig ausgeprägte, unphysiologische Balance der Kniestreck- und Beugemuskulatur muß immer als eine Schwächung der funktionellen Gelenk-Muskel-Beziehungen mit Einbußen in der sportlichen Leistungsfähigkeit betrachtet werden.

Wie groß die Ermüdungswiderstandsfähigkeit der Muskulatur im Maximalkraftbereich aber letztendlich ist, hängt in nicht unerheblichem Maße von ihrer Faserzusammensetzung sowie vom Funktionszustand der motoneuralen Steuerungsprozesse ab.

Krafttests

Test. b 240°/sec		Tennis			Hochsprung		
		Wiederh.	Joule	Ausdauer Wert	Wiederh.	Joule	Ausdauer Wert
rechts	Extension	1– 3 18–20	316 240	100% 76%	1– 5 16–20	484 295	100% 61%
	Flexion	1– 3 18–20	220 64	100% 29%	1– 5 16–20	325 277	100% 85%
links	Extension	1– 3 18–20	343 262	100% 76%	1– 5 18–20	451 301	100% 67%
	Flexion	1– 3 18–20	200 100	100% 50%	1– 5 18–20	301 272	100% 90%

Tab. 5: Kraftausdauertest (System: CYBEX-II) bei 240°/sec
Vergleich Weltklasse-Tennisspielerin und Weltklasse-Hochspringer
Anmerkungen: Getestet wurde die Kniegelenkmuskulatur (Kniestrecken und -beugen im Sitzen). Der Gesamtenergieaufwand der ersten drei bzw. fünf Wiederholungen wurde mit den letzten drei bzw. fünf verglichen. Im Vergleich fällt auf, daß die Extensoren des Hochspringers aufgrund ihrer hoch entwickelten Schnellkraftfähigkeit (hoher Anteil an FT-Fasern) schneller ermüden als die Beugemuskulatur. Dagegen ist die gleiche Muskelgruppe der Tennisspielerin aufgrund ihrer besseren Kraftausdauerfähigkeit (höherer Anteil an ST-Fasern) gegen Ermüdung widerstandsfähiger.

In diesem Zusammenhang ist darauf hinzuweisen, daß auch die psychische Situation (Motivation) entscheidend mitbestimmt, in welchem Umfang der Sportler seine Maximalkraftqualitäten ausschöpfen kann. Denn das sollten Trainer im Umgang mit Sportlern sich stets vor Augen halten: «Es trainiert immer ein Mensch in einer ganz konkreten Auseinandersetzung... und nie ein Muskel oder Kreislauf oder Stoffwechsel» (EBERSPÄCHER o. J., 100). Wer nicht motiviert ist, sich anzustrengen, dem wird es auch nicht gelingen, seine Maximalkraftfähigkeiten zielstrebig auszunutzen.

Abb. 3: Feinstruktur einer Muskelzelle (MARKWORTH 1988, 29)

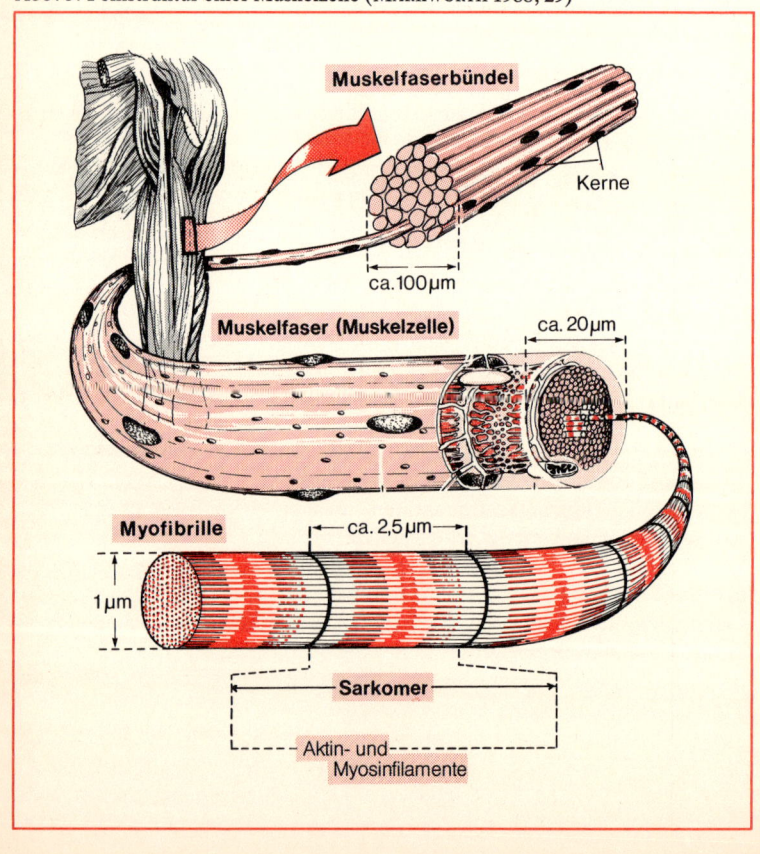

Was man über den Muskel und seine Funktion wissen sollte

Die Fasertypen – Grundlage motorischer Leistungsfähigkeit

Im Muskel lassen sich zwei verschiedene Fasertypen unterscheiden: die langsam kontrahierenden *ST-Fasern* (slow twitch fibres; Fasertyp I), wegen ihres hohen Gehalts an Myoglobin (roter Farbstoff der Muskelzelle) auch *rote Fasern* genannt, und die schnell kontrahierenden FT-Fasern (fast twitch fibres; Fasertyp II), die weniger Myoglobin enthalten und deswegen als *weiße Fasern* bezeichnet werden.

Die FT-Fasern (Typ II) unterteilt man wegen ihrer unterschiedlichen Energiegewinnung nochmals in einen Typ II a (oder auch FTO-Fasern) und einen Typ II b, auch FTG-Fasern genannt. Die Energieumwandlung erfolgt bei den II a-Fasern wie bei den ST-Fasern vorwiegend *oxydativ,* d. h. die Energieträgerstoffe (Glukose; Fettsäuren) werden unter Mitwirkung von Sauerstoff abgebaut. Weil dies eine recht ökonomische Form der Energieverwertung darstellt, sind Fasern vom Typ II a und ST gegen Ermüdung verhältnismäßig widerstandsfähig. Die Fasern vom Typ II b ermüden dagegen viel schneller, weil ihre energetischen Prozesse vorrangig *glykolytisch* ablaufen. Die Glykose, der wichtigste Brennstofflieferant der Muskelzelle, wird ohne Mithilfe von Sauerstoff zum noch relativ energiereichen Laktat gespalten. Energetisch betrachtet ist dieser Spaltungsprozeß unökonomischer (vgl. MARKWORTH 1983; HARTMANN/TÜNNEMANN 1984; BRZANK/ PIEPER 1985).

Große Kraftleistungen bei hohen Kontraktionsgeschwindigkeiten sind Sache der FT-Fasern (Sprinter; Weit-, Hochspringer u. a.), während Ausdauerleistungen aufgrund der besseren Aufwand-Nutzen-Relation bei der Energiebereitstellung von den langsamen ST-Fasern bewerkstelligt werden.

Merkmale	Unterschiede
strukturelle Merkmale Faserfläche Kapillarisierung Mitochondriengehalt	FT > ST ST/FT IIa > FT IIb ST/FT IIa > FT IIb
metabolische Merkmale Myosin-ATPase-Aktivität maximaler Energieumsatz oxidative Kapazität glykolytische Kapazität Wirkungsgrad bei isometrischer Kontraktion	FT IIb > FT IIa > ST FT IIb > FT IIa > ST ST > FT IIa > FT IIb FT IIb > FT IIa > ST ST > FT
physiologische Merkmale Kontraktionsgeschwindigkeit Kontraktionszeit Relaxationszeit Spannungsentwicklung je Querschnittfläche	FT IIb > FT IIa > ST ST > FT IIa > FT IIb ST > FT IIa > FT IIb FT > ST

Tab. 6: Charakteristik der Muskelfasern (modifiziert nach BRZANK/PIEPER 1985)

In jedem Muskel kommen alle Fasertypen entsprechend ihrer Funktion in einer charakteristischen Zusammensetzung vor. Muskeln, die überwiegend Haltefunktion zu erfüllen haben (wie z. B. bestimmte Rumpfmuskeln), verfügen deshalb über einen großen Anteil langsam kontrahierender ST Fasern. In Muskeln, die dagegen vorwiegend dynamische Arbeit leisten (wie z. B. im besonderen Maße die Extensoren der Extremitäten), ist der prozentuale Anteil der schnellen FT-Fasern deutlich höher.

Aufgrund dieser Fasertypologie und der genetischen Anlage werden Muskeln in drei große Gruppen eingeteilt (vgl. Tab. 7):
- tonische Muskulatur,
- phasische Muskulatur und
- ein Intermediärtyp, quasi eine Mischform.

Phasisch und tonisch bezeichnen dabei lediglich *theoretische Grenzwerte,* denn in Reinform kommen diese Fasertypen beim Menschen nicht vor. Dennoch hat diese grobe Einteilung einen praktischen Nutzen, denn bei Fehl- oder Überbeanspruchung reagieren die Muskeltypen auf unterschiedliche Weise (vgl. Tab. 7). Während tonische Muskeln, die vornehmlich Haltefunktion erfüllen, in Verbindung mit einer Erhöhung des Muskeltonus zur Verkürzung neigen, tendieren phasische Muskeln, die für dynami-

Fasertypen und Muskelfunktion

	tonisch	**phasisch**
Funktion	halten	bewegen
Ermüdung	spät	früh
Fasertypen	mehr ST	mehr FT
Reaktion auf Fehlbelastung	Verkürzung mit Funktionsminderung	Abschwächung mit Funktionsminderung
maximale Leistungsabgabe bei	mäßiger Kontraktionsgeschwindigkeit	größerer Kontraktionsgeschwindigkeit

Tab. 7: Funktionscharakteristik der Skelettmuskulatur (modifiziert nach SPRING u. a. 1986, 112)

sche Bewegungsabläufe verantwortlich sind, zur Tonussenkung und damit zur Abschwächung der Kraft (vgl. TITTEL 1986; SPRING u. a. 1986; DANGEL/ REICHARDT 1986), eine nur empirisch abgesicherte Erkenntnis, die in der Physiotherapie (Krankengymnastik; manuelle Medizin) schon seit langem bekannt ist, im Sport trainingsmethodisch z. B. im Kraft- und Beweglichkeitstraining bisher aber kaum Beachtung gefunden hat.
Tabelle 8, Seite 34, zeigt eine Übersicht der eher zu Verkürzung und eher zu Abschwächung neigenden Muskeln, Abbildung 4, Seite 35, zeigt die entsprechende Anordnung im Körper.

Folgende Muskeln oder Muskelgruppen neigen zu *Verkürzung:*
– Gerader Kopf des Quadrizeps (m. rectus femoris),
– Wadenmuskulatur (m. triceps surae),
– Langer Rückenstrecker, Lendenanteil (m. erector spinae lumbalis),
– Kniegelenkbeuger (mm. ischiocrurales),
– Hüftgelenkbeuger (m. iliopsoas),
– Schenkelbindenspanner (m. tensor fasciae latae),
– Viereckiger Lendenmuskel (m. quadratus lumborum),
– Oberschenkelanzieher (mm. adductores).

Für die Praxis ergeben sich aus diesen typischen Neigungen der Muskulatur sowohl für das Krafttraining als auch für das Training der Beweglichkeit erhebliche Konsequenzen, wobei die Verkürzungs- bzw. Abschwächungstendenz im Schultergürtel und in der Lenden-Becken-Hüftregion für die Rückschlagspiele von besonderem Interesse sind (vgl. Kap. «Gelenk und Muskel – Funktionelle biologische Einheit», S. 36).

Verkürzung	Abschwächung
Funktionskreise 1 und 4 (Schultergürtel/Arme/Nacken)	
Großer und Kleiner Brustmuskel (m. pectoralis major u. minor)	Großer u. Kleiner Rautenmuskel (mm. rhomboidei)
Kapuzenmuskel (absteigender Anteil) (m. trapezius; pars descendens)	Kapuzenmuskel (aufsteigender Anteil) (m. trapezius; pars ascendens)
Schulterblattheber (m. levator scapulae)	Kapuzenmuskel (mittlerer Anteil) (m. trapezius; pars horizontalis)
Ellbogenstrecker, langer Kopf (m. triceps brachii; caput longum)	Seitlicher Sägemuskel (m. serratus anterior)
Funktionskreis 2 (Rumpf)	
Rückenstrecker im Hals- u. Lendenbereich (m. erector spinae cervicalis u. lumbalis)	Rückenstrecker im mittleren Brustwirbelsäulen-Bereich (m. erector spinae thoracalis)
Viereckiger Lendenmuskel (m. quadratus lumborum)	Gerader u. Schräger Bauchmuskel (m. abdominis rectus u. obliquus)
Funktionskreis 2 und 3 (Hüfte/Lenden/Becken-Region/Beine)	
Hüftgelenkbeuger (m. iliopsoas)	Gesäßmuskeln (m. glutaeus maximus, medius u. minimus)
Birnenförmiger Muskel (m. piriformis)	
Adduktoren (m. adductor longus, brevis, magnus; m. gracilis)	
Schenkelbindenspanner (m. tensor fasciae latae)	
Kniegelenkstrecker gerader Kopf (m. rectus femoris)	Kniegelenkstrecker innerer u. äußerer Kopf (m. quadriceps vastus medialis u. lateralis)
Kniegelenkbeuger (mm. ischiocrurales)	
Wadenmuskeln (m. triceps surae)	Schienbeinmuskel (m. tibialis anterior) Fußmuskeln (mm. peronaei)

Tab. 8: Muskelcharakteristik
Zur Verkürzung und zur Abschwächung neigende Muskulatur (n. JANDA 1976; BERTHOLD u. a. 1981; WEBER u. a.; SPRING u. a. 1986)

Zur Verkürzung neigende Muskulatur

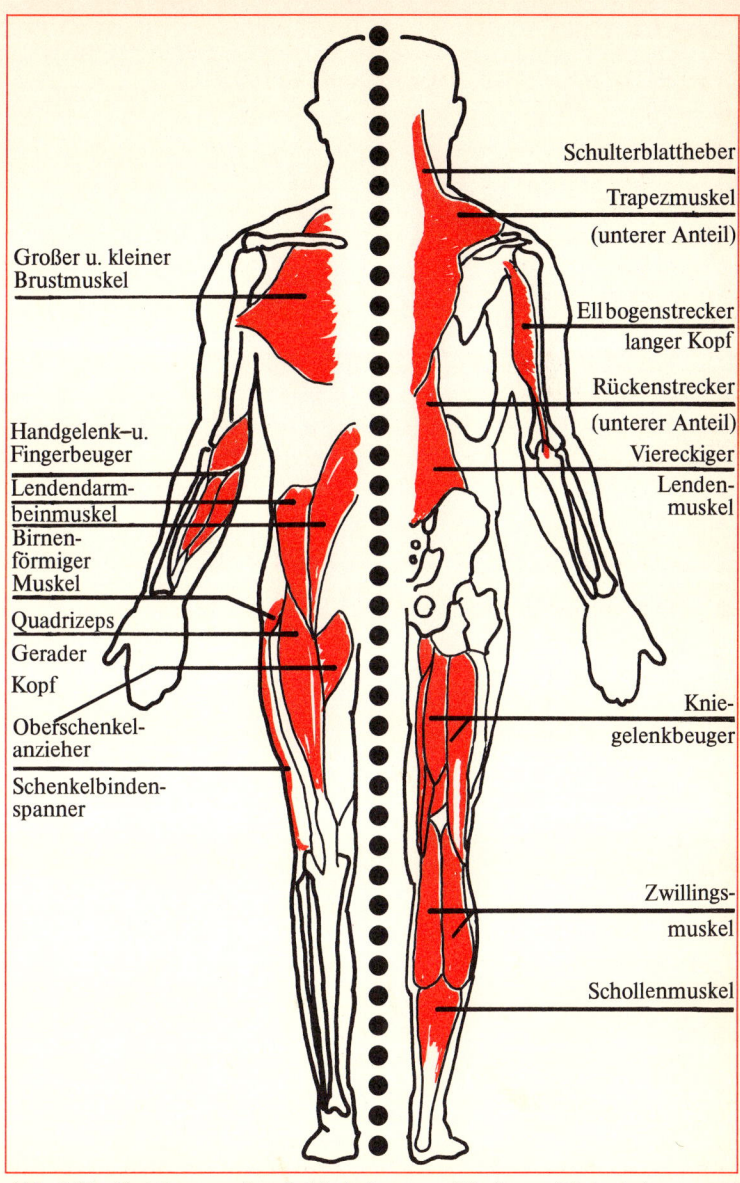

Abb. 4: Zur Verkürzung neigende Muskelgruppen (Vorder- u. Rückseite)
n. JANDA 1976 u. FRISCH 1983

Gelenk und Muskel – Funktionelle biologische Einheit

Am Beispiel der Lendenwirbelsäulen-Becken-Situation – von TITTEL (1986) treffenderweise als «Wetterecke» des Sportlers bezeichnet – sollen diese Zusammenhänge eingehender verdeutlicht werden (vgl. auch KNEBEL 1985 und 1986).
Rückenstreck- und Hüftbeugemuskulatur neigen zur Verkürzung, ihre Gegenspieler (Bauch- und Gesäßmuskeln) dagegen zur Abschwächung. Dieses Zusammenwirken ruft eine Beckenkippung nach vorn mit einer sich darauf aufbauenden falschen Statik der Wirbelsäule hervor (s. Abb. unten). Als Folge stellt sich eine «...‹belastungsmechanisch› ungünstige *Hyperlordosierung* (zu starke Krümmung nach vorn) der Lendenwirbelsäule mit ihren negativen Auswirkungen auf die lumbalen Bandscheiben sowie

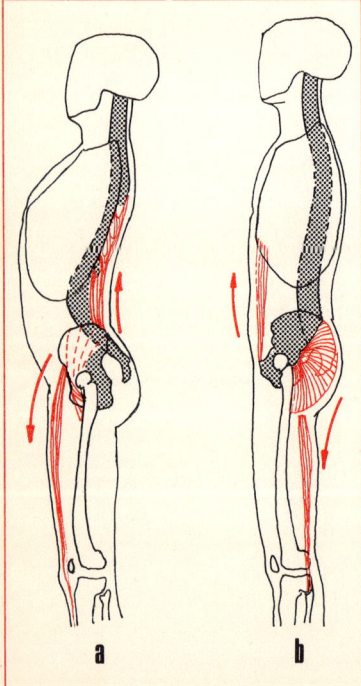

Abb. 5: Veränderung der Wirbelsäulen-Becken-Statik durch muskuläre Dysbalancen am Beispiel eines Fußballspielers.
(a) Kräftige Hüftbeuger (innerhalb des Beckens verlaufend; Faserverlaufsstruktur schematisch, gestrichelt dargestellt) in Verbindung mit den Kniegelenkstreckern kippen das Becken nach vorn. Kompensatorisch stellt sich die Rückenmuskulatur auf eine andere Länge ein. Sie verkürzt allmählich und unterstützt die Beckenkippung
(b) Zweckmäßige gymnastische Übungen können die Dysbalance verhindern bzw. ausgleichen:
1. Dehnungsübungen für die Hüftbeuger (m. iliopsoas)
2. Dehnungsübungen für die Rückenstrecker (m. erector trunci)
3. Kräftigungsübungen für die geraden Bauchmuskeln (m. rectus abdominis)
4. Kräftigungsübungen für die Kniegelenkbeuger (mm. ischiorcrurales)
5. Kräftigungsübungen für die Gesäßmuskulatur (m. glutaeus maximus)
(Pfeilrichtung = Zugrichtung der Muskeln)

auf die kleinen Wirbelgelenke ein» (TITTEL 1986, 4). Diese Muskelungleichgewichtigkeit (*muskuläre Dysbalance*) ist häufig Ursache für die Mehrzahl der indifferenten «Kreuzschmerzen» des Sportlers (vgl. WEBER 1981; GRAFF/PRAGER 1986; TITTEL 1986).

Die ungünstigen Anpassungsreaktionen wirken keineswegs nur auf die Lendenwirbelsäulen-Becken-Statik ein, sondern sie strahlen gewissermaßen auch in die benachbarten Funktionskreise aus. Das Ergebnis sind muskuläre Dysbalancen sowohl in der kniegelenk- als auch schultergürtelstabilisierenden Muskulatur mit der Gefahr *fortwährender Überbelastung* des passiven Bewegungsapparats. So manche Zerrung der rückseitigen Oberschenkelmuskulatur oder gar die tennistypischen Beschwerden im Ellbogen haben in der Tat ihren Ursprung im *arthromuskulären Ungleichgewicht* der nicht nur für Sportler problembeladenen Körperregion.

Das Beispiel einer muskulären Fehlfunktion soll den engen Wirkungszusammenhang zwischen dem *Gelenk* oder einer *Gelenkkette* und den *Muskeln* aufzeigen. Leider werden im Sport diese Wechselwirkungen zu wenig beachtet. Im Vordergrund des Trainings steht nun einmal traditionell der so ‹spektakulär› anpassungsfähige Muskel. Das Gelenk rückt meist erst dann in den Mittelpunkt des Interesses, wenn es aus irgendwelchen Gründen Beschwerden bereitet.

Dabei wird die Belastbarkeit eines Gelenks nicht nur durch seine knöchernen und bindegewebigen Bestandteile bestimmt, sondern wesentlich durch den Funktionszustand der einwirkenden Muskulatur. Ist diese – wie im vorliegenden Beispiel – eventuell durch eine falsche Übungsauswahl und/oder unzweckmäßige Übungsausführung (siehe auch Kap. «Negativbeispiele» S. 229), nicht richtig «eingestellt», kann folgerichtig auch der Bewegungsspielraum des Gelenks in der Regel nur unvollkommen genutzt werden. Sporttypische ‹Allerweltsbelastungen›, die unter anderen Bedingungen vom Bewegungsapparat ohne weiteres toleriert werden, bereiten plötzlich Beschwerden. Ein verhängnisvoller Teufelskreis beginnt sich zu schließen!

Anfänglich sind es vielleicht nur geringfügige Einbußen in der sportlichen Leistungsfähigkeit: Störungen in der Koordination, verminderte Beweglichkeit, Einschränkungen, die bei der Komplexität sportlicher Leistungen kaum auffallen. Später zwingen erste Überbelastungsanzeichen zu Ausweichbewegungen. *Ausweichbewegungen* aber bedeuten immer Zeitverlust, verlangsamte Reaktion, schlechte Nutzung der «knöchernen Hebel» und frühzeitige Ermüdung (SOMMER 1984). Eine zentrale oder auch lokale Ermüdung wiederum schwächt die *Puffereigenschaften* der Muskulatur. Stöße, Erschütterungen, Scherungen und Drehungen können ungehindert auf das Skelettsystem einwirken. Zu allem Überfluß adaptiert das Binde- und Stützgewebe (Knorpel, Kapsel, Sehnen, Bänder) im Gegensatz zum Muskelgewebe merklich träger. Es hinkt der Anpassungsgeschwindigkeit des Muskels immer hinterher. Gelingt es nicht, durch geeignete Trainingsmaßnahmen hierauf Einfluß zunehmen, bewegt sich der Sportler im «Teufelskreis» des schleichenden Überlastungsschadens.

Muskeln und Gelenke sollten auch im Sport als eine «funktionell biologische Einheit» (TITTEL 1986) mit enger Wechselbeziehung verstanden werden. Wer die Muskulatur trainiert, trainiert auch die Gelenke. Bei entsprechend ausgewogenem Trainingszustand übt sie einen stabilisierenden Einfluß auf die Gelenke aus; sie wirkt schützend. Doch bei disproportionaler Entwicklung verursacht sie Mehrbelastungen des passiven Bewegungsapparats mit allen möglichen leidvollen Begleiterscheinungen (vgl. auch BERTHOLD/THIERBACH 1981).

Bei Längsschnittuntersuchungen von acht- bis achtzehnjährigen Kadermitgliedern im Tennis konnten SOMMER (1984) und DANGEL/REICHARDT (1986) bereits bedenkliche Veränderungen im arthromuskulären Gleichgewicht feststellen. Auf der Basis dieser Untersuchungsergebnisse empfahl RIEDER schon 1982 «alternativ zu den tennisspezifischen Belastungen die Durchführung eines Ausgleichsprogramms in Form von gymnastischen Übungen, durch die einerseits verkürzte Muskelgruppen gedehnt und unzureichend belastete Körperabschnitte gekräftigt werden» (S. 36).

Doch leider haben sich diese Erkenntnisse im revidierten Tennis-Lehrplan 5 noch nicht niedergeschlagen. Denn hier werden immer noch Kräftigungsübungen empfohlen (S. 72), die den Regeln vernünftiger *Physioprophylaxe* durch Krafttraining widersprechen. Statt ausgleichend auf die zur Dysbalance neigende Lendenwirbelsäulen-Becken-Region einzuwirken, wird die Wirbelsäule konsequent in Fehlstellung beansprucht, d. h. der Verkürzungstendenz der Rücken- bzw. der Aufdehnungstendenz der Bauchmuskeln Tür und Tor geöffnet. Rumpfdreh-Sit-ups und «Hyperextensions» (s. Abb. S. 83, 236 u. 238), letztere sogar noch unter Sandsackbelastung, sind wahre «Kreuzbrecherübungen», die ihre eigentliche Idee der Stabilisierung des Rumpfs genau ins Gegenteil verkehren (vgl. auch BRENKE/DIETRICH/ BERTHOLD 1985). Immer wieder wird solches Übungsgut unkritisch auch im *Kinder- und Jugendtraining* angewandt (vgl. S. 83), weil auch hier die Fachliteratur noch wenig zufriedenstellende Hilfen anbietet. So werden im Theorieteil des Lehrplans 1986 zwar die Besonderheiten des Trainings mit Kindern und Jugendlichen erwähnt, doch findet dies im Praxisteil bei der Auswahl der Übungen nur unzureichend Berücksichtigung.

Kinder sind keine kleinen Erwachsenen (SCHÖNBORN 1978/79). Ihr nicht ausgereifter und verfestigter Bewegungsapparat toleriert systematisches Training nur dann, wenn ihnen *biologisch-funktionelle* Trainingsbeanspruchungen zugemutet werden (vgl. Kap. «Kinder- und Jugendtraining», S. 77).

Das Funktionskreisprinzip

Das Gesamtsystem des Bewegungsapparats läßt sich funktionell in einzelne Teilsysteme unterteilen. Traditionell wird im Sport der menschliche Körper in Rumpf, Beine und Arme gegliedert und Trainingsübungen meistens nach dieser Dreiteilung organisiert, ohne daß die funktionalen Zusammenhänge betrachtet werden. Beim Beinkrafttraining z. B. hat man nicht die Funktion der Bauchmuskeln und bei Beweglichkeitsübungen für das Schultergelenk nicht unbedingt die Rolle der Brustwirbelsäule im Sinn.

Doch gerade im Training spielen derartige Zusammenhänge eine immens wichtige Rolle, wenn der Bewegungsapparat auf die Anforderungen der Sportart eingestellt werden soll. Deswegen wurden in der Funktionsgymnastik Übungen und Übungsausführungen gewählt, die diese Verkettung weitestgehend berücksichtigen.

Um eine übersichtliche Darstellung zu erhalten, wurden die Übungen nach dem *Funktionskreisprinzip* geordnet. Jeder Funktionskreis stellt dabei ein Teilsystem dar, das mit seinen Nachbarkreisen in enger Verbindung steht. Der wesentlichste Baustein in diesem System ist das *Athron,* die kleinste funktionelle und reflektorische Einheit, bestehend aus dem passiv bewegten Gelenk, der aktiv bewegenden Muskulatur und den für die Steuerung zuständigen Nerven (vgl. TAUCHEL/MÜLLER 1986).

Die Funktionskreise umfassen folgende Bereiche einschließlich der in ihnen wirkenden Muskeln:

Funktionskreis 1: Halswirbelsäule mit Kopf, Brustwirbelsäule bis zum fünften Thorakalwirbel,

Funktionskreis 2: Brustwirbelsäule vom fünften bis einschließlich zwölften Thorakalwirbel, Lenden-Becken-Hüftregion,

Funktionskreis 3: untere Lendenwirbelsäule, Hüftgelenk, Kreuz- und Darmbeingelenk, komplette untere Extremität,

Funktionskreis 4: Schultergelenk mit Schulterblatt und Schlüsselbein, komplette obere Extremität.

Abbildung 6, Seite 40/41, gibt eine Übersicht über die wichtigsten Muskeln und Muskelgruppen innerhalb der Funktionskreise. (Weitere Erläuterungen zur Bedeutung der Funktionskreise finden sich im rororo-Sportbuch «Funktionsgymnastik», Band 7628).

Ausgewählte Muskeln und Muskelgruppen der Funktionskreise

1. Kopfwender (m. sternocleidomastoideus)
2. Kapuzenmuskel (m. trapezius)
3. Schulterblattheber (m. levator scapulae)
4. Kopfteil des längsten Rückenmuskels (m. longissimus capitis)
5. tiefe Muskulatur der Halswirbelsäule
6. gerader Bauchmuskel (m. rectus abdominis)
7. schräger Bauchmuskel (m. obliquus abdominis)
8. querer Bauchmuskel (m. transversus abdominis)
9. längster Rückenmuskel (m. longissimus dorsi)
10. Rückenstrecker (m. erector trunci)
11. tiefe Muskulatur der Wirbelsäule
12. Sägemuskel (m. serratus anterior)
13. gemeinsamer Rückenstreker (m. sacrospinalis)
14. Lendendarmbeinmuskel (m. iliopsoas)
15. Gesäßmuskel (m. glutaeus maximus)
16. Schenkelbindenspanner (m. tensor fasciae latae)
17. Schneidermuskel (m. sartorius)
18. Beinanziehermuskeln (Adduktoren)
19. Beinabspreizmuskeln (Abduktoren)
20. vierköpfiger Kniegelenkstrecker (m. quadriceps)
21. Kniegelenkbeuger (mm. ischiocrurales)
22. Zehenstrecker (m. extensor digitorum longus)
23. Zehenbeuger (m. flexor digitorum longus)
24. Muskeln des oberen Sprunggelenkes (Dorsal-/Plantarflexoren)
25. Muskeln des unteren Sprunggelenkes (Pronatoren/Supinatoren)
26. oberflächliche Fingerbeuger (m. flexor digitorum superficialis)
27. tiefe Fingerbeuger (m. flexor digitorum profundus)
28. gemeinschaftliche Fingerstrecker (m. extensor digitorum communis)
29. Daumenmuskulatur (Extensoren, Flexoren, Adduktoren und Abduktoren)
30. Handgelenkbeuger und -strecker (m. flexor bzw. extensor carpi radialis und ulnaris)
31. Oberarm-Speichenmuskel (m. brachioradialis)
32. zweiköpfiger Ellbogenbeuger (m. biceps brachii)
33. dreiköpfiger Ellbogenstrecker (m. triceps brachii)
34. innerer Armmuskel (m. brachialis)
35. Einwärts- und Auswärtswender (Pronatoren und Supinatoren)
36. Brustmuskeln (m. pectoralis major und minor)
37. Deltamuskel (m. deltoides)
38. breitester Rückenmuskel (m. latissimus dorsi)
39. großer und kleiner Rundmuskel (m. teres major und minor)
40. Ober- und Untergrätenmuskel (m. supra und infra spinam)

Abb. 6: Funktionskreise (FK) und die in ihnen wirkenden wichtigsten Muskeln und Muskelgruppen. Die Pfeile deuten die engen funktionellen Beziehungen der Funktionskreise untereinander an.

Muskeln und Muskelgruppen der Funktionskreise

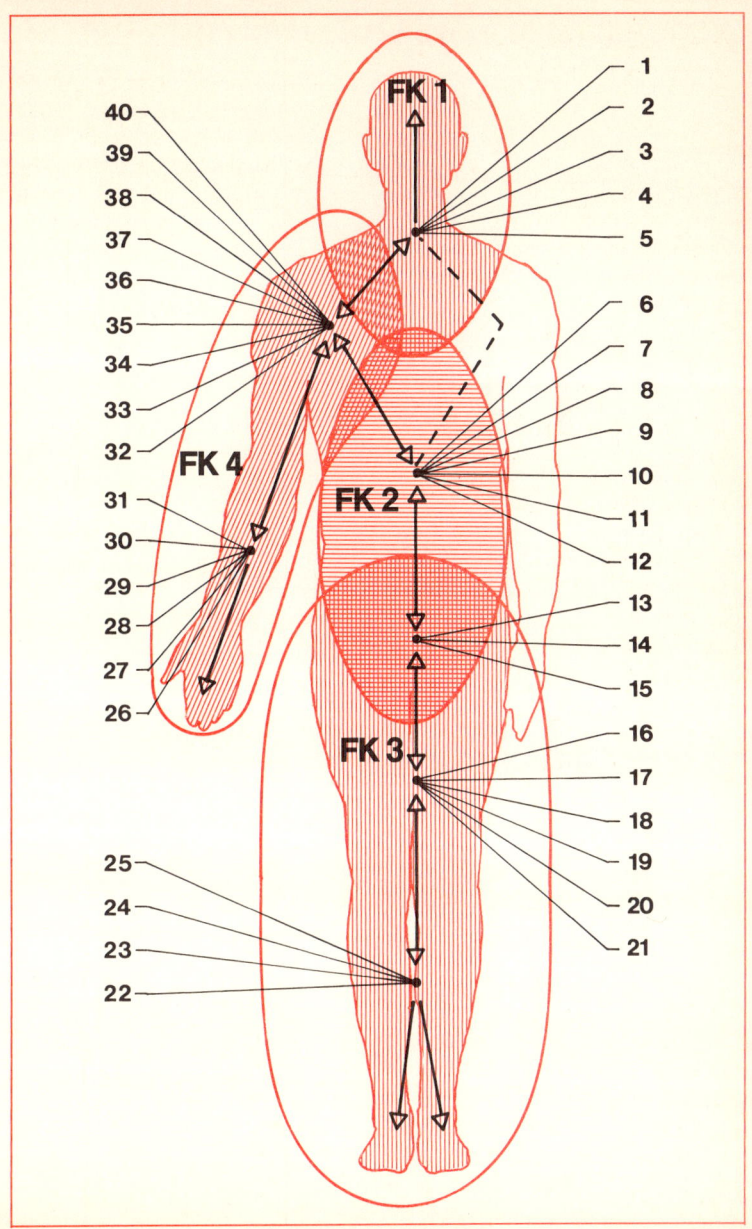

Wodurch muskuläre Dysbalancen entstehen

Wenn man davon ausgeht, daß angeborene Fehlstellungen (Achsenabweichungen) im Skelettsystem immer mit einem nicht harmonischen Funktionszustand des aktiven Bewegungsapparats einhergehen, so ist die Mehrzahl der im Sport beobachteten muskulären Dysbalancen eine direkte Folgeerscheinung falscher Trainingsgestaltung (BERTHOLD u. a. 1981; WEBER u. a. 1985; SPRING u. a. 1986). Unmittelbare Auslöser können sein:
- einseitige Trainingsbelastung,
- unzureichende Regeneration nach Training und Wettkampf,
- einseitige Kraftentwicklung,
- mangelhafte Dehn- und Entspannungsfähigkeit,
- falsche Koordination beim Erlernen neuer Techniken,
- Verletzungen,
- unfunktionelle Übungsausführungen.

Psychische Verspanntheit, verursacht durch negative Streßfaktoren im Training, Wettkampf oder im nahen Umfeld des Athleten schränken die muskuläre Entspannungsfähigkeit ebenfalls ein und begünstigen quasi auf diesem Umweg die Entstehung der Muskelungleichgewichtigkeit. Besonders betroffen hiervon scheint die Nacken- und Schultergürtelmuskulatur zu sein.

Einseitige Trainingsbelastungen

Das Training eines Zehnkämpfers würde niemand auf den ersten Blick als einseitig bezeichnen, beinhaltet doch schon die Wettkampfsituation gleich zehn verschiedene Disziplinen. Dennoch stellen die immer wiederkehrenden, gleichförmigen Trainingsbeanspruchungen – im Hochleistungssport heutzutage über viele Jahre beinahe regelmäßig zweimal täglich – trotz aller Bewegungsvielfalt in der Summe eine gewisse Einseitigkeit dar, die sich prinzipiell kaum von dem unterscheidet, was einem Industriearbeiter an seinem Arbeitsplatz jahraus, jahrein zugemutet wird.

Die rasante Entwicklung der Leistung in vielen Sportarten mit einer immensen Steigerung Intensität und Umfang des täglichen Trainings haben aus dem einstmals als «schönste Nebensache der Welt» bezeichneten Sport eine ernste Angelegenheit und für viele, die sich mit der Hoffnung auf eine glitzernde Sportlerkarriere ihr unterwerfen, ein unwägbares Abenteuer werden lassen. Ein Abenteuer, bei dem die Be- und Entlastbarkeit (TITTEL 1986) des Bewegungsapparats – wie Untersuchungen der

sportmedizinischen Forschung weltweit zeigen – mehr und mehr als leistungsbegrenzender Faktor betrachtet werden müssen. Wer sich heute zu den Zielen des Leistungssports bekennt, muß bereit sein, sich ihnen mit allen Konsequenzen zu unterwerfen.
Tausendfache Wiederholungen bestimmter Bewegungsabläufe, wie sie im Techniktraining der Rückschlagspiele alltäglich sind, bedeuten auch immer wiederkehrende Druck-, Zug-, Torsions- und Scherbelastungen auf Wirbelsäule, Schultergürtel, Schultergelenk, Beckengürtel und Lendenwirbelsäule sowie auf die oberen und unteren Extremitäten. Aufgrund seiner erstaunlichen Anpassungsfähigkeit hält der menschliche Organismus lange Zeit diesen Beanspruchungen schadlos stand, bis eines Tages das Maß physiologischer Adaptionsfähigkeit überschritten wird, das Verhältnis von Reiz und positiver Anpassung gestört ist und die Summe der stereotypen Bewegungsmuster negative Reaktionen auslöst. Vorboten solcher *negativen Streßsyndrome* sind häufig muskuläre Dysbalancen in bestimmten Körperregionen. Verhängnisvoll sind sie für den Sportler und Trainer, weil sie lange Zeit verborgen bleiben. Sie treten erst dann in das Bewußtsein, wenn Muskeln, Sehnen, Bänder und Gelenke Beschwerden bereiten.
Dem sportartspezifisch einseitigen Training müssen daher ausgleichende Trainingsreize entgegengesetzt werden. Dies um so nachhaltiger, je früher systematisches Training in das Kindes- und Jugendalter vorverlegt wird, wie es auch bei den Rückschlagspielen der Fall ist. *Kompensationstraining* oder *Regenerationstraining* sind Maßnahmen, an die junge Turnierspieler schon möglichst frühzeitig gewöhnt werden sollten. Leider gehört die *präventive* Gymnastik erst in wenigen Sportarten zur täglichen Pflichtübung. Die sporttypische Gymnastik, die strukturell so organisiert ist, daß sie in erster Linie die Leistung steigert, hat selten ausgleichenden Charakter.
Überall dort, wo bisher funktionelle Gymnastik zum Ausgleich und zur Vorbeugung über einen längeren Zeitraum in den Trainingsprozeß eingegliedert wurde, konnte auch die sportliche Leistungsfähigkeit stabilisiert und gesteigert werden (Schweizer Ski-Nationalmannschaft, vgl. SPRING 1985; schwedische Eishockeynationalmannschaft, vgl. SÖLVEBORN 1983; Mittel- und Langstreckenläufer, vgl. MICHEL/SEGESSER u. a. 1987; Leichtathleten, Eisschnelläufer, Eishockeyspieler, vgl. WENDLER 1983; schwedische Profi-Fußballer, vgl. EKSTRAND 1983).

Die durch einseitiges Training hervorgerufene Ungleichgewichtigkeit im Funktionszustand der Muskulatur bezieht sich auf die *Kraftentfaltung* und die *Dehn- und Entspannungsfähigkeit*
– innerhalb einer *Muskelkette*, z. B. zwischen Streckern (Extensoren) und Beugern (Flexoren). Der berüchtigte Tennisellbogen hat hierin zum größten Teil seine Ursache (vgl. auch Kap. «Funktionsstörungen», S. 62);

- innerhalb der Funktionseinheit *«Agonist-Antagonist»*: das ungleiche Kraftniveau von z. B. Kniestreckern (m. quadriceps) und Kniebeugern (mm. ischiocrurales) außerhalb physiologischer Norm ist ein geradezu klassisches Beispiel muskulärer Dysbalance;
- zwischen rechter und linker Körperseite oder rechter und linker Extremität: die Beanspruchung vorwiegend der Schlagarmseite dokumentiert im wahrsten Sinn des Wortes die «Ein-Seitigkeit» der Belastung in den Rückschlagspielen (vgl. (STADLER/BUCHER 1986).

Überbelastungen

Überschreiten Trainings- und Wettkampfbelastungen die Grenzen psychophysischer Anpassungsfähigkeit, so sind nicht allein die rein mechanischen Belastungen für Überlastungssyndrome verantwortlich zu machen, sondern auch Fehlsteuerungen im neuromuskulären System z. B. der Propriozeptoren. Sie gelten als Meßfühler für den Funktionszustand des «Körperinneren» (Muskeln, Sehnen, Bänder etc.), die fortwährend über Nervenverbindungen alle an das Zentralnervensystem laufenden Informationen auswerten und Reaktionen veranlassen, die der Aufrechterhaltung bzw. der Wiedererlangung der *Homöostase* dienen (BADTKE 1986), jenes dynamischen Gleichgewichtszustands biologischer Prozesse im Organismus, der in der «weitgehenden Konstanz physiologischer Funktionen» (THIESS u. a. 1980) zum Ausdruck kommt.

Überbelastungen haben auf propriozeptivem Wege daher negativen Einfluß auf die Tonusdynamik der Muskulatur, schränken ihre Entspannungsfähigkeit ein und begünstigen auf diese Weise das Entstehen muskulärer Ungleichgewichtigkeit.

Ein weiterer im Sport bisher wenig beachteter Auslösemechanismus für die dysbalancierte Funktion der Muskulatur scheint eine «Umweg-Reaktion» zu sein. Überlastungen mit einem hohen *Laktatanstieg* im Gelenkstoffwechsel vermindern die Leistungsfähigkeit des Gelenkknorpels. Das Ergebnis ist ein reduziert belastbares Knorpelgewebe, «das neben der mechanischen Druckbelastung allen anderen auslösenden Faktoren der Knorpeldegeneration weniger Widerstand entgegensetzen kann und somit die Knorpelschädigung begünstigt (PAUL/GENTKOW 1986). Degenerativ bedingte Leistungseinschränkung des Gelenks wirkt ihrerseits auf nozizeptivem Weg (über die Schmerzrezeptoren) auf den Funktionszustand der Muskulatur ein, was sich u. a. in einer Erhöhung der Tonuslage mit einer Änderung der mechanischen Dehnbarkeit und Plastizität bemerkbar macht. *Quellungen* und *Kontrakturen* der Muskulatur entstehen u. U. auf diese Weise. Sie treten im Sport vermehrt auf, wenn nicht mit geeigneten Mitteln in der Trainingsgestaltung darauf vorbeugend eingegangen wird.

Das in einigen Sportarten zur Gewohnheit gewordene «Abwärmen (*Cooldown*)» nach Training und Wettkampf (wie es z. B. Leichtathleten und Schwimmer praktizieren) besteht aus Aktivitäten, die die körpereigenen Wiederherstellungsprozesse nachgewiesenermaßen positiv beeinflussen. (Schwimmer konnten durch Ausschwimmen die Laktatkonzentration nach Belastung deutlich senken.)

Einseitige Kraftentwicklung

Die Übungsauswahl im Krafttraining vieler Sportarten ist häufig so gestaltet, daß vorwiegend jene Muskelgruppen beansprucht werden, die in der jeweiligen Sportart zur Erbringung der spezifischen Leistung am auffälligsten gefordert werden. Ihr Kraftniveau anzuheben ist meistens das alleinige Ziel eines begleitenden Krafttrainings. In den Rückschlagspielen ist dies die «Antriebsmuskulatur», z. B. die gesamte Streckergruppe des Beins oder die Brustmuskulatur. Die Gegenspieler (Antagonisten) werden selten gleichermaßen sorgfältig trainiert, weil ihre Bedeutung innerhalb eines Bewegungsmusters in aller Regel nicht erkannt wird.

So gilt der Rückhandschmetterschlag als einer der technisch schwierigsten Schläge im Tennis (Breskvar 1985). «Technisch schwierig» ist dieser Schlag aber auch, weil der Funktionszustand der rückseitigen Schultergürtelmuskulatur bei vielen Spielern ganz im Gegensatz zur intensiver trainierten «Vorhand-Muskulatur» sehr zu wünschen übrig läßt. Der Schlag gelingt nicht, weil die kraftmäßigen Voraussetzungen besonders in der Überkopfphase bei ungünstiger Gelenk- und Lastarmsituation der angreifenden Muskulatur nicht gegeben sind.

Muskuläre Dysbalancen aufgrund eines defizitären Funktionszustands vor allem der antagonistischen Muskulatur stellen somit nicht nur eine Erhöhung des Verletzungsrisikos dar, sondern auch eine Hemmung der *koordinativen Lernfähigkeit*. Neu zu erlernende Schlagtechniken werden auf diese Weise nur mühsam erschlossen. Das Verhältnis der Kraft agonistischer Muskelgruppen zu ihren Gegenspielern (Antagonisten) spielt für die Leistungsfähigkeit eines Sportlers eine bisher in der Trainingspraxis wenig beachtete Rolle bei der Optimierung der koordinativen Lernfähigkeit.

Mangelhafte Dehn- und Entspannungsfähigkeit

In gleichem Atemzug mit dem einseitig reizwirksamen sportlichen Training muß auch das muskuläre Entspannungsverhalten für die Entstehung eines ungleichgewichtigen Funktionszustands der Muskulatur genannt werden. Je häufiger, je länger; je intensiver ein Sportler trainiert, desto mehr läuft er Gefahr, die muskuläre Entspannungsfähigkeit zu verlieren. Das Entspannungsverhalten der Muskulatur ist nämlich stark vom aktuellen Trainingszustand und vom psycho-physischen Belastungsgrad in Training und Wettkampf abhängig.

Das besonders Verhängnisvolle an den Zusammenhängen von «Reiz und Reizverarbeitung» in bezug auf die Dehn- und Entspannungsfähigkeit der Muskulatur ist allerdings, daß es unter sportpraktischen Bedingungen extrem schwierig ist, vorauszusagen, wann ein Muskel Trainingsreize noch positiv verarbeitet oder wann er ‹umkippt›, d. h. an Elastizität verliert. Die einfühlsame Hand eines erfahrenen Masseurs, der seine Sportler ständig unterstützt oder Muskelfunktionsuntersuchungen wie sie in der *manuellen Medizin* zur Diagnostik angewandt werden, vermögen besser Aufschluß zu geben, wie die Muskulatur Trainings- und Wettkampfbeanspruchungen ‹verdaut› hat. Doch die allerwenigsten Sporttreibenden in den Rückschlagspielen haben die Möglichkeit, derartige Dienstleistungen in Anspruch zu nehmen. Selbst in der Betreuung von Kaderathleten und anderer Spitzensportler (z. B. Profisportler) werden Funktionsprüfungen[1] des aktiven und passiven Bewegungsapparats – beispielsweise hinsichtlich Elastizitäts- und Entspannungsverhalten der Muskulatur – trotz eines ausgeklügelten Versorgungssystems für den Leistungssport in der Bundesrepublik immer noch höchst selten durchgeführt (KNEBEL, 1986)

Dabei stehen sehr wohl Verfahren zur Verfügung, die sich in der Diagnostik muskulärer Leistungsfähigkeit auch bei Sportlern bewährt haben (vgl. Tab. 9).

Solange den Sporttreibenden und Trainern in solchem Umfang Technologien zur Funktionsdiagnostik des Bewegungsapparats allerdings versagt bleiben, sind «physioprophylaktische Selbstmaßnahmen» (MÜLLER/ HEYSE 1982) die einzigen probaten Mittel, um die Dehn- und Entspannungsfähigkeit der Muskulatur während und nach Trainig bzw. Wettkampf aufrechtzuerhalten.

---

1 Anmerkung: In der Sendung «Mit Doktorhut auf Medaillenjagd» berichtete das Hessische Fernsehen 1984 über die Anstrengungen der USA, ihre Olympiamannschaft mit modernsten Technologien der Funktions- und Leistungsdiagnostik in der Vorbereitung auf die Olympischen Spiele in Los Angeles zu unterstützen.

Mangelhafte Dehn- und Entspannungsfähigkeit

Testverfahren	Testziel	Autoren
Muskelfunktionstest nach JANDA (1976)	Kontraktions- und Dehnfähigkeit	BERTHOLD u. a. 1981; MEISSNER 1981; SCHMIDT 1983; WEBER 1985; DANGEL u. a. 1986; RUMLER u. a. 1986; TAUCHEL u. a. 1986
Muskelentspannungstest nach VYSOCIN (1976)	Entspannungsverhalten; Belastungsverarbeitung	SCHOBER/WITTEKOPF 1986
Computergestützte, isokinetische Muskelfunktionsprüfung mit dem CYBEX II-System	Kraftfähigkeiten; artho-muskuläre Beziehungen; muskuläre Dysbalancen	KNEBEL/HERBECK 1986

Tab. 9: Übersicht über diagnostische Verfahren zur Ermittlung des Funktionszustands des aktiven und passiven Bewegungsapparats, die sich in der Betreuung von Sportlern bewährt haben.

Die Funktionsgymnastik – vor allem die Formen des Stretchings und der funktionellen Kräftigung – gehört zu den ernstzunehmenden physioprophylaktischen Maßnahmen, derer sich viele Sportler und Trainer in zahlreichen Sportarten zur Erhaltung und Steigerung der Dehn- und Entspannungsfähigkeit sowie zur Vermeidung muskulärer Dysbalancen erfolgreich bedienen.

Falsche Koordination

Das Erlernen oder Umlernen einer Bewegung geht immer mit einer Phase verstärkter psychischer und *konzentrativer Gespanntheit* einher, die ihren Ausdruck auch in der Verspannung ganzer Muskelregionen finden kann. Tennisanfänger sind lebendige Beispiele hierfür: Krampfhafte Griff- und Schlägerhaltung, angespannt vom Scheitel bis zur Sohle, versuchen sie unermüdlich, den mit Engelsgeduld immer wieder vorgetragenen Anweisungen ihrer Tennislehrer, «locker» zu bleiben und nicht so verkrampft zu schlagen, lernbegierig zu folgen. Doch so sehr sie sich auch anstrengen, anfänglich will es einfach nicht gelingen. Technisch falsche Bewegungen

schleichen sich ein und werden für kurze Zeit verfestigt. Bis sie aufgebrochen werden können, dauert es seine Zeit.
Aber dies ist keineswegs nur ein Problem der Anfänger. Auch versierte Turnierspieler ‹leiden› bisweilen an unökonomischen Koordinationsmustern, wenn es gilt, Techniken neu zu lernen oder auch nur zu verbessern. Hat sich eine falsche Bewegung erst einmal festgesetzt, ist es schwer, sie wieder zu korrigieren. Sportler reagieren darauf und pflegen sich vor Training und Wettkampf in aller Regel aufzuwärmen, nicht nur um die energiebereitstellenden Systeme, sondern auch die *zentralnervalen Aktivierungsprozesse* zu mobilisieren und damit die motorischen Lernprozesse zu unterstützen (vgl. auch Kap. «Aufwärmen vor Training und Wettkampf», S. 90). Dem richtigen «Einstimmen», u. a. auch mit funktioneller Gymnastik, kommt daher besonders im Techniktraining eine wesentliche Bedeutung zu. Viel weniger gebräuchlich sind dagegen gymnastische Übungen nicht nur vor, sondern auch während des Techniktrainings zur *Interaktivierung* des psycho-physischen Entspannungsverhaltens. Kurze gymnastische «Zwischenspiele» (5–10 Min.) lösen nicht nur muskuläre Verspannung, sondern auch psychische Gespanntheit. Fünf Minuten, die sich allemal lohnen, wenn sich falsche Bewegungen einschleichen wollen.
Auch im Wechsel von einer zur anderen Trainingseinheit sind gymnastische Interaktivierungen des psycho-physischen Funktionszustandes immer angebracht. Tab. 10 zeigt zwei beispielhafte Trainingstage von Boris Becker; man beachte die Plazierung der Gymnastik-Einheiten.

Tab. 10: (BRESKVAR 1985)

Tag/Uhrzeit	Trainingsinhalte
Montag	
8.30–10.00	Langsamer Dauerlauf (im steady-state) mit Gymnastikpausen (Lockerung/Dehnung)
10.30–12.00	Technikverbesserung (Präzisierung vorhandener Fertigkeiten)
15.00–15.45	Beweglichmachung
16.00–17.30	Trainingsformen zur Gewöhnung an den Sandplatz
18.00–19.00	Fußball
Dienstag	
8.30–10.00	Langes Einlaufen/Training der Antrittsschnelligkeit
10.30–12.00	Technikverbesserung
15.00–15.45	Dehnungsgymnastik
16.00–17.30	Trainingsformen zur Gewöhnung an den Sandplatz
18.00–19.00	Basketball

Verletzungen

Die meisten Verletzungen in den Rückschlagspielen sind den sogenannten *Bagatellverletzungen* zuzurechnen. Sie treten gehäuft als Folge dieser Faktoren auf (vgl. WEBER 1981):
- Überbelastung und Übermüdung,
- Fehlbeanspruchungen,
- mangelhafte Muskelkoordination,
- ungenügende Aufwärmarbeit,
- Mängel an Sportböden und Sportgeräten,
- Klimaeinflüsse,
- organisatorische Mängel in Trainings- und Wettkampfgestaltung.

Verletzungen des Bewegungsapparats – gleichgültig ob sie schwererer oder leichterer Art sind – bedeuten immer eine Störung des funktionalen Gleichgewichts (Homöostase). Der Schmerzreiz, der mit jeder Verletzung einhergeht, führt zwangsläufig zu einer Erhöhung des Muskeltonus, was sich je nach Stärke des Schmerzes und der individuellen Schmerzempfindlichkeit bis zum muskulären Hartspann mit Bewegungseinschränkungen der Gelenke (z. B. Schonhaltungen) und deutlichen Störungen der Bewegungsabläufe steigern kann (BONCZEK/KRIEG 1985, 43).

Aufgrund gesetzmäßiger Prozesse der Schmerzverarbeitung können derartige Verspannungen auch in Muskelarealen auftreten, die mit dem eigentlichen Trauma nicht in enger Beziehung stehen. Verletzungen im Schultergelenk bzw. der Schultergelenkmuskulatur, die bei den Rückschlagspielen häufig zu beobachten sind, gehen zuweilen mit deutlichen Verspannungen der Nackenmuskulatur und der Schulterblattmuskulatur einher, die auf diese Weise die Funktionsuntüchtigkeit des verletzten Areals länger als nötig aufrechterhalten.

An eine ärztliche Versorgung von Verletzungen des Bewegungsapparats stellen Sporttreibende (vor allem Leistungssportler) hohe Ansprüche, denn für die meisten ist die Freizeitbeschäftigung Sport ein bedeutsamer Lebensinhalt geworden, dem sie möglichst rasch wieder nachgehen möchten. Doch eine vernünftige Verletzungsnachsorge scheitert nicht selten an der Ungeduld der Sportler, aber auch an den noch lückenhaften Kenntnissen der meisten Mediziner über moderne Trainingsmittel und Methoden der Rehabilitation verletzter Sportler.

In besonderem Maße sind Leistungs- und Profisportler auf eine umfassende Rehabilitation angewiesen, um vor der erneuten Eingliederung in den Trainings- und Wettkampfprozeß vollständig wiederhergestellt zu sein.

Während die rehabilitative Frühphase in Planung und Ausführung immer in die Hand eines erfahrenen Therapeuten gehört, kann die Spätphase vor Aufnahme des sporttypischen Trainings vom Sporttreibenden und Trainer sinnvoll durch geeignete Maßnahmen unterstützt werden.

Solche begleitenden Maßnahmen können sein:
- funktionelles Krafttraining zum Muskelaufbau, um Funktionsdefizite und Dysbalancen auszugleichen,
- spezifische Dehnungs- und Mobilisationsübungen zur Auflösung muskulärer Verspannungen.

Unfunktionelle Übungsausführungen

Im Tennis (auch im Tischtennis und erst recht im Badminton und Squash) hat Konditionstraining noch keine lange Tradition. Sportartuntypische Trainingsübungen zur Förderung grundlegender motorischer Fähigkeiten (vor allem der Kraft und Beweglichkeit) sind selbst im Leistungstennis noch keineswegs überall üblich. Auch heute dürfte die Mehrheit aller wettkampforientierten Tennisspieler, mit Ausnahme der Spitzenspieler, sich ihre konditionellen Grundlagen vorwiegend auf dem Spielfeld aneignen.
Auffällig ist ferner, daß Konditionstraining in den Rückschlagspielen fast ausschließlich unter dem Aspekt der Leistungssteigerung und weniger wegen der präventiven Wirkung für den Bewegungsapparat betrieben wird. Doch diese Sichtweise ist auch in anderen Sportarten die übliche. Unübersehbar ist auch die Tendenz in der Fachliteratur der Rückschlagspiele, viele Inhalte zur Konditionierung aus Sportarten mit längerer Tradition in diesem Bereich unkritisch unverändert zu übernehmen.
Als ein typisches Beispiel sei hier der *Hürdensitz* als Beweglichkeitsübung genannt. Von den Leichtathleten entlehnt, dort schon in seiner Beanspruchungsform funktional falsch, wird er immer wieder (vgl. Abb. 7) als Konditionsübung empfohlen. Auch einige Kraftübungen (besonders für die Bauch- und Rückenmuskeln), die offenbar in den Rückschlagspielen stark favorisiert werden (wie «Sit-ups» u. «Hyperextensions»), halten nicht unbedingt das, was man von ihnen erwarten kann (vgl. auch S. 230, 236 u. 238).

> Werden besonders Kraft- und Dehnungsübungen funktional nicht richtig ausgeführt, bedeuten die immer wiederkehrenden unphysiologischen Trainingsreize eine erhebliche Störung arthro-muskulärer Bedingungen vor allem dann, wenn auf die fasertypologischen Neigungen der Muskulatur, zu verkürzen bzw. sich abzuschwächen, im Training nicht ausreichend eingegangen wird.

Man muß allerdings der Trainerausbildung im Deutschen Tennis-Bund sowie dem Vorgehen der Landesverbände bei der Betreuung von Kadermitgliedern bescheinigen, daß die hier aufgezeigten Entwicklungen im Konditionstraining inzwischen stärker berücksichtigt werden.

Beispiel: Hürdensitz

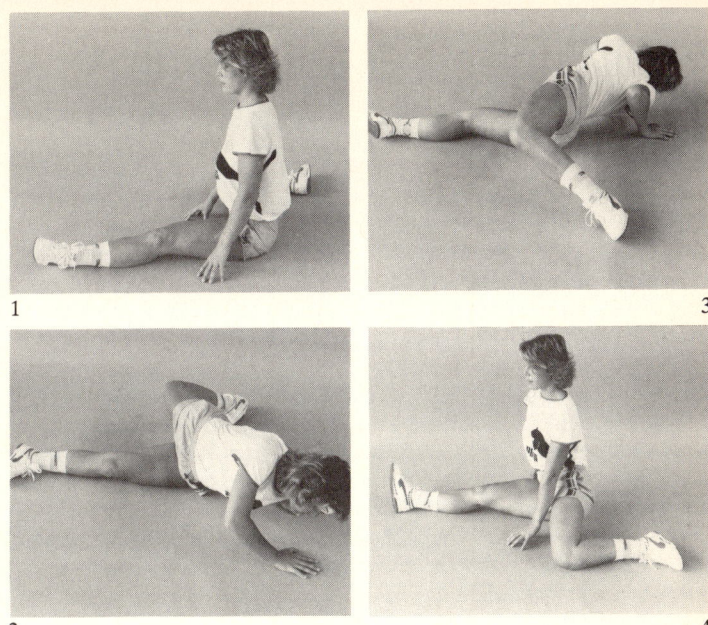

Abb. 7
Der Hürdensitz bzw. der Wechsel des Hürdensitzes über die Horizontallage (vgl. WEBER 1982, 55 und PÖTTINGER/MENSING 1986, 212) sind ungeeignete Trainingsformen zur Verbesserung der Beweglichkeit im Hüftgelenk bzw. der Dehnfähigkeit der beteiligten Muskulatur. In den jeweiligen Endpositionen werden die Kniegelenke des gewinkelten und außenrotierten Beins einer völlig überflüssigen Scherbelastung (Bänder, Kapseln, Menisken) ausgesetzt. Die Übung entspricht in keiner Weise dem Anforderungsprofil der Beweglichkeit im Tennissport und ist daher wegen der Schädigungsmöglichkeit der kniegelenkstabilisierenden Bänder als Konditionsübung abzulehnen. Besonders die oft empfohlene Ausführungsweise Wechsel des Hürdensitzes über die Horizontallage schadet dem Bewegungsapparat langfristig mehr als sie ihm nützt. Die Übung soll der Dehnung der Streck-, Beuge- und Abspreizmuskulatur des Oberschenkels und somit der Hüftbeweglichkeit dienen. Doch die dynamische Ausführung der Übung verhindert geradezu die Trainingswirkung. Durch Aktivierung der Eigenreflexe werden die genannten Muskeln in den Endpositionen *keineswegs gedehnt*, sondern kontrahiert.

Sportmedizinische Aspekte

Würde man das Glossar eines Fachbuchs zur Traumatologie des Sports als Maßstab für die Gefährlichkeit einer Sportart hernehmen, dann stünde Tennis wohl an erster Stelle. Denn kein anderer Sport könnte sich rühmen, sportspezifische Schäden so oft mit einem eigenen Begriff belegt zu haben. Vom bekannten *Tennisellbogen* über die *Tennisschulter* bis hin zum *Tennisbein,* der *Tennisferse* und *Tenniszehe* reichen die Begriffe, die scheinbar sportartspezifische Beschwerdebilder charakterisieren. Ist deswegen Tennis ein besonders gesundheitsgefährdender Sport? Wohl kaum! Die meisten Untersuchungen weisen das Gegenteil aus. Denn gemessen an der Masse der Tennisspielenden – der Deutsche Tennis-Bund rangiert mit stetig zunehmender Mitgliederzahl bereits an dritter Stelle hinter Fußball- und Turnerbund – ist die Verletzungshäufigkeit immer noch als verhältnismäßig gering einzustufen (vgl. Biener u. a. 1976; Krämer u. a. 1979; Pförringer u. a. 1985; v. Salis-Soglio 1987).

Großen Beanspruchungen sind in den Rückschlagspielen naturgemäß die oberen Extremitäten ausgesetzt. Die Mehrheit (47,5%) der Beschwerden, Verletzungen und Schäden bezieht sich auf diesen Bereich, gefolgt von den unteren Extremitäten mit 31,1% und der Wirbelsäule mit 16,6%.

Spielarm	%	
Ellbogenbeschwerden/außen	38,8	
Schulter	5,7	47,5%
Ellbogenbeschwerden/innen	1,5	
Hand	1,5	

Sportarttypische Beanspruchungen

Gegenarm	%	
Ellbogenbeschwerden/außen	0,7	
Wirbelsäule	%	
Halswirbelsäule	3,8	
Brustwirbelsäule	1,5	16,6%
Lendenwirbelsäule	11,3	
Becken	4,1	
Untere Extremität	%	
Oberschenkel	3,4	
Knie	4,9	
Wadenmuskel/Achillessehne	15,1	31,1%
Fuß	7,7	

Tab. 11: Verteilung der Beschwerden am Bewegungsapparat im Tennis (n = 99) (nach KRÄMER/SCHMITZ-BEUTING 1979)

Beanspruchungen des Schlagarms

In allen Rückschlagspielen wird der Schlagarm in besonderer Weise beansprucht. Im Tennis muß der Ball, der im Leistungstennis enorme Fluggeschwindigkeiten erreicht – Aufschläge von Boris Becker erreichen bisweilen Geschwindigkeiten von rund 300 km/Std. –, ebenso hart wieder zurückgeschlagen werden. Dabei können die Kräfte, die kurzzeitig auf den Arm einwirken, in eine Größenordnung von fast einer Tonne anwachsen (vgl. JUNGHANNS 1986), dies um so öfter, je häufiger der Ball in der Spielsituation nicht in optimaler Achsenstellung der Gelenkkette des Arms auf den Schläger auftrifft. Eine präzise und bei jedem psycho-physischen Beanspruchungsgrad beherrschte Schlagtechnik ist daher selbstverständlich die beste Voraussetzung, Fehlbeanspruchungen zu reduzieren und langfristig den Bewegungsapparat vor Schäden zu bewahren.
Ferner spielt der arthro-muskuläre Funktionszustand der Bereiche Arm-Schulter-Schultergürtel-Halswirbelsäule (Funktionskreise 1 und 4, s. S. 40/41) in der Verletzungsvorbeugung eine überragende Rolle. Hierauf selbsthelfend einzuwirken ist auch Zielsetzung der Funktionsgymnastik.

Beanspruchungen der Beine

Die Beine werden bei den Rückschlagspielen vor allem im Knie und Fußbereich durch häufige und blitzschnelle Richtungswechsel hoch beansprucht. Vor allen Dingen seitliche Schrittbewegungen mit plötzlichem Abstoppen und unmittelbarer Beschleunigung in Gegenrichtung üben auf die Gelenkkette der unteren Extremität (Fuß-, Knie- und Hüftgelenk = Funktionskreis 3) in Verbindung mit der Lendenwirbelsäule (Funktionskreis 2) eine Belastung im Sinne einer konzentrischen Drehschubstreckung bzw. exzentrischen Beugung aus.

Eine Analyse der Laufaktionen während eines Tennisspiels ergab folgende durchschnittliche Verteilung: 48 Prozent sind seitwärts, 44 Prozent vorwärts und 8 Prozent rückwärts gerichtet.

Die typischen Beanspruchungsmuster der passiven Anteile der Gelenke in der Abbremsphase (Bänder, Knorpelflächen etc.) sind gekoppelt mit blitzartig einwirkendem Muskelzug in der Beschleunigung. Auch hier sind kurzfristige Spitzenbelastungen von Muskeln, Sehnen und Bändern zu tolerieren, die wahrscheinlich im Bereich von vielen hundert Kilopond anzusiedeln sind. Leider liegen biokinetische Untersuchungen arthro-muskulärer Beanspruchungsformen komplexer sportlicher Bewegungsabläufe trotz stetig steigender Verletzungszahlen für die meisten Sportarten nicht vor, so daß auch zukünftig keine verläßlichen Aussagen zu erwarten sind, in welchem Maße der Bewegungsapparat unter sportarttypischen Bedingungen gefordert wird.

Es scheint notwendig zu sein, das Kraftübertragungs- und Pufferverhalten des Bewegungsapparats sowohl nach *energetischen* und *kinetischen* als auch *kybernetischen* Gesichtspunkten eingehender zu untersuchen. Nur so können die Voraussetzungen für eine glaubwürdige Verletzungsprophylaxe bzw. Therapie von «Skelett-Muskel-Funktionsstörungen» mit optimaler Effizienz weiterentwickelt werden.

Während wir in der Sportmedizin bereits solide Kenntnisse der Belastung und Belastungsverarbeitung des Herz-Kreislauf-Systems erworben haben (metabole Anpassung), fehlen sie in gleichem Maße für die Anpassungsleistung des Bewegungsapparats.

Solange ein exaktes Anforderungsprofil des Funktionszustands von Gelenk und Muskel nicht erstellt werden kann, muß sich die Sportpraxis weitestgehend auf Erfahrungswerte stützen. Für die arthro-muskulären Beziehungen im Funktionskreis 3 (Beine-, Hüfte-Becken-Situationen) ist daher eine optimale *Muskelsicherung* von unterem Sprunggelenk und Kniegelenk sowie eine gute Dehnfähigkeit insbesondere der zu Verspannung neigenden Muskeln im betreffenden und im benachbarten Funktionskreis anzustreben.

Wirbelsäulenbeanspruchung

Schon mehrfach wurde auf die Anforderungen der Wirbelsäule bei den Rückschlagspielen hingewiesen. Gewissermaßen als «zentrale Funktionseinheit» (vgl. auch KNEBEL 1985) hat sie die vielfältigen Körperdrehungen, Biegungen und Stöße beim Schlagen aufzufangen. Biegen und Drehen gehören zum Bewegungsbild der Wirbelsäule in allen vier Rückschlagspielen.

Die Halswirbelsäule wird beim Rückhandschlag durch das dynamische Zurückdrehen der Schlagarmschulter beim Ausholen besonders im Übergang zur Brustwirbelsäule stark belastet (vgl. PFÖRRINGER/KEYL 1983; JUNGHANNS 1986). Überhaupt sind die Übergänge der einzelnen Wirbelsäulenabschnitte (Hals-Brustwirbelsäule/cervico-thorakaler Übergang; Brust-Lendenwirbelsäule/thorako-lumbaler Übergang sowie Lendenwirbelsäule-Kreuzbein/lumbo-sacraler Übergang) besonders empfindlich gegen Belastung unter Drehung und Biegung. Sie sind außerdem die Schnittpunkte der Funktionskreise bei funktionaler Gliederung der Muskelketten, wodurch ihre besondere Stellung bei dynamischer Beanspruchung unterstrichen wird.

JUNGHANNS (1986, 360) konnte bei Rückschlagspielern vermehrt Bewegungseinschränkungen im Brustwirbelsäulenbereich (schmerzhafte Steifigkeit mit gelegentlichen Blockaden der Brustwirbelsäule/Rippengelenke) feststellen. Die vom gleichen Autor beschriebenen Überbeweglichkeiten (*Hypermobilitäten*) im Übergang von Brust- zur Lendenwirbelsäule müssen in direktem Zusammenhang mit der Funktionseinschränkung gesehen werden. Ist die Beweglichkeit eines Teils der Wirbelsäule eingeschränkt (hier: Brustwirbelsäule), muß es zwangsläufig zu Fehlbeanspruchungen an den segmentalen Übergangsstellen kommen. *Osteochondrosen* (Knochen- und Knorpelentzündung), *Spondylosen* (Arthrose der Wirbelkörper), *Spondylarthrosen* (Arthrose der kleinen Wirbelgelenke) der Wirbelsäule werden bei Rückschlagspielern jenseits des 30. Lebensjahrs daher gehäuft beobachtet (PFÖRRINGER/WOHLFAHRT 1980).

Im Leistungstennis hat man zwar die besonderen Anforderungen an die Wirbelsäule erkannt (vgl. Tennis- und Tischtennis-Lehrplan) und empfiehlt eine möglichst frühzeitige Kräftigung der wirbelsäulenstabilisierenden Muskulatur, doch viele der empfohlenen Übungen (vgl. S. 230, 236 u. 238) trainieren zwar die Rumpfmuskeln, allerdings unter gleichzeitiger Fehlbeanspruchung der Wirbelsäule, wodurch sich im Endeffekt die präventive Wirkung des Krafttrainings ins Gegenteil verkehrt. Werden derlei Übungen im Kindes- und Jugendalter im Wettkampfsport regelmäßig trainiert, drohen in Verbindung mit der ohnehin einseitigen Beanspruchung der Wirbelsäule in den Rückschlagspielen belastungsbedingte, funktionelle Fehlstellungen mit der Gefahr frühzeitiger Abnutzungserscheinungen sowohl der Wirbelkörper als auch der Bandscheiben. Die Wirbelsäulenbefunde vieler jugendlicher Kaderspieler und -spielerinnen (vgl. STEINBRÜCK/SOMMER 1981; SOMMER 1984; COTTA/SOMMER 1986; DANGEL/REICHARDT 1986) geben bereits Anlaß zur Sorge (vgl. auch Kap. «Kinder- und Jugendtraining», S. 77). Wenn der Rücken erst einmal zum «Kreuz» geworden ist, ist schon so mancher hoffnungsvolle Tennisstar «in die Knie gegangen».

Beanspruchung beim Tischtennis

Auch im Tischtennis werden an die Leistungsfähigkeit der Wirbelsäule höchste Anforderungen gestellt. Trotz des geringeren Gewichts von Ball und Schläger werden über den Schlagarm und Schultergürtel dennoch erhebliche Kräfte auf die Wirbelsäule übertragen. Die hoch-dynamischen Bewegungen auf relativ engem Raum – 7 × 14 m mißt die Spielfläche –, die heute im Leistungs-Tischtennis von Weltklasseathleten im Training und Wettkampf vieltausendfach ausgeführt werden, haben mit dem Kaffeehausvergnügen der Jahrhundertwende nicht mehr viel gemein. Tischtennis als Wettkampfsport ist anspruchsvoll geworden. Beim Schmetterschlag werden Ballgeschwindigkeiten von 160–170 km/Std. erreicht. Der Schlagarm bewegt sich dabei mit 30–40 km/Std. Es sind die schnellen Ausholbewegungen, besonders aber die abrupten Abbremsbewegungen des Arms, die über den Schultergürtel an der Wirbelsäule ‹zerren› und vorzugsweise wiederum den Übergang der Hals-Brustwirbelsäule (Schnittpunkt Funktionskreis 1 und 2) stark beanspruchen

«Außerdem nehmen Tischtennisspieler langzeitig eine vorgebeugte sowie leichtgedrehte und zur Seite geneigte Rumpfhaltung ein» (JUNGHANNS 1986, 363), wodurch häufig konvex zum Schlagarm fixierte *Skoliosen* (seitliche Verbiegung) entstehen können, die von COTTA und STEINBRÜCK (1979) als sportartspezifisch bezeichnet werden. Die Lenden-Becken-Hüft-Region hat bei schnellen seitlichen Schrittwechseln in der beschriebenen Körperhaltung zufallsabhängige, meist unter Drehung und Biegung auftretende Kräfte aufzufangen, die sowohl den lumbo-sacralen Übergang (Lendenwirbel-Kreuzbein) als auch die Iliosakralgelenke (Kreuzbeingelenke) hoch druck- bzw. zugbelasten.

Tischtennis gehört wie Tennis überdies zu jenen Sportarten, in denen das systematische Training aufgrund seines Anspruchs an die Koordinationsfähigkeit mehr und mehr in das frühe Kindes- und Jugendalter vorverlegt wird, um mit dem Weltklasseniveau, vor allem der chinesischen Spieler, mithalten zu können. Heute trainieren bereits zwölfjährige Kaderspieler

Trickschläge, die noch vor nicht allzu langer Zeit nur erwachsenen Spielern nach langer Spielerfahrung gelangen.

Auch hier muß befürchtet werden, daß der Bewegungsapparat Schaden nimmt, wenn z. B. begleitendes Konditionstraining inhaltlich nur auf Leistungssteigerung angelegt ist und die Chance der *Physioprophylaxe* durch *funktionelle Kräftigung* und *Beweglichmachung* dagegen durch die ungeschickte Auswahl wenig geeigneter Übungen nicht genutzt wird.

Beanspruchung bei Badminton und Squash

Badminton als Wettkampfsport hat sich ebenfalls zu einem rasanten Spiel entwickelt. Der nur wenige Gramm schwere Federball und der leichte Schläger lassen vermuten, daß der Bewegungsapparat mechanisch kaum gefordert wird. Das Gegenteil ist der Fall. Auch hier strebt der Spieler

Die Halswirbelsäule ist beim Badminton und Squash hohen dynamischen Zug- und Drehbelastungen ausgesetzt (Quelle: PFÖRRINGER/KEYL, Thieme Verlag 1983, 361f)

(z. B. bei Schmetterschlägen) eine maximale Auftreffgeschwindigkeit des Schlägers an, denn für den Erfolg des Schlags wird – vergleichbar den anderen Rückschlagspielen – eine hohe Abfluggeschwindigkeit des Balls gewünscht. Der Schlagarm erreicht dabei Geschwindigkeiten von 40–50 km/Std. Wegen der Höhe des Netzes und des gänzlich anderen Flugverhaltens des Balls werden mehr Schläge über Kopf als in den anderen Spielen ausgeführt. Schläge, die aufgrund der Spielweise häufig mit einer Innenrotation des Schlagarms bei gleichzeitiger Drehung der Halswirbelsäule einhergehen.

Derartiges, im Training und Wettkampf oft wiederholtes Bewegungsverhalten bleibt nicht ohne Einfluß auf die Funktionseinheit Schultergelenk-Schultergürtel-Hals- und Brustwirbelsäule (Funktionskreise 1, 2 mit Übergang zu 3; cervico-thorakaler Übergang).

Das Schultergelenk und der Übergang von der Hals- zur Brustwirbelsäule als die beiden schwächsten Punkte innerhalb der beschriebenen Gliederkette müssen dabei besonders große Krafteinflüsse tolerieren.

«Als sportspezifisch wird (ferner) eine ständige Lordosierung (Verbiegung nach vorn) im Lendenwirbelsäulenbereich bezeichnet ... Die Spieler klagen häufig über *Lumbagoschmerzen* (Lendenbereich), die wahrscheinlich dem harten Boden der Wettkampfhallen anzulasten sind» (JUNGHANNS 1986, 362). Bei diesem Anforderungsprofil hinsichtlich der Beanspruchung von Schultergürtel und Wirbelsäule bietet sich für Badminton-Spieler auch wiederum nur an, über Krafttraining einerseits und Beweglichkeitstraining andererseits eine *muskuläre Sicherung* der beanspruchten Areale anzustreben.

Squash ist das schnellste der Rückschlagspiele. Der kleine Kautschukball trifft mit bis zu 300 km/Std. auf den Schläger, der seinerseits mit großer Wucht geführt wird. Dabei entstehen hohe Spannungskräfte in den Muskelketten von «Schlagarm-Nacken und Rücken» (vgl. PFÖRRINGER/KEYL 1983). Auch hier steht außer Zweifel, daß bei leistungsorientiertem Spiel «sowohl die Hals- wie auch die Lendenwirbelsäule sehr heftigen sportbedingten Ansprüchen ausgesetzt sind» (JUNGHANNS 1986, 362). Beschwerden an der Lendenwirbelsäule, insbesondere bei längerem oder sehr häufigem Spiel, sind dominierende Klagen vieler Squashspieler (PFÖRRINGER u. a. 1985, 344) und zum größten Teil auf die schnellen Drehungen und Biegungen der Wirbelsäule und die Erschütterungen auf den bevorzugt harten Böden (z. B. Parkett u. ä.) zurückzuführen.

In unmittelbarem Zusammenhang damit sind auch die Probleme an der Achilles- und Kniescheibensehne bei Squashspielenden zu sehen. Sowohl Kniestreck- als auch Wadenmuskulatur werden auf stumpfen Böden durch das abrupte Abbremsen und häufige Beschleunigen in Gegenrichtung exzentrisch bzw. konzentrisch sehr hohen Zugspannungen ausgesetzt, die einen hypertonen Funktionszustand der beteiligten Muskeln fördern. Wird hierauf z. B. durch geeignete funktionelle Gymnastik nicht ausgleichend eingegangen, sind Sehnenentzündungen (*Ansatztendinosen*) als Überlastungsfolge häufig zu beobachten.

Abschließend soll noch angemerkt werden, daß Sportler und Trainer über die Beanspruchungen der Wirbelsäule in Training und Wettkampf selten ausreichend aufgeklärt sind. Hinzu kommt, daß die Sportmedizin zwar genügend Erkenntnisse über die Belastung der Bandscheiben beim Tragen und Bewegen von Lasten in verschiedenen Körperpositionen oder bei unterschiedlichen Sitz- und Liegehaltungen gewonnen hat (vgl. z. B. NACHEMSON 1975; JUNGHANNS 1986), doch Angaben über die Anforderungen an die Wirbelsäule unter dynamischen Bedingungen mangels geeigneter Untersuchungsverfahren völlig fehlen.

Die nachfolgenden Ergebnisse über die Veränderungen des Bandscheibendrucks nach NACHEMSON/ELFSTRÖM (1970) bei unterschiedlichen Körperhaltungen, die allesamt dem traditionellen Übungsgut des Sports entstammen könnten, verdeutlichen, welchen Kräften die Wirbelsäule im Sport ausgesetzt werden kann. Kommen dann noch Zusatzlasten oder erschwerende Ausführungsbedingungen hinzu (z. B. Sandsack oder Schrägbank; vgl. Abb. S. 83 u. 237), potenzieren sich die Belastungen, denen langfristig Wirbelknochen und Wirbelkörper kaum standhalten werden, sogleich um ein Vielfaches.

Welchen Anforderungen die Wirbelsäule während sportlicher Aktivität ausgesetzt wird, versuchte BERTHOLD (1986) durch Messungen der Änderungen der Körperhöhe nach Training zu erfassen (s. Tab. 12). Die Höhenänderung wird dabei als «eine Funktion der Wasseraufnahme und -abgabe

Tab. 12: Körperhöhendifferenzen in Promille nach speziellem Training in verschiedenen Sportarten. Trainingsdauer 1,5 bis 2 Stunden (nach BERTHOLD 1986, 78) (s = Signifikanz)

Sportarten	Differenzen	
Schwimmen	− 1,1	s = 0,7
Marathon/Gehen	− 3,2	s = 1,0
Gewichtheben	− 4,5	s = 1,3
Rudern	− 5,4	s = 1,7
Turnen	− 5,8	s = 0,6

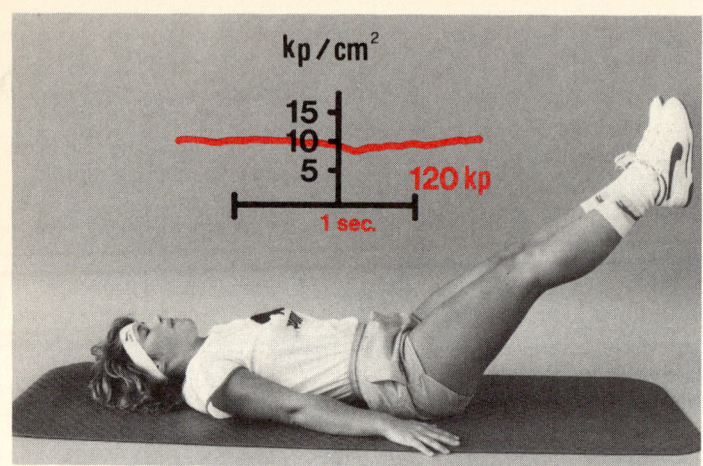

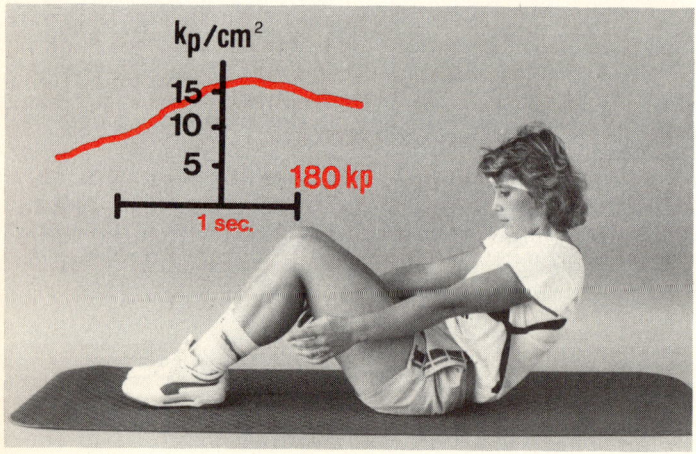

der Bandscheiben betrachtet. Mithin können Körperhöhenmessungen als Hinweise auf die Belastung der Wirbelsäule dienen» (1986, 78). Verglichen wurden verschiedene Sportlergruppen nach 1,5 bis 2 Std. sporttypischen Trainings. Die größten Veränderungen zeigten mit −5,8 Promille die Turner nach Boden- und Sprungtraining.

BERTHOLD konnte andererseits aber auch aufzeigen, wie mit wenigen entlastenden Körperübungen die Regeneration der Zwischenwirbelscheiben

Wirbelsäulenbeanspruchung

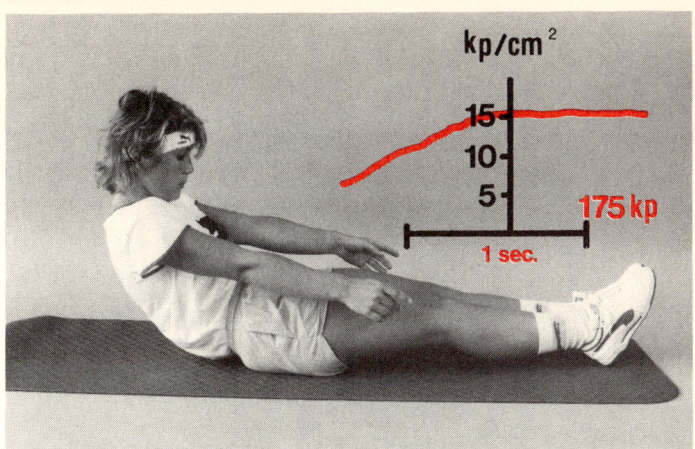

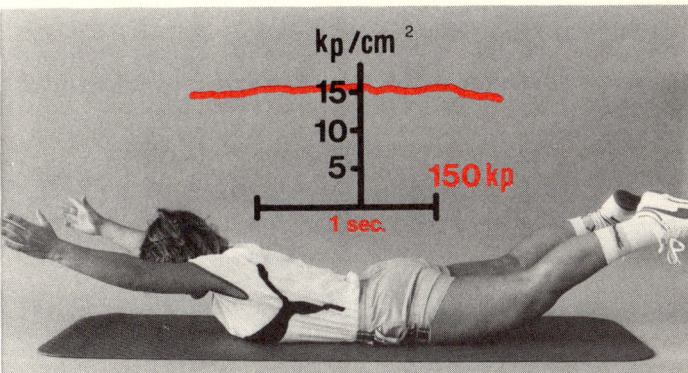

Abb. 8: Bandscheibendruck in kp/cm² und Gesamtdruckbelastung bei verschiedenen Körperübungen (gemessen an einem ca. 70 kg schweren Menschen). Zum Vergleich: Im Stehen beträgt der Lastdruck 70 kg und im Aufrechtsitzen ohne Unterstützung bereits 100 kg (nach NACHEMSON u. ELFSTRÖM 1970).

(Wassereinstrom mit optimiertem Nährstoffeinstrom) gesteigert wird. Entspannungslagerungen (vgl. Übungen S. 203) während und nach Training und Wettkampf (z. B. während Turnieren) gehören deswegen zum «Wirbelsäulen-Pflegeprogramm», um Funktionseinbußen bzw. Degeneration der Gliederkette vorzubeugen, denn «dehydrierte Bandscheiben führen zwangsläufig zu einer Lockerung im (Wirbelsäulen-) Segment, die Blockierungen Vorschub leisten können» (BERTHOLD 1986, 81).

Funktionsstörungen

Mehr als die Hälfte aller Bundesbürger treibt Sport. Das sind allein im Alter über 16 Jahren ungefähr 25 Millionen Menschen. Trotz Pillenknicks und einer Fülle von Freizeitangeboten nimmt die Begeisterung für die «schönste Nebensache der Welt» stetig zu. Das Interesse an den Rückschlagspielen ist dabei besonders groß, wie die anwachsenden Mitgliederzahlen der Sportfachverbände anschaulich belegen.

	1986	1984	Zugang
Tennis	1 813 675	1 685 635	+ 128 040
Tischtennis	686 494	668 379	+ 18 115
Badminton	117 502	104 581	+ 12 921
Squash	21 568	17 259	+ 4 309

Doch mit dem Enthusiasmus für den Sport wachsen auch die Probleme. Häufig als Vorbeugung gegen allerlei Bewegungsmangel-Erscheinungen betrieben, kann sich seine gesundheitsfördernde Wirkung bisweilen auch ins Gegenteil verkehren und mehr Sorgen und Beschwerden bereiten, als einem lieb ist. Die Tücke liegt im Detail, denn niemand weiß so recht, wieviel Sport man sich eigentlich zumuten kann. Hat man sich einmal zuviel des Guten abverlangt, dann sind zumeist Beschwerden am Bewegungsapparat erste deutliche Warnzeichen.
Früher war Tennis eine ausgesprochene «Schönwetter-Sommersportart», doch mit dem Hallentennis und der Zunahme pflegeleichter Allwetterplätze hat sich die Situation geändert, und es muß erwartet werden, daß die Probleme am Stütz- und Bewegungsapparat zukünftig zunehmen, denn die Anforderungen auf den modernen Kunstböden sind spürbar größer.

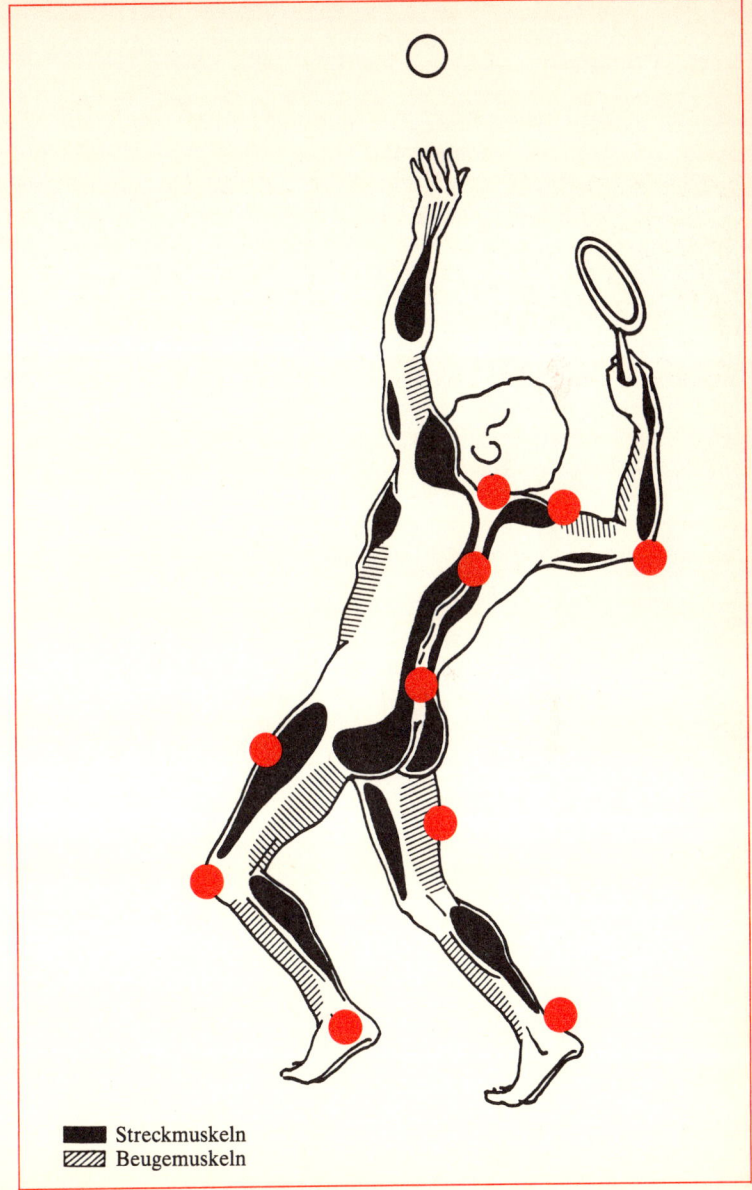

Abb. 9: Problembereiche in den Rückschlagspielen (mod. nach JONATH 1981, 289)

Auch im Leistungstennis haben sich die Zeiten geändert. Kommerzialisierung zum einen, Professionalisierung zum anderen haben aus dem Tennis ein Ganzjahresgeschäft gemacht, das von Spielern und Spielerinnen der Spitzenklasse große athletische Voraussetzungen verlangt und hohe Anforderungen an die Belastungsverträglichkeit stellt.

«Die Sportbegeisterung war noch nie so groß wie heute – doch die medizinische Versorgung für Sportverletzungen ist angesichts der massenhaften ‹Opfer› noch nie so lückenhaft gewesen wie jetzt» (MÜLLER-WOHLFAHRT 1984, 10).

Allzu einfach ist es allerdings, den Sportärzten den schwarzen Peter zuzuschieben und ihnen allein die Anwaltschaft für die Gesundheit übertragen zu wollen. Sportler und Trainer sind ebenfalls in die Verantwortung genommen, denn Vorbeugen ist auch im Sport besser als heilen! In diesem Sinn muß auch dieses Kapitel verstanden werden, denn vorbeugen kann nämlich nur der, der weiß, was in seiner Sportart auf ihn zukommen kann.

Keineswegs soll die Darstellung typischer Beschwerden am Bewegungsapparat in den Rückschlagspielen dazu führen, im akuten Verletzungsfall die Diagnose und die Therapie des Fachmanns auszulassen.

Die «Selbstversorgung» sollte sich ausschließlich auf die Vorbeugung und allenfalls auf die Erste Hilfe beschränken (vgl. HINRICHS 1986), nicht aber eigenständiges ‹Herumdoktern› einschließen.
Doch auch alle jene, die Beschwerden am Bewegungsapparat von Berufs wegen beseitigen, sind aufgerufen, nicht nur Symptome zu bekämpfen, sondern deren Ursachen aufzuspüren. Denn nur auf diese Weise kann verhindert werden, daß aus der beliebtesten Freizeitbeschäftigung «Sport» der wesentlichste Bestandteil – nämlich sein gesundheitlicher Wert – verlorengeht.

Achillessehnen-Beschwerden

Ursachen

Beschwerden an der Achillessehne entstehen häufig durch Überbelastung in Verbindung mit anderen Auslösemechanismen.
Auslösend können wirken:

Achillessehnen-Beschwerden

- *Materiale Faktoren*
- harte, wenig plastische Bodenbeläge,
- dem Bodenbelag nicht angepaßte Sportschuhe,
- unzureichende Fersenfassung und Fußbettung im Schuh.

- *Konstitutionelle Faktoren*
- ungünstige Beinstatik,
- Fußschwächen,
- schwacher Bandapparat, z. B. Pronationsknick (Einwärtsknick) im unteren Sprunggelenk.

- *Trainingsmethodische Faktoren*
- unzureichendes Aufwärmen vor der Beanspruchung,
- unvollkommene Regenerationsphase,
- dysbalancierte Muskulatur der gesamten Beinkette,
- mangelhafte Dehnfähigkeit der Wadenmuskulatur,
- hohe Zugbelastung der Sehne bei exzentrischer Kontraktion in endgradiger Position beim «Wadentrainer» (s. Abb. 36, S. 126)
- plötzliche Steigerung der Trainingsbelastung.

Häufig betreffen die Beschwerden weniger die Sehne selbst, sondern die Umfassung, das Gleitgewebe. Der Ansatzbereich am Fersenbein bzw. die Einstrahlung der Sehne in den Muskel sind Schwachstellen in der funktionellen Einheit Sehne–Muskel–Gelenk.

Vorbeugende Maßnahmen

▶ Sorgfältiges *Aufwärmen* mit Dehnungsübungen der Wadenmuskulatur;
▶ entspannende *Dehnungsübungen* nach Training und Wettkampf;
▶ *Kraftübungen* aller die Sprunggelenke umfassenden Muskeln, insbesondere bei Fuß- und Bandschwächen;
▶ *aktive Regeneration* durch aerobe Belastung (Auslaufen; Laktatabbau);
▶ *passive Regeneration* durch Bäder, Massage oder Sauna.

Übungsprogramm

Dehnungsübungen
Übungen 3.4, 3.13, 7.6, 7.8, 8.5, 8.7, 8.8

Kräftigungsübungen
Übungen 3.22 bis 3.27, 5.1 bis 5.4

Sprunggelenk-Beschwerden

(als Folge von Verletzungen)

Beschwerden in den Sprunggelenken treten vorwiegend im unteren Gelenk auf und sind in der Mehrzahl der Fälle unliebsame Nachwirkungen von Verletzungen, die mit «Umknicken» oder «Übertreten» beschrieben werden. Solche Gelenkverrenkungen betreffen die Kapsel und die äußeren Bänder. Gehäuft zu beobachten sind derartige Verletzungen in Phasen der Ermüdung am Ende einer Trainingseinheit oder des Wettkampfs.

Ursachen

Auslösend wirken beispielsweise:
- blockierende Schuhe auf stumpfen Böden,
- unzureichende Seitenstabilität des Schuhwerks,
- gestörte Koordination durch schlechte Beintechnik (besonders in Verbindung mit Ermüdungserscheinungen),
- geringe Gelenkstabilität durch schwache oder einseitig trainierte Muskulatur.

Folgebeschwerden nach Verletzungen treten gehäuft auf, wenn ohne ausreichende Rehabilitation das Training bzw. der Sport wieder aufgenommen wird. Ein Wirkungszusammenhang besteht zwischen nachstehenden Einflußfaktoren:
- mangelhafte Kraftfähigkeiten der gelenkstabilisierenden Muskulatur nach Schonung bzw. Ruhigstellung der verletzten Strukturen,
- verspannte Unterschenkelmuskulatur (oder der ganzen Beinkette einschließlich des angrenzenden Funktionskreises) durch Schonhaltung. Hiervon ist auch häufig die Muskulatur der anderen Körperseite betroffen;
- die psychische Situation unterstützt die muskuläre Verspannung. Ist das Gefühl der «Gelenkstabilität» noch nicht wieder aufgebaut, ergeben sich Unsicherheiten im Bewegungsablauf mit kompensatorischer Muskelverspannung.

Vorbeugende Maßnahmen

Um Verletzungen zu vermeiden
▶ Guter Trainingszustand der sprunggelenk-stabilisierenden Muskeln hinsichtlich Kraft- und Dehnfähigkeit;
▶ Harmonischer Muskelfunktionszustand der gesamten «Beinkette» zur Stützung der Koordination in der Beinarbeit.

Sprunggelenk-Beschwerden

Nach Verletzung im Aufbautraining
▶ Bereits bei eventueller Ruhigstellung des Gelenks Dehnungsübungen für die gesamte Beinmuskulatur (auch der nicht verletzten Seite);
▶ Kraftübungen für die Beinmuskulatur unter Entlastung des verletzten Gelenks;
▶ in der zweiten Phase der Rehabilitation vor Aufnahme des sporttypischen Trainings konsequentes Muskelaufbautraining (spezielle Kraftübungen in Verbindung mit Dehnübungen);
▶ Angleichung an den Funktionszustand der nicht verletzten Körperseite.

Übungsprogramm

Dehnungsübungen
Übungen 3.3, 3.6 bis 3.13

Kräftigungsübungen
Übungen 3.15, 3.16, 3.22 bis 3.28

Kniegelenk-Beschwerden

Das Kniegelenk ist das größte und von der Konstruktion her das komplizierteste Gelenk. Die Beschwerdebilder können so vielfältig sein, daß die Ursachenfindung immer orthopädisch-röntgenologisch und funktionsdiagnostisch angegangen werden sollte. Die Beschwerden betreffen in den Rückschlagspielen hauptsächlich nachstehende «Bausteine» des Gelenks: Innen- und Außenband; Kreuzbänder; Gelenkkapsel, Innen- und Außenmeniskus, Gelenkknorpel, Kniescheibe und Patellarsehne.

Ursachen

Ursachen der Beschwerden können sein:

● *Konstitutionelle Besonderheiten*
– ungünstige Beinstatik (X-Bein, O-Beinstellung),
– Beinlängendifferenz,
– Fehlformen der Kniescheibe.

Abb. 10: Das Kniegelenk ist beim Tennis großen Beanspruchungen ausgesetzt. Auf stumpfen Kunststoffbelägen wächst die Gefahr der Überbelastung. (Foto: Horst Müller)

Kniegelenk-Beschwerden   **69**

- *Sportarttypische Auslösemechanismen*
- häufige Stoppschritte mit Beschleunigungen in Gegenrichtung, besonders mit Körperdrehung bei fixiertem Fuß,
- stumpfe Bodenbeläge (aber auch zu rutschige Böden) in Verbindung mit nicht entsprechenden Sohlen der Sportschuhe,
- muskuläre Defizite der kniegelenkstabilisierenden Muskulatur (vor allem der Adduktorengruppe und der Kniegelenkbeugemuskulatur),
- mangelnde Dehnfähigkeit der Kniestreckmuskeln (besonders des geraden Kopfes/m. rectus femoris),
- hohe Druckbelastung von Knorpelflächen und Menisken bei Sprung- und anderen Kraftübungen,
- dynamische Scherungen des Kniegelenks bei unphysiologischen Gymnastik- und Konditionsübungen (s. Abb. 7, S. 51).

Vorbeugende Maßnahmen

▶ Krafttraining für die gelenkumspannende Muskulatur. Auf Grund des defizitären Trainingszustands in den Rückschlagspielen besonders für die Adduktoren und die ischiocrurale Muskulatur (Kniegelenkbeuger),
▶ Dehnungsübungen der tendenziell zur Verkürzung neigenden Muskelgruppen, besonders der Kniebeuger und des geraden Kopfes des Kniestreckers,
▶ Vermeidung von unphysiologischen Drehungen und Scherungen des Kniegelenks bei Konditionsübungen,
▶ sorgfältige Rehabilitation nach Kniegelenkverletzungen,
▶ aktive und passive Regeneration nach intensiver Trainings- und Wettkampfbeanspruchung (spielen und trainieren auf harten Böden verlangt intensive Regeneration).

Übungsprogramm

Dehnungsübungen
Übungen 3.4 bis 3.13

Kräftigungsübungen
Übungen 3.14 bis 3.21

Muskelbeschwerden im Oberschenkel

Zerrungen und Muskelrisse der Oberschenkelmuskulatur (Vorder- und Rückseite, Adduktoren) sind unliebsame Begleiterscheinungen in den Rückschlagspielen.

Ursachen

Die häufigste Ursache solcher Muskelschädigungen beruht auf muskulären Dysbalancen der Oberschenkelmuskulatur:
– die Kniegelenkbeuger sind gegenüber den Streckern schlecht trainiert;
– der gerade Kopf des Kniegelenkstreckers (Quadriceps) wird aufgrund seiner zweigelenkigen Wirkungsweise funktional bei vielen Trainingsübungen nicht optimal erfaßt;
– ebenso werden die Adduktoren selten in ihrer Bedeutung für die Leistungsfähigkeit in den Rückschlagspielen erkannt und entsprechend trainiert;
– phasische und tonische Situation dieser Muskelareale mit ihrer Abschwächungs- bzw. Verkürzungstendenz werden nicht beachtet.

Vorbeugende Maßnahmen

▶ Krafttraining, um muskuläre Dysbalancen vor allem zwischen den schwachen Beugern und starken Streckern des Kniegelenks auszugleichen;
▶ regelmäßiges Dehnen besonders der zur Verkürzung neigenden Muskeln;
▶ funktionelle Übungsausführung im Krafttraining der Kniestreck- und Beugemuskeln.

Übungsprogramm

Dehnungsübungen
Übungen 3.4 bis 3.13

Kräftigungsübungen
Übungen 3.14 bis 3.21

Rückenbeschwerden

Rückenprobleme bei Sportlern gehören zum sportmedizinischen Alltag. Die Liste prominenter Tennisspieler, die Ärger mit dem Kreuz hatten und auch noch haben, ist lang. Viele andere Beschwerdebilder (Tennisellbogen; Muskelzerrungen u. a.) können mit Funktionsstörungen der Wirbelsäule zusammenhängen und werden häufig als solche gar nicht erkannt.

Ursachen

Noch vielfältiger als bei den Kniebeschwerden sind die Zusammenhänge und Ursachen des sogenannten «Kreuzschmerzes», so daß nur die hauptsächlichen Aspekte hier angesprochen werden können.

- *Konstitutionelle Faktoren*
- angeborene Fehlstellungen der Wirbelsäule in Verbindung mit sportlicher Beanspruchung,
- Beinlängendifferenz.

- *Trainingsmethodische Faktoren*
- funktionelle, durch Sport erworbene Fehlstellungen und segmentale Schwächung der «Übergangszonen» der Wirbelsäule;
- Abnutzungserscheinungen am Wirbelkörper und an den Bandscheiben;
- muskuläre Dysbalancen in der Hüfte-Lenden-Becken-Region (s. Abb. 5, S. 36), vor allem verkürzte Hüftbeuger und Rückenstrecker im Lendenbereich;
- einseitige Beanspruchungen und Verzicht auf «kontralaterales Training»;
- unphysiologische Beanspruchungen beim «Bauch- und Rückentraining» (s. Abb. S. 236 bis 238);
- nicht ausreichende Regenerationszeiten im Trainingsprozeß und zwischen Wettkämpfen;
- Überbelastungen der Wirbelsäule Heranwachsender.

- *Materiale Faktoren*
- Training und Wettkampf auf harten Böden;
- in Verbindung mit dem Boden ungeeignetes Schuhmaterial.

Vorbeugende Maßnahmen

▶ Vermeidung von muskulärem Ungleichgewicht in der Lenden-Becken-Hüftregion;
▶ funktionelles Krafttraining für die Rumpfmuskulatur;
▶ Dehnungsübungen für die lumbale Rückenmuskulatur (Lendenwirbelsäule) und die Hüftgelenkbeuger bei Verkürzungstendenz.

Übungsprogramm

Dehnungsübungen
Übungen 3.1 bis 3.3, 7.16, 7.17, 8.1

Kräftigungsübungen
Übungen 2.12 bis 2.19, 6.2, 6.3, 6.5, 6.6

Beschwerden im oberen Bereich der Wirbelsäule

Nackenschmerzen oder Nackensteife, schmerzhafte Verspannungen (Myogelosen) des Trapezmuskels und/oder anderer Schulterblattmuskulatur hängen einerseits mit der sporttypischen Beanspruchung des Schultergürtels und des oberen Wirbelsäulenabschnitts, andererseits mit der fasertypologischen Verkürzungstendenz der vorwiegend tonischen Muskulatur zusammen.

Ursachen

– muskuläres Ungleichgewicht zwischen der gut trainierten Schulter- und Schultergürtelmuskulatur der Rumpfvorderseite und ihrer rückseitigen Gegenspieler;
– abrupte Drehbewegungen und nachfolgende Verblockung bestimmter Wirbelsäulenabschnitte;
– Myogelosen, als Folge von Zugluft bei schweißnasser Nacken- und Schultergürtelregion.

Vorbeugende Maßnahmen

Der starken Beanspruchung der «Schlag»-Muskulatur bei den Rückschlagspielen muß ein Gegengewicht durch gymnastische Übungen gesetzt werden:
- ▶ Kräftigungsübungen geschwächter Muskulatur, die mit der Funktion des Schultergürtels (besonders des Schulterblatts) zusammenhängt;
- ▶ Dehnungsübungen der zur Verkürzung neigenden Muskeln;
- ▶ Zugluft und Verkühlung nach Training und Wettkampf vermeiden (das um den Hals geschlungene Handtuch ist keine Marotte, sondern eine durchaus vernünftige Prophylaxe).

Übungsprogramm

Dehnungsübungen
Übungen 1.1 bis 2.1, 8.9 bis 8.12

Kräftigungsübungen
Übungen 1.4, 6.3, 6.8, 9.6 bis 9.8

Schulterbeschwerden

Das Schultergelenk ist wegen seines anatomischen Aufbaus das beweglichste Gelenk des Körpers. Die Stabilität des Gelenks wird vornehmlich durch die umspannende Muskulatur erreicht. Mit Ausnahme von zwei Bändern (*Lig. coracohumerale* und *Lig. coracoacromionale*) und einer äußerst flachen Gelenkpfanne sichern keine weiteren Bauteile die Mechanik des Schultergelenks. «Wegen der fehlenden Knochen- und geringen Bandsicherung steht der guten Beweglichkeit... auf der anderen Seite eine große Labilität gegenüber» (APPELL 1986, 53), weshalb Beschwerden im Schultergelenk im Sport relativ häufig anzutreffen sind.
Die Beschwerden in den Rückschlagspielen ergeben sich aus der muskulären Situation des Gelenks. «Es sind sehr kurze Muskeln, die aber einen langen Hebel (den ganzen Arm... verlängert um die Schlägerlänge) bewegen müssen. Da man den Ball fast mit dem äußersten Ende dieses langen Hebels schlägt, kann man sich gut vorstellen, daß diese kleinen, kurzen Muskeln beim Tennis stärkster Belastung ausgesetzt sind» (BOLLIGER 1979, 111). Je schneller der Arm im Schultergelenk bewegt werden muß, desto

stärker ist die Belastung der Muskeln und ihrer sehnigen Ansätze am Knochen. Besonders hohe Anforderungen treten dabei im Tennis beim Aufschlag auf.

Die Entwicklung im modernen Leistungstennis zeigt, daß dem Service eine immer größere spielentscheidende Rolle zugebilligt wird, denn der Aufschlag ist die einzige Handlung des Spielers, die er unbeeinflußt vom Gegner vollziehen kann. Alle anderen sind *Reaktionen* auf Handlungen des Gegners. Wen wundert es, daß der Aufschlag von Spielern aller Leistungsklassen mit entsprechender Intensität geübt und trainiert wird, selbst dann, wenn die kraftmäßigen, muskulären Voraussetzungen noch gar nicht ausreichen.

Ursachen

– Überlastungserscheinungen der Schultergelenkmuskeln und ihrer sehnigen Ansätze (Tendopathien; Tendinosen);
– Aufschläge ohne entsprechende Vorbereitung durch Aufwärmen und spezielle Gymnastik;
– Krafttraining mit Geräten (Hanteln, Maschinen u.a.) bei endgradiger Ausschöpfung der Schulterbeweglichkeit unter Last;
– nicht funktionelle Ausführung von passiven Dehnungsübungen, bei der unphysiologische Gelenkstellungen erreicht werden (s. Abb. S. 107 unten).
– Syndrom «Tennisschulter», hervorgerufen durch einseitige Beanspruchung der Schlagarmseite, ohne einen Ausgleich zu schaffen;
– Schulterbeschwerden müssen aufgrund des sehr engen funktionalen Zusammenhangs in Verbindung mit dem Zustand des Schultergürtels und der Wirbelsäule gesehen werden;
– falsche Schlagtechnik (vor allem beim Aufschlag).

Vorbeugende Maßnahmen

▶ Nie mit «kalter» Schulter zu einem Training oder Match antreten (Ganzkörpererwärmung; Beweglichkeits- und Dehnübungen für den Schulterbereich anschließen);
▶ bei kalter Witterung in Trainings- und Wettkampfpausen warmhalten;
▶ generell für einen optimalen Kraftzustand der gelenkstabilisierenden Muskeln sorgen (besonders bei Heranwachsenden);
▶ unfunktionelle Belastungen des Schultergelenks im Konditionstraining vermeiden;
▶ äußerst behutsame Vorgehensweise bei passiven Dehnungsübungen der Schultergelenkmuskulatur.

Übungsprogramm

Dehnungsübungen
Übungen 1.3, 2.2, 4.1 bis 4.5, 7.10 bis 7.12, 8.11 bis 8.14

Kräftigungsübungen
Übungen 4.8 bis 4.12, 9.1 bis 9.9

Ellbogenbeschwerden

Der «Tennisellbogen» gilt als das typischste Beschwerdebild in den Rückschlagspielen. Auch Tischtennis-, Badminton- und Squashspieler können hiervon betroffen sein. Die auslösenden Faktoren sind so vielgestaltig, daß sie nur in einer Übersicht dargestellt werden können.
Vorwiegend betroffen ist ein ca. 1–2 Quadratzentimeter großes Areal am äußeren Knochenfortsatz des Oberarmknochens (*Epicondylus radialis*), an dem Handgelenk- und Fingerstrecker ansetzen. Weniger häufig sind Beschwerden am inneren Ellbogen.
«Nach neueren... Untersuchungen sind solche Knochenfortsätze, an denen Sehnen ansetzen, nicht wie die restlichen Knochen von Knochenhaut überzogen, sondern sie weisen einen dünnen Knorpelüberzug auf. Die Sehnenfasern strahlen durch den Knorpel hindurch direkt in den Knochen ein und sind dabei in langen Einführungskanälen des Befestigungsmaterials (Knochen) eingemauert. Der Vorteil dieser Verankerung besteht darin, daß sie äußerst solide ist, entsprechend den Stahlkabeln beim Spannbeton. Sie wirkt sich aber dadurch negativ aus, daß sich bei jeder Muskelkontraktion der Winkel zwischen der Sehne des bewegenden Muskels und dem Knochen, in den sie verankert ist, dauernd ändert. Die Sehnen halten diese Beanspruchung so lange aus, als sie jugendlich und elastisch sind, und vor allem so lange, als der weiche Knorpelüberzug wie eine Art Polsterung ein Abscheuern am Knochen verhindert» (BOLLIGER 1979, 102–103).
Beschwerden am Ellbogen treten daher gehäuft im vierten Lebensjahrzehnt auf, wenn die Elastizität des Bindegewebes deutlich nachläßt.

Ursachen

- *Materiale Faktoren*
– Falsche Griffstärke,
– schlechte Dämpfungseigenschaften des Schlägers,

- ungeeignete Saite und/oder nicht angemessene Bespannungshärte,
- Schlägerbalance individuell unangemessen.

● *Technomotorische Faktoren*
- Schlechte Schlagtechnik (z. B. zu später Treffpunkt des Balls),
- falsche Griffhaltung.

● *Trainingsmethodische Faktoren*
In Verbindung mit oben genannten Faktoren
- Überanstrengungssyndrome der Unterarmmuskulatur (Verspannungen, Kontrakturen),
- mangelhafte Regeneration nach Beanspruchung,
- Wechsel des Schlägertyps.

● *Fremde Faktoren*
- Überanstrengung des Schlagarms durch andere Tätigkeiten (im Beruf, beim Hobby etc. wie Schreibmaschineschreiben, Schraubendrehen, Hausarbeit u. a.).

Vorbeugende Maßnahmen

▶ angemessenes Schlägermaterial (Griff, Saite, Bespannungshärte, Dämpfungseigenschaften),
▶ präzise Schlagtechnik,
▶ Überanstrengungen besonders zu Beginn einer Tennissaison vermeiden,
▶ regelmäßiges Dehnen der betroffenen Muskelgruppen nach Training und Wettkampf,
▶ wenn Tennis nicht als Ganzjahressport betrieben wird, Kraftübungen für Handgelenk- und Fingermuskeln vor Beginn der Saison. Doch Vorsicht: auch durch Kraftübungen kann es zu Überlastungsreaktionen kommen. Allein entscheidend für die positive Wirkung ist das Maß der Beanspruchung.

Übungsprogramm

Dehnungsübungen
Übungen 4.6, 4.7, 8.15, 8.16

Kräftigungsübungen
Übungen 9.4, 9.5, 9.9 bis 9.13

Kinder- und Jugendtraining

Alle Rückschlagspiele gehören wegen ihres Anspruchs an die koordinative Leistungsfähigkeit zu den nicht leicht zu erlernenden Sportarten. Deswegen wird im modernen leistungsorientierten Tennis und Tischtennis systematisches Training mehr und mehr ins Kindes- und frühe Jugendalter gelegt, ein Zeitraum, in dem die motorische Lernfähigkeit, biologisch und psychologisch betrachtet, besonders hoch ist.
Die fast mustergültigen Karrieren von Steffi Graf und Boris Becker haben gerade hierzulande die Chancen aufgezeigt, welche «Leistungspotenzen» freigelegt werden können, wenn im besten Lernalter verantwortungsvoll entscheidende Grundlagen gelegt werden.
Der Deutsche Tennis-Bund ist in Planung und Entwicklung des Kinder- und Jugendtrainings in den letzten Jahren geradezu vorbildlich ans Werk gegangen und hat Vorschläge unterbreitet, wie die «zum Teil katastrophalen Mängel im konditionellen Bereich» (SCHÖNBORN 1981; WEBER 1986) gerade bei jugendlichen Spielern zu beheben sind. Die Idee des «1. DTB Talent-Cups» 1987 (ein Mannschaftswettbewerb mit Konditionsübungen) beweist die ernsthaften Anstrengungen des Verbands, in der Jugendarbeit konzeptionell andere Wege zu gehen. Auch die jüngste Entscheidung auf internationaler Ebene, die Europa-Meisterschaften für Junioren «unter zwölf» ab sofort abzuschaffen, gehört dazu.
Hier könnte sich manch anderer Sportverband, der mit Kindern Hochleistungssport betreibt, fruchtbare Anregungen holen. Zwar klagen die Verantwortlichen immer noch, daß sich grundlegende Erkenntnisse der Leistungsförderung – und vor allem auch der Leistungssicherung im Jugendalter – (vgl. SCHÖNBORN 1981; WEBER 1986) noch nicht gänzlich bis zum kleinsten Verein durchgesetzt haben, doch wird die Gefolgschaft verantwortungsbewußter Jugendtrainer auch dort immer größer.
In anderen Gesellschaftssystemen hat man es dahingehend leichter. Da

wird einfach verordnet, «daß Kinder im Alter bis zu 14 Jahren im Winter 60–70 Prozent Konditionstraining und nur 30–40 Prozent Tennistraining zu absolvieren haben... so der Tennis Verband der CSSR» (zit. nach SCHÖNBORN 1981). Tschechische «Tenniscracks» (Lendl, Navratilova, Mecir, Mandlikowa, Smid, Sukova) gehören seit vielen Jahren zu den besten der Welt, und das Talentreservoir scheint keineswegs ausgeschöpft.
Selbstverständlich kann der Tennisplatz nicht der einzige Ort der konditionellen Vorbereitung sein. Denn viele grundlegende motorische Fähigkeiten lassen sich anderenorts zweckmäßiger und ökonomischer trainieren.

> Doch eines sollte man auf keinen Fall tun: Trainingsmethoden, -mittel und -übungen aus dem Erwachsenentraining unreflektiert auf den heranwachsenden Organismus übertragen.

Deshalb sollten Verbände für den Kinder- und Jugendbereich eigenständige Konzeptionen entwickeln. Die zur Zeit übliche Praxis, nur in wenigen, zwar bedeutsamen Sätzen auf die «Besonderheiten im Kindes- und Jugendalter» (vgl. z. B. Tennis-Lehrplan 5, 1986) einzugehen, wird der großen pädagogischen Verantwortung gegenüber jugendlichen Tennistalenten nur unvollkommen gerecht. Ein Aspekt, der bereits von SCHÖNBORN kritisch formuliert wurde: «Das Trainingsprogramm für einzelne Altersgruppen und für alle motorischen Bereiche... muß, wenn es Hand und Fuß haben... und nicht nur ein belangloses Bla-Bla (sein soll), in einem völlig neuen Buch über Konditionstraining... dargestellt werden...» (1981, 222/223).

Beweglichkeitstraining

Die natürliche Gelenkbeweglichkeit ist im Kindes- und Jugendalter am größten. Bereits nach dem zehnten bis zwölften Lebensjahr beginnt sie – sofern keine Trainingsreize gesetzt werden – stetig abzunehmen. Im Gegensatz zu allen anderen konditionellen Fähigkeiten dient hier Training nicht so sehr der *Steigerung*, sondern der *Erhaltung* der Funktion des Bewegungsapparats. Training wirkt in diesem Falle vornehmlich einer negativen Entwicklung entgegen (WEISS 1983).
In Wettkampfsportarten, in denen die Beweglichkeit ein bedeutsamer Leistungsfaktor ist, werden hieraus die Konsequenzen gezogen und intensives Beweglichkeitstraining in die frühe Kindheit vorverlagert (z. B. Turnen, rhythmische Sportgymnastik u. a.).

> «Solange sich Trainingsreize und Belastungsformen an den funktionellen Möglichkeiten des kindlichen Bewegungsapparates orientieren, ist gegen solche trainingstechnisch begründbare Verfahrensweise nichts einzuwenden, doch leider wird im Leistungssport immer wieder dagegen verstoßen» (KNEBEL 1985, 88).

Denn bei der Bemessung der Trainingsbelastung dient in aller Regel die angestrebte sportliche Höchstleistung als Maßstab für die Entwicklung der motorischen Fähigkeiten, nicht aber die biologisch-funktionalen Voraussetzungen eines kindlichen oder jugendlichen Bewegungsapparats. Trainer und Übungsleiter sind deshalb in die *pädagogische Verantwortung* zu nehmen und darauf hinzuweisen, daß der noch junge Organismus hinsichtlich Beweglichkeit zwar faszinierend formbar ist, doch niemals verformt werden sollte. Für alle, die sich systematisch mit viele Stunden am Tag trainierenden Kindern und Jugendlichen im Sport beschäftigen, liegt hierin Chance und Fluch zugleich. Denn bis zum Abschluß des Längenwachstums (bei Mädchen etwa 16–17 Jahre; Jungen etwa 18–19 Jahre) sind die noch nicht ausgereiften Knochen (Wachstumsknorpel als wesentliche Bausteine des kindlichen Skeletts) besonders stark in ihrer substantiellen Struktur gefährdet, wenn ihnen unfunktionelle Belastungen über einen längeren Zeitraum zugemutet werden.

In den Rückschlagspielen hat man erkannt, daß gerade hinsichtlich der Beweglichkeit frühzeitig Grundlagen geschaffen werden müssen (bei Orientierung an Zielen des Leistungssports), weil sie sich nach der Reifung qualitativ nicht im gleichen Maße ausbilden lassen. Der derzeit hohe Leistungsstandard einiger «Jungstars» liegt zum Teil darin begründet, daß sie bereits in sehr früher Jugend an regelmäßiges und vielseitiges Beweglichkeitstraining herangeführt wurden (vgl. BRESKVAR 1985). Zum Beispiel gehören im Bundesleistungszentrum Leimen neben einer soliden Gymnastik auch Ballspiele wie Fußball, Basketball, Hockey sowie Schwimmen und Kleine Spiele dazu.

Kennzeichnend für die Situation der Trainingspraxis ist auch hier, daß Beweglichkeit und Beweglichkeitstraining vorzugsweise als Mittel der Leistungssteigerung gesehen werden, ihre spezifische Bedeutung zur Vermeidung von Funktionsstörungen und zur Verbesserung der Kompensationsfähigkeit bei sporttypischer Belastung aber vielfach nicht erkannt und genutzt wird.

RUMLER und URBAN (1986) untersuchten den Muskelfunktionszustand trainierender Kinder über einen Zeitraum von zwei Jahren und konnten feststellen, daß Muskelverkürzungen, die in der ersten Untersuchung selten bestanden, für alle geprüften Muskeln mit Ausnahme des langen Rückenstreckers (Lendenanteil) an Häufigkeit und Intensität zunahmen

(RUMLER/URBAN 1986). «Das findet auch seinen Ausdruck in der Zunahme der Angabe von Beschwerden in den Kniegelenken..., die direkt mit Verkürzungen des M. rectus femoris (Kniegelenkstrecker – gerader Kopf) korrespondierten. Ebenso war der Zusammenhang von Kreuzschmerzen mit Verkürzungen des M. rectus femoris, M. iliopsoas (Hüftgelenkbeuger) und der ischiocruralen Muskulatur (Kniegelenkbeuger)... erkennbar» (RUMLER/URBAN 1986, 42). Die indifferenten «Fersenschmerzen» wurden mit Verkürzungen des M. soleus (Schollenmuskel/Wadenmuskulatur) in Zusammenhang gebracht. Ein Trend, der sich bei den Pflichtuntersuchungen jugendlicher Kaderathleten(-innen) des Tennis- und Tischtennis-Bundes im sportmedizinischen Untersuchungszentrum Heidelberg ebenfalls beobachten läßt.

Unzweckmäßige Gestaltung von Belastung und Erholung sowie ungenügende Trainingsvor- und -nachbereitung durch Erwärmung und Dehnung werden von den Autoren ursächlich für die gefundenen Zustandsbilder verantwortlich gemacht. Aus den vorliegenden Beobachtungen muß aber auch abgeleitet werden, «daß das bisher übliche sportliche Training zur Optimierung des muskulären Gleichgewichts der Ergänzung durch *gezielte Dehn- und Kräftigungsgymnastik* bedarf... Der Vermeidung und Behebung muskulärer Dysbalancen ist bei Sportlern bereits im Anfängertraining große Bedeutung beizumessen, um eine Ursache für die Entstehung von Schäden am Binde- und Stützgewebe zu beseitigen» (RUMLER/URBAN 1986, 42/43).

Schlußfolgernd kann gesagt werden, daß die Erhaltung der Gelenkbeweglichkeit über einen optimalen Funktionszustand der Muskulatur hinsichtlich der Dehn- und Kraftfähigkeit besonders im Training mit Kindern und Jugendlichen als ein oberstes Gebot betrachtet werden muß, wenn systematisches Leistungstraining im Nachwuchsbereich sportethisch weiterhin vertretbar bleiben will.

Gerade im Nachwuchstraining ist darauf zu achten, daß
- Dehnübungen funktionalen Ansprüchen genügen, d. h. Dehnungstechniken (z. B. gehaltenes Dehnen, postisometrische Relaxation) gewählt werden, die bei richtiger Ausführung selbst in Endstellung der Gelenke den Bewegungsapparat nicht fehlbeanspruchen;
- neben der in der Bundesrepublik traditionell favorisierten Herz-Kreislauf-Untersuchung zur Ermittlung des Leistungs- bzw. Gesundheitszustands von Sportlern mit gleicher Sorgfalt eine *Funktionsprüfung* des Bewegungsapparats (z. B. nach JANDA) auch dann durchgeführt wird, wenn orthopädisch-röntgenologisch keine Befunde vorliegen (vgl. SCHMIDT u. a. 1983).

Denn die Entwicklung von Kindern und Jugendlichen im Leistungstennis zeigt, daß Karrieregefährdungen und -abbrüche häufig mit Beschwerden am Bewegungsapparat einhergehen, dagegen Funktionsstörungen des Herz-Kreislauf-Systems selten dafür verantwortlich gemacht werden können. Prominente «Karriereabbrecher» aus dem Profitennisbereich sind die Amerikanerinnen Tracy Austin und Andrea Jäger.

Krafttraining

Während die Notwendigkeit, bereits im Kindes- und Jugendalter ein optimales Niveau der Beweglichkeit zu erreichen, allgemein anerkannt wird, scheiden sich bei der Entwicklung der Kraftfähigkeiten ungerechtfertigterweise immer noch die Geister. In allen Lagern (Sportmediziner, Sportlehrer und Trainer) hält sich nach wie vor hartnäckig die Auffassung, daß Krafttraining dem talentierten Nachwuchs wegen der vermeintlichen Gefahren nicht zugemutet werden kann. Der Grund für die eher kritische Einstellung ist «die laienhafte Auslegung des Begriffs ‹Krafttraining›, worunter meist (unberechtigt) Hanteltraining mit schweren Gewichten verstanden wird» (LETZELTER 1986, 318/319). Doch Krafttraining absolviert auch z. B. jener Jugendliche, der wegen Rückenbeschwerden, hervorgerufen durch z. B. einseitige Beanspruchungen beim Tennisspielen, von seinem Hausarzt in die Krankengymnastik geschickt und dort trainingstherapeutisch behandelt wird.

Spätestens mit diesem Beispiel wird deutlich, daß die Pauschalierung der Gefahren des Krafttrainings mit Kindern und Jugendlichen in keiner Weise länger aufrecht erhalten werden kann. Denn die Schädigungsmöglichkeiten des kindlichen oder jugendlichen Bewegungsapparats sind ungleich größer, wenn im Leistungstennis auf eine optimale Entwicklung spezifischer Kraftfähigkeiten verzichtet wird.

Im Lehrplan 5 des Deutschen Tennis-Bundes wird ausführlich auf die Bedeutung der Kraftentwicklung und ihre Besonderheiten im Kindes- und Jugendalter eingegangen. Doch auch hier fällt auf, daß die lobenswerten theoretischen Erörterungen keinen Niederschlag in den beschriebenen Trainingsbeispielen finden (vgl. Lehrplan 5, 68–72). Es reicht einfach nicht aus, wenn regelmäßig in der Literatur zur Theorie des Kinder- und Jugendtrainings z. B. vor der «Überkopfarbeit mit Hanteln» gewarnt wird, andererseits für die Praxis Übungen empfohlen werden, die im Grunde wegen ihrer nicht-funktionalen Ausführung um ein Vielfaches gefährdender wirken können. Wie groß manchmal die Diskrepanz zwischen Theorie und

Praxis ist, verdeutlichen die Abbildungen 11–17. Alle hier aufgeführten Übungsbeispiele für das Krafttraining mit Kindern und Jugendlichen haben eines gemeinsam: Eine verstärkte Kippung des Beckens bewirkt eine belastungsmechanisch ungünstige hyperlordotische Einstellung der Lendenwirbelsäule (Krümmung nach vorn) mit einer vermehrten Druckbelastung der Bandscheibe (L5/S1) im lumbo-sacralen Übergang (Lendenwirbelsäule/Kreuzbein).

Nur geringfügige Änderungen der Übungsausführung könnten wesentlich zur Entschärfung der Fehlbeanspruchung beitragen (vgl. Abb. 18–20, Seite 85). Doch selten berücksichtigen Trainingsgestaltung und Belastungssteuerung im Sport die arthromuskulären Beziehungen des Stütz- und Bewegungsapparats.

Besonders für das Krafttraining im Nachwuchsbereich gelten folgende Richtlinien (vgl. BRENKE u. a. 1985):

- Jede Kraftbeanspruchung muß mit methodisch richtig gestaltetem Aufwärmen vorbereitet werden (s. auch «Aufwärmen vor Training und Wettkampf», S. 90).
- Die Belastung muß individuell angepaßt sein.
  Hinsichtlich der Belastungsverträglichkeit des Bewegungsapparats bestehen große individuelle Unterschiede (Fehlformen der Kniescheibe oder Wirbelsäule u. a.), die bei der Auswahl der Kraftübungen zu berücksichtigen sind. Übungen, die insbesondere die segmentalen Übergangsstellen der Wirbelsäule hoch belasten, sind im Kindes- und Jugendalter auf jeden Fall zu vermeiden.
- Be- und Entlastung müssen einander abwechseln.
  Ein durchgängiges Prinzip der Ernährung gefäßloser Bindegewebsanteile (Gelenkknorpel, Bandscheiben) ist die wechselnde Druckbelastung. Dadurch wird der nötige Nährstoffaustausch gesichert, ein entscheidender Reiz für den heranwachsenden Stütz- und Bewegungsapparat. Kraft- und Dehnungsübungen, Anspannung und Entspannung gehören eng zusammen.
- Die Belastung muß bindegewebsschonenden Charakter haben.
  Falsche Anwendung und Ausführung, unkritische Übernahme von Kraftübungen aus anderen Sportarten können besonders im Kinder- und Jugendtraining Fehlbeanspruchungen zur Folge haben.
- Jedes Krafttraining muß «nachgearbeitet» werden (s. auch «Cooldown», S. 97).
  Zur Unterstützung der Wiederherstellung empfiehlt es sich, nach der Kraftbelastung die beanspruchten Strukturen durch funktionelle Gymnastik (vor allem Dehnungs- und Entspannungsübungen) aktiv zu entlasten.

Nicht-funktionale Ausführung von Kraftübungen

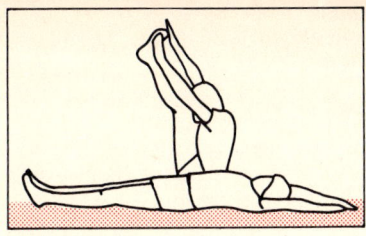

Abb. 11

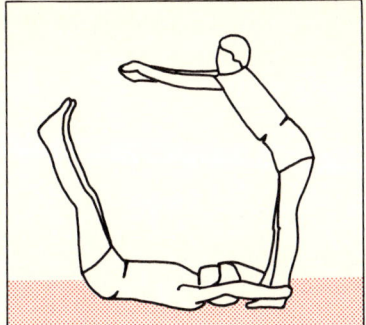

Abb. 12

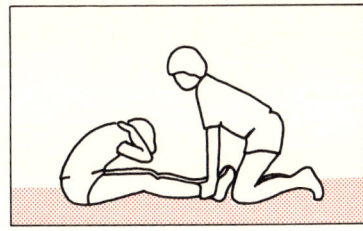

Abb. 13

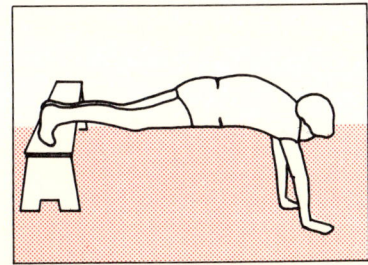

Abb. 14

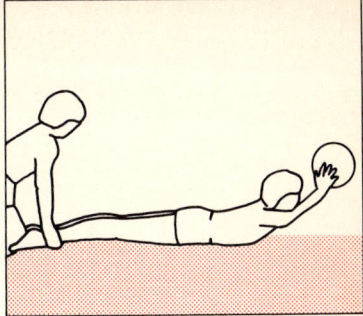

Abb. 15

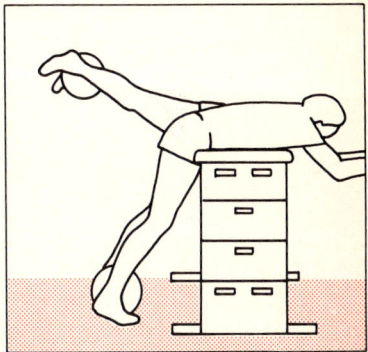

Abb. 16

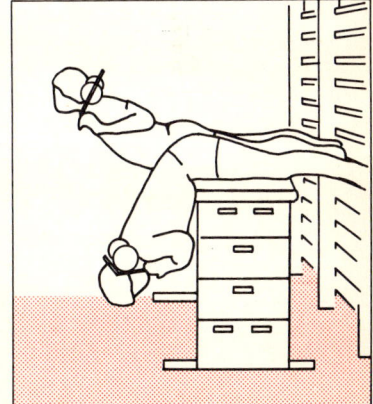

Abb. 17

Liegestütze sind unfunktionelle Trainingsübungen

Vor allem die im Kinder- und Jugendtraining immer wieder empfohlenen Liegestütze (s. Abb. 18) bedeuten für den Schultergürtel keine physiologische Beanspruchung (Abb. 19). Liegestütze in dieser «klassischen» Art sind ein Beispiel dafür, wie eine «Allerwelts-Übung», die sowohl im Schulsport als auch im Wettkampfsport ihre Anwendung findet, durch eine nicht-funktionale Ausführung Fehlbeanspruchungen des Bewegungsapparats nach sich zieht.
Mangels ausreichender Kraft gelingt es nicht, die Schulterblätter ausreichend zu stabilisieren (Abb. 19). Solche Trainingsübungen bauen langfristig Probleme in der Belastungsverträglichkeit des gesamten Schultergürtels auf.
Eine funktionelle Ausführung zeigt dagegen die Abb. 20: Der Körper wird auf Händen und Knien abgestützt. Dadurch wird ein «Durchhängen» (Abb. 18) mit ungünstiger Belastung der Bandscheiben im Übergang der Lendenwirbelsäule zum Kreuzbein vermieden. Die Beine werden übereinandergeschlagen und isometrisch angespannt (die gekreuzten Füße durch jeweiligen Druck nach außen versuchen auseinander zu bringen). Durch die isometrische Anspannung kann über die gesamte Beinkette der Körper leicht stabilisiert werden.
Die Fingerspitzen zeigen im Stütz leicht nach innen. Dadurch wird eine ungünstige Belastung des Kahnbeins der Handwurzel vermieden, wie sie in Abb. 18 gegeben ist.
Die Schulterblätter werden zusammen- und nach unten gezogen. Während der Ausführung wird die Spannung der Schulterblattstabilisatoren aufrechterhalten und der Kopf in Verlängerung der Wirbelsäule (Kinn zur Brust ziehen) gehalten. Niemals bei der Ausführung den Kopf in den Nacken nehmen und in der Endposition die Ellbogen vollständig strecken, wie das in Abb. 18 der Fall ist. Die vollständige Streckung des Ellbogens erschwert die Stabilisation des Schultergürtels.
Je mehr Körpergewicht mit den Armen gestützt werden muß, desto schwieriger ist die exakte Ausführung der Übung. Die Übung in Abb. 14 sowie verwandte Formen (z. B. Schubkarre u. a.) sind aus diesem Grund für das Training mit Kindern erst recht abzulehnen.

Liegestütze – unfunktionelle und funktionelle Ausführung

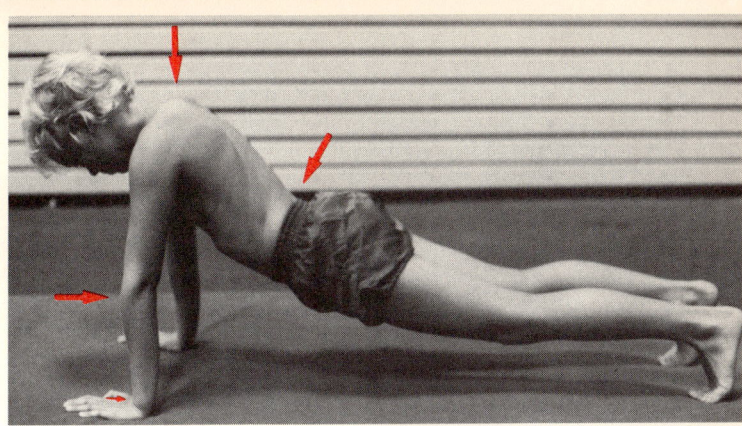

Abb. 18

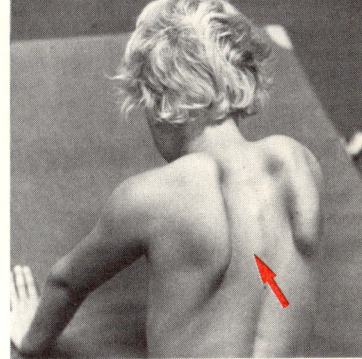

Abb. 19

Abb. 20

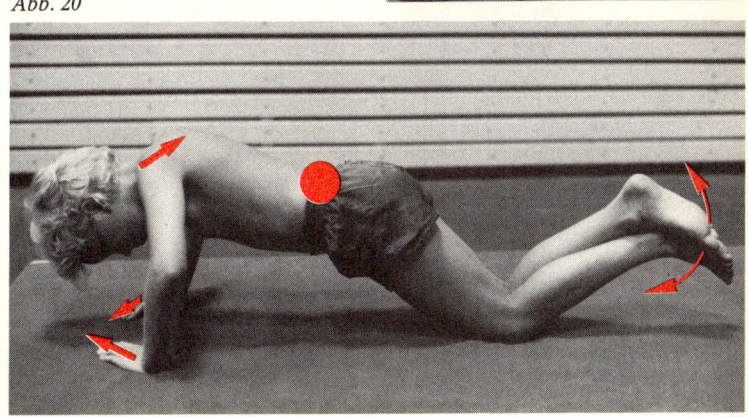

Training mit Mädchen und Frauen

Zwischen den Geschlechtern – die Frauen stellen im Deutschen Tennis-Bund 43,2 Prozent der Mitglieder – werden im Training der Rückschlagspiele berechtigterweise methodisch keinerlei Unterschiede gemacht.
Trotzdem wollen wir auf einige Besonderheiten der Anpassungsreaktionen des weiblichen Organismus hinweisen, die sich von denen der Männer gründlich unterscheiden. Für den Gegenstandsbereich der funktionellen Gymnastik interessieren nur biologisch bedingte Einflußgrößen, auch wenn «die geschlechtsspezifischen Unterschiede in der sportlichen Leistungsfähigkeit, wie sie sich heute manifestieren, ... vor allem sozial, genetisch und hormonell determiniert (sind)» (ISRAEL 1979, 194).
Immer wieder wird z. B. auf die Unterschiede hinsichtlich der Kraftleistung hingewiesen. In der Fachliteratur wird wiederholt angegeben, daß die erwachsene Frau über ca. 60–80 Prozent der Kraft des Mannes verfügt, wobei die Differenz von Muskelgruppe zu Muskelgruppe verschieden ist (vgl. HOLLMANN/HETTINGER 1976). Bemerkenswert ist dabei, daß die geringste Differenz (22 Prozent) bei den Kaumuskeln festgestellt werden konnte, einer Muskelgruppe, deren Beanspruchung wohl am wenigsten geschlechtsspezifischer Beeinflussung in unserer Gesellschaft ausgesetzt ist. Allein diese Betrachtung deutet schon an, daß die zur Beurteilung der Leistungsfähigkeit der Frau immer wieder herangezogenen Kraftunterschiede nicht allein genetisch oder hormonell begründet werden können, sondern daß der Gebrauch der jeweiligen Muskelgruppe die Größe der Differenz entscheidend mit beeinflußt (vgl. ISRAEL 1979).
Deutliche Geschlechtsunterschiede scheinen bei der Entspannungsfähigkeit der Muskulatur vorzuliegen. Frauen entspannen nach ISRAEL (1979) schneller und besser, was in engem Zusammenhang auch mit der besseren Gelenkbeweglichkeit zu sehen ist.
Bei Dehnungsübungen erreichen sie «stärkere Auslenkungen» und größere Bewegungsamplituden. Die Gründe liegen einerseits in der *«weiche-*

ren» Muskulatur, die plastischer und entspannungsfähiger ist, andererseits in der weiblichen *Bindegewebsschwäche*, eine Eigenschaft, die in den Rückschlagspielen als weniger leistungsfördernd betrachtet werden muß, während sie in Sportarten mit einem hohen Anspruch an die Beweglichkeit (Rhythmische Sportgymnastik, Turnen etc.) anders ausgeschöpft wird.

Für die *Trainingsmethodik* in der Funktionsgymnastik sind hieraus Konsequenzen zu ziehen:

- Mädchen und Frauen benötigen intensitäts- und umfangmäßig weniger Beweglichkeitstraining als Jungen und Männer, um die gleiche Ausprägung der Dehnfähigkeit der Muskulatur zu erreichen.
- Die geschlechtstypische Bindegewebsschwäche erfordert bei Mädchen und Frauen einen kompensierenden Konditionszustand der Muskulatur, der durch Kräftigungsübungen im Sinne von Gelenkstabilisation erreicht werden kann.
- Kräftigungsübungen und vor allem Krafttraining mit Zusatzlasten bei Mädchen und Frauen verlangen besonders sorgfältige Vorbereitung und Ausführung, weil bei schwachem Bindegewebe eine stärkere Reaktion auf Fehl- und Überbelastung zu erwarten ist.
- «Die durch die Beckenbreite bedingte physiologische X-Bein-Stellung der Frau bedeutet im Sport eine gesteigerte Belastung für das Kniegelenk» (ISRAEL 1979). Bindegewebsschwäche und offenbar stärkere mechanische Beanspruchung verlangen wegen der besonderen Anforderungen der Rückschlagspiele an das Kniegelenk von Mädchen und Frauen ein angemessenes Kraftniveau der gelenkstabilisierenden Muskulatur.

Kräftigungsübungen (z. B. Übung 3.15 und 3.16) für die Kniestreckmuskulatur sollten von Mädchen und Frauen daher besonders *achsengerecht* ausgeführt werden, um eine Anbahnung der Stabilisation auch auf motorischem Weg zu erreichen. Vor allem beim Training in sogenannten «Legpress-Maschinen» ist darauf zu achten, daß die Übenden unter Belastung nicht in eine verstärkte X-Bein-Stellung ausweichen (vgl. z. B. TITTEL 1986, DARDEN 1976 und 1977).
Ebenfalls in Verbindung mit der Bindegewebsschwäche ist die relative *Überbeweglichkeit der Lendenwirbelsäule* bei Mädchen und Frauen zu sehen (vgl. auch HERBECK 1985).

Für das Training mit Mädchen und Frauen in den Rückschlagspielen ergeben sich hieraus ebenfalls *methodische* Konsequenzen:

- Unfunktionelle Dehnungsübungen, die ein «Ausdehnen» des hinteren Längsbands (Lig. longitudinale) provozieren (s. «Negativ-Beispiele» S. 232/233), sind gerade für Frauen und Mädchen keine geeigneten Trainingsmittel.
- Alle Rückschlagspiele verlangen wegen ihrer seitigen (lateralen) Beanspruchung eine gute Stabilisationsfähigkeit der Wirbelsäule. Bei Mädchen und Frauen gilt es, diese verstärkt zu fördern und ihre größere «natürliche» Beweglichkeit in diesem Bereich lediglich zu erhalten und nicht weiter aufzubauen. Rumpfkraft kommt vor Rumpfbeweglichkeit!

Unterschiede in der Belastungsverträglichkeit gegenüber dem männlichen Geschlecht ergeben sich auch aufgrund der andersartigen *hormonellen Regulation*. Die Zyklusabhängigkeit der sportlichen Leistungsfähigkeit ist häufig untersucht worden. Die übereinstimmenden Ergebnisse weisen ein Leistungshoch in der nach-menstruellen, ein Leistungstief in der vor-menstruellen Phase aus. Generell muß methodisch im Training nicht darauf eingegangen werden, mit einer Ausnahme: Während der Regelblutung sollte Bauchmuskeltraining mit starker Druckbelastung des Unterleibs wie «Crunchers» (Übungen 2.14–2.19) nach Möglichkeit unterbleiben. Eine bewußte Mitarbeit der Sportlerinnen und Einfühlungsvermögen vor allem der (männlichen) Trainer hilft aber bei der Bewältigung zyklusabhängiger Leistungsschwankungen.

Sportbedingte Zyklusstörungen

Der Einfluß des Sports auf die hormonelle Regulation der Frau ist erst in den letzten Jahren unter der Beobachtung gehäuft vorkommender Amenorrhöen (Ausbleiben der Regelblutung) aufmerksamer betrachtet worden (vgl. WURSTER 1986).
Vor dem Hintergrund, daß Frauen – im Leistungstennis immer mehr junge Mädchen – die Szene beherrschen, sollte auf einige Besonderheiten der Belastungsverträglichkeit in Verbindung mit Zyklusunregelmäßigkeiten hingewiesen werden. Folgende Faktoren begünstigen bei Sportlerinnen das Auftreten von Zyklusstörungen (nach WURSTER 1986):
– Alter bei Aufnahme des leistungsorientierten Sports,
– Zeitpunkt der Geschlechtsreifung (Menarchealter),
– Gewichtsverlust und Verminderung des Körperfettgehalts unter sportlicher Belastung,
– rasche Intensivierung des Trainings und hoher Trainingsumfang,
– großer psychischer Streß durch Training und Wettkampf.

Zyklusstörungen

Während man früher das Ausbleiben der Regelblutung (primäre und sekundäre Amenorrhöen) bagatellisierte und der Auffassung war, daß sich bei Abnahme bzw. Bewältigung des psychophysischen Stresses durch den Sport Zyklusunregelmäßigkeiten von selbst wieder regulieren, bringt man heute Amenorrhöen mit *Zustandsänderungen des Knochens* (Knochenerweichung = Osteoporose) in Verbindung. Vor allem wenn Mädchen an der Schwelle zum Leistungssport stehen, sollten derartige, negative Anpassungsreaktionen aufgrund der eventuell ungünstigen Nebenwirkungen auf den knöchernen Bewegungsapparat nicht außer acht gelassen, sondern mit einem auf diesem Gebiet erfahrenen Sportarzt oder Gynäkologen diskutiert werden, um möglichst frühzeitig negativen Auswirkungen des Sports begegnen zu können.

> Mädchen und Frauen haben eine eigenständige, nicht nur biologische Identität im Sport. Ihr diese in einem vorwiegend von Männern beherrschten Bereich zu erhalten, muß ein ernstzunehmendes Anliegen von Betreuungs- und Trainingsrichtlinien werden.

Aufwärmen vor Training und Wettkampf

Warum wärmen sich die Tennisstars vor jedem Match – auch dem unwichtigsten – eine Stunde lang oder sogar länger gewissenhaft auf? Warum bereiten sie den Schlagarm, die Schulter, die Beine geduldig und behutsam auf die zu erwartenden Belastungen vor? Weil sie wissen, daß sonst schon bei einem einzigen Aufschlag sich eine Verletzung einstellen und womöglich die ganze Karriere bedrohen kann. Unzählige Freizeit-Tenniscracks aber kommen aus dem Umkleideraum und schlagen sogleich «voll drauf». Wenn es dann knirscht oder kracht, haben der Schläger, die Bespannung, das Wetter schuld (vgl. MÜLLER-WOHLFAHRT 1984, 11). Ein Zusammenhang mit der eigenen Unvernunft wird selten gesehen.

Aufwärmen ist für viele Leistungs- und Profisportler eine ebenso ‹heilige› wie selbstverständliche Handlung, um sich zielgerichtet auf Wettkampf- und Trainingsbeanspruchungen sowohl *physisch* als auch *psychisch* vorzubereiten. Die Grundidee ist dabei überall die gleiche: Wie der Formel-1-Pilot, der zunächst einmal den empfindlichen Motor seines Rennwagens allmählich auf die nötige Betriebstemperatur kommen läßt und die Reifen erst einmal heiß fährt, versucht auch der Sportler, alle psychophysischen Funktionen aus der «Ruhelage in Richtung auf die für die sportliche Leistung charakteristischen Werte zu ändern» (DE MARÉES 1979).
Das Aufwärmen hat in der Regel für alle nachfolgenden Handlungen einen Verstärkereffekt. Dieser Effekt wird von zahlreichen Untersuchungen aus den Bereichen Sportmedizin, Sportpsychologie und Trainingswissenschaft immer wieder nachhaltig unterstrichen (vgl. auch ISRAEL 1977 und ZIESCHANG 1978). Aufwärmen ist zu einem ehernen Bestandteil jeglicher sportlichen Aktivität geworden. Die Inhalte des ‹Warmmachens› sind meistens den sportartspezifischen Handlungsmustern entlehnt: Einlaufen, Einspielen etc., kombiniert mit mehr oder weniger spezifischen gymnastischen Übungen. Alle Maßnahmen stützen sich in der Regel auf

Erfahrungswerte, die in den einzelnen Sportarten über beinahe Jahrzehnte von Trainern und Übungsleitern gesammelt und in populärwissenschaftchen und sportpraktischen Anleitungsbüchern und anderen Veröffentlichungen vielfältig verbreitet wurden.

Viele der ‹warmmachenden› Verhaltensweisen haben sich daher so verselbständigt, daß der Sinn und Zweck der Maßnahmen den meisten Sporttreibenden schon gar nicht mehr bewußt wird und die Grenzen zwischen funktionellem Anspruch und rituellem Handeln keineswegs mehr klar erkannt werden: Man macht's halt so, weil's immer schon so gemacht worden ist und prinzipiell nicht geschadet hat.

Neue Erkenntnisse der Muskel- und Neurophysiologie sowie der Sportphysiotherapie, die insbesondere von HOLT (1971) und EKSTRAND (1977) in den USA bzw. Schweden in das Aufwärmverhalten von Hochleistungssportlern umgesetzt wurden, haben dazu geführt, die Inhalte des «klassischen» Erwärmens kritisch zu hinterfragen.

Allerdings muß erwähnt werden, daß die wieder aufgelebte Sensibilisierung für das uralte Thema «Aufwärmen» vor dem Hintergrund vieler verletzter prominenter Spitzensportler eine ganze Reihe von Empfehlungen und Veröffentlichungen nach sich gezogen hat, die gewissermaßen wie Heilslehren an den Sporttreibenden herangetragen werden (vgl. die im Sport sich breitmachende Mystifizierung des Stretchings) und die im Anspruch den positiven Erfahrungen anderer Untersucher nicht in jedem Fall standhalten können.

Zweifelsohne ist es zumindest im Hochleistungssport dringend erforderlich, Verhaltensmuster des Aufwärmens auf ihre Funktionalität hin zu überprüfen und gegebenenfalls zu ändern.

Funktionelles Aufwärmen

Der menschliche Organismus funktioniert nach bestimmten Gesetzen. Auch der Sport hat an diesen biologischen Regelmechanismen nichts geändert. Folglich kann eine optimale Einstellung der psychophysischen Verfassung vor Training und Wettkampf nur innerhalb dieser biologischen Gesetzmäßigkeiten stattfinden.

Das Aufwärmen aus physiologischer Sicht bedeutet immer einen ganzheitlichen Komplex von Umstellungsprozessen sowohl in den energiebereitstellenden Systemen als auch im Zentralnervensystem (ZNS). Besonders die Veränderungen am ZNS – verbesserte Reizaufnahme, Informationsverarbeitung, günstigere motorische Steuer- und Regelleistungen, Bahnungs- und Potenzierungsmechanismen an den Nervenendplatten sowie der neuronalen Erregungskreise (BEYER u. a. 1986) – sind Ausdruck spezifisch erhöhter Funktionsbereitschaft.

Grundsätzlich werden an das Aufwärmen folgende Erwartungen gestellt:

- Anpassen der *Herz-Kreislauf-Tätigkeit* und *Atmung*
  (Steigerung der Blutzirkulation und der Sauerstoffaufnahmekapazität, Senkung des Blutflußwiderstands, Ökonomisierung der Atmung);
- Einstimmung der *Muskeltätigkeit* und des *Muskelstoffwechsels*
  (Erhöhung der Muskeltemperatur und des Energieumsatzes im Muskel, Verminderung elastischer und visköser Widerstände);
- Einstellung der *neuronalen Steuerungsprozesse*
  (Steigerung der Nervenimpuls-Leitgeschwindigkeit und der Empfindlichkeit der Rezeptorsysteme sowie dadurch der Muskelkontraktions- und -entspannungsfähigkeit, Optimierung des Muskeltonus u. a.);
- Optimierung der Funktionsbereitschaft des *passiven Bewegungsapparats*
  (an den Gelenkflächen verdickt sich die Knorpelschicht, wodurch die einwirkenden Kräfte auf eine größere Auflagefläche verteilt werden und sich dadurch der Druck pro Quadratzentimeter Gelenkfläche vermindert – vgl. DE MARÉES 1979);
- Schaffung optimaler *psychischer Voraussetzungen*
  (Verminderung leistungshemmender psychischer Reaktionen wie Startfieber, indifferente Nervosität etc.).

Das alles wird mit der Zielsetzung durchgeführt:
- Verletzungen von Muskeln, Sehnen und Bändern zu vermeiden,
- die konditionellen Fähigkeiten Kraft, Schnelligkeit, Ausdauer, Beweglichkeit besser auszuschöpfen,
- die koordinativen Fähigkeiten zweckmäßiger einsetzen zu können und
- die psycho-vegetative Leistungsbereitschaft zu erhöhen.

Endziel ist eine der jeweiligen Situation angemessene, gesteigerte Funktionsbereitschaft aller Organsysteme und der Psyche.

Dauer und Intensität des Aufwärmens

Über Dauer und Intensität des Aufwärmens vor Training und Wettkampf lassen sich nur schwer allgemeingültige Aussagen machen, da sie von vielen Einflußfaktoren abhängig sind, die von Sportart zu Sportart, von Situation zu Situation verschieden sind. Wenn wir dennoch einige Empfehlungen zusammenstellen, so sind diese lediglich als *Orientierungshilfen* zu verstehen. Unter Berücksichtigung der klimatischen Faktoren schwanken die Angaben über eine zweckmäßige Aufwärmzeit im Wettkampfsport zwischen zehn Minuten und zwei Stunden (DE MARÉES 1979). Viele Autoren geben allerdings ein «Erfahrungsoptimum» von ca. 15 bis 20 Minuten an, in dem es unter den meisten Bedingungen gelingt, die Muskeltemperatur um ca. zwei Grad anzuheben. Längeres Aufwärmen steigert zwar noch die Körperkerntemperatur, hat aber auf die Muskeltemperatur keinen nennenswerten Einfluß mehr, mit Ausnahme eines stabilisierenden Effekts: eine optimal angepaßte Körpertemperatur (ca. 38,5–39 Grad) hält auch die ‹Betriebstemperatur› der Muskeln länger aufrecht. «So ist 5 Minuten nach Ende der Aufwärmzeit die Muskeltemperatur noch unverändert hoch und damit der volle Effekt der Aufwärmarbeit auf die Leistungsfähigkeit erhalten. Nach 45 Minuten Ruhe ist der Aufwärmeffekt nicht mehr nachweisbar. Die Muskeltemperatur hat den Ausgangswert vor dem Aufwärmen wieder erreicht» (DE MARÉES 1979, 336).

Klimatische Bedingungen

Die *Umgebungstemperatur* spielt für die Dauer und Intensität des Aufwärmens eine Rolle. Hohe Temperaturen verkürzen die Aufwärmzeit. Bei kühlerem Wetter muß die Aufwärmphase allerdings nicht unbedingt verlängert sein; denn durch eine zweckmäßige Trainingskleidung können klimatische Unterschiede gut ausgeglichen werden. Die Gefahr, sich bei kalter Witterung ungenügend aufzuwärmen, ist bei weitem geringer, als sich bei schwül-warmem Wetter unangemessen stark aufzuwärmen. Oft läßt sich beobachten, daß Athleten(-innen) sowohl die Trainingskleidung als auch die Trainingsmittel nicht den sich verändernden Bedingungen anpassen. Der gewohnte Trainingsanzug, der eigentlich für mitteleuropäisches Klima gedacht ist, wird auch dann anbehalten, wenn hochsommerliche Temperaturen vorherrschen.

Die aus vielerlei Gründen verwendeten Kunststoffasern in der Trainingskleidung können zu einem Wärmestau führen, der zentrale Ermüdungsprozesse begünstigt und das subjektive Gefühl, bereits optimal auf die bevorstehende Leistung eingestimmt zu sein, verstärkt. Die ersten Schweißperlen auf der Stirn sind kein sicheres Kennzeichen zur Beurteilung der muskulären ‹Betriebstemperatur›! Aus Angst vor Muskelverletzungen verläßt die meisten Sportler der Mut, bei höheren Umgebungstemperaturen auch einmal die Trainingskleidung abzulegen bzw. von vornherein leichtere, sprich funktionellere Kleidung anzuziehen.

Tageszeit

Biorhythmische Schwankungen der Leistungsbereitschaft innerhalb eines Tagesablaufs können auf die Aufwärmdauer Einfluß nehmen. Normalerweise nimmt die Leistungsbereitschaft zum Nachmittag hin zu, weil gewohnheitsmäßig auch das Training vielfach in den frühen Abendstunden durchgeführt wird. Werden sportliche Leistungen (Wettkampfleistungen) am Vormittag verlangt, empfiehlt sich in der Regel ein längeres und intensiveres Aufwärmen.

Alter
Die Einstellung der Organfunktionen im vegetativen Bereich (Transportsystem) vollzieht sich bei erwachsenen Sportlern langsamer als bei Kindern und Jugendlichen, weshalb sich Erwachsene länger aufwärmen sollten (vgl. DE MARÉES 1979).

Individuelle Situation
Die aktuelle psychische und körperliche Verfassung spielt für die Intensität, Dauer und Gestaltung des Aufwärmens eine ebenso große Rolle wie die äußerlichen Einflußfaktoren.

Allgemeine Aufwärmregeln

Beobachtet man das Aufwärmverhalten von Spitzenathleten im Wettkampfsport, so läßt sich folgendes *Aktionsmuster* erkennen:
1. Begonnen wird mit *Ganzkörperübungen* zur Anregung der Herz-Kreislauf-Funktionen (Laufen, Komplexübungen in Verbindung mit Laufübungen usw.);
2. es folgen gymnastische Übungen zur *Mobilisation* des aktiven und passiven Bewegungsapparats (zumeist mehr oder weniger funktionelle Übungen wie federndes Dehnen, schwungvolles Rumpfkreisen, Ausschütteln der Extremitäten usw.);
3. abgeschlossen wird das Aufwärmen meistens mit *sportspezifischen* Handlungen, die mit verminderter Intensität durchgeführt werden (Einspielen).

Zwischen diesen drei Aktionskomplexen finden sich alle nur erdenklichen Variationen, und es ist bisweilen schon erstaunlich, wie unterschiedlich das Aufwärmen selbst in der gleichen Sportart, der gleichen Disziplin, bei sogar annähernd übereinstimmenden Leistungsvoraussetzungen von den einzelnen Athleten(-innen) gestaltet wird, wobei doch alle die gleiche Zielrichtung verfolgen: eine optimale physiologische und psycho-vegetative Einstellung des ganzen Organismus.

Allgemeine Aufwärmregeln

Viele Aktionsmuster sind lediglich liebgewonnene Handlungen, Ritualen gleich, die unter den unterschiedlichsten Bedingungen immer wiederkehrend mit großer Hingabe und Konzentration durchgeführt werden.

Die nachstehenden Anregungen sollen helfen, das Aufwärmverhalten vor Training und Wettkampf auf seine Effizienz zu überprüfen und gegebenenfalls funktioneller gestalten zu können.

- Inhalt, Dauer und Intensität des Aufwärmens im Training sind grundsätzlich anders als im Wettkampf. Beim Erwärmen vor dem Wettkampf müssen in der Regel auch Erregungszustände (Startfieber) kompensiert werden. Muskelentspannungsübungen und funktionelle Dehnungsübungen spielen daher in Umfang und Intensität beim Aufwärmen vor dem Wettkampf eine größere Rolle.
- Nicht in jedem Fall muß das Aufwärmen mit ganzkörperlichen Bewegungen begonnen werden. Im Krafttraining beispielsweise stehen lokal begrenzte Muskelbeanspruchungen an. Hier durch unspezifisches «Einlaufen» aufzuwärmen wäre wenig sinnvoll. Es ist durchaus funktioneller, durch mehrere Wiederholungen der Kraftübung mit leichter bis mittlerer Belastung die zu beanspruchende Muskelgruppe anzuregen, worauf funktionelle Dehnungsübungen sowohl der Agonisten als auch Antagonisten folgen, bevor man ins eigentliche Training einsteigt. So ließe sich die intramuskuläre Koordinationsleistung (beim Krafttraining besonders wichtig) günstiger als bei einem unspezifischen, ganzheitlichen Aufwärmen ansprechen.
- Häufig werden Dehnungsübungen im Aufwärmen übertrieben oder ganz und gar falsch ausgeführt. Die Übertreibungen beziehen sich auf die Struktur, Intensität und den Umfang der Übung. Ein optimal trainierter und eingestellter Muskel muß nicht um jeden Preis intensiv gedehnt werden. Häufig reichen sparsame Dehnungsreize aus, um eine angemessene Tonusqualität zu erreichen.
- Aktives und/oder passives gehaltenes Dehnen ist auch dann im Aufwärmen zweckmäßiger, wenn die nachfolgende sportliche Betätigung dynamischen Charakter bis in endgradige Gelenkstellungen aufweist.
- Das Aufwärmprogramm sollte nicht mit Dehnungsübungen zum Zwecke der Mobilisation der Gelenke und muskulären Entspannungsfähigkeit enden. Nach der Mobilisation folgen immer noch gymnastische Kräftigungsübungen der gedehnten Muskulatur, bevor man zu wettkampf- bzw. trainingsspezifischen Beanspruchungen kommt. Leichtathleten z. B. pflegen vor Beginn des Wettkampfs zwei bis drei Probeversuche (Probestart, -stoß oder -sprung etc.) durchzuführen, um eine optimale Tonisierung, den nötigen «Wachheitsgrad» der Muskulatur zu erreichen.
- In ganz besonderen Wettkampfsituationen kann bereits eine Vor-Erwär-

mung («prep-warm-up») eingeleitet werden. (2–3 Stunden vor dem eigentlichen Aufwärmen.)
Zweckmäßig ist es, mit leichter herz-kreislaufanregender Gymnastik zu beginnen, der aktive Dehnungsübungen und/oder Übungen nach dem Prinzip der *postisometrischen Relaxation* (Anspannungs-Entspannungs-Dehnen) folgen. Die Dauer und die Intensität der Vorerwärmung wird je nach Situation und von einem Sportler zum anderen verschieden sein. Wenn wegen der Bedeutung des Wettkampfs eine besondere psychische Gespanntheit oder Nervosität vorliegt, kann der Prozeß entsprechend verlängert oder vertieft werden. Für die meisten Wettkampfsportler gilt im allgemeinen, daß unmittelbar vor dem Spiel aufgewärmt wird.

Aktives und passives Warmhalten

Genauso bedeutsam wie das Aufwärmen ist das Warmhalten für die Leistungsfähigkeit in Training und Wettkampf. Der zweckmäßigen Wärmeschutzkleidung (Trainingsanzug) kommt dabei selbstverständlich eine besondere Bedeutung zu. Schweißnasse Kleidung nach dem Aufwärmen muß gewechselt werden, weil sonst der Wärmeentzug verstärkt bzw. dadurch das Warmhalten erschwert wird.
Im Turniertennis kann es vorkommen, daß sich wegen schlechter Witterung der Spielbeginn verschiebt oder das Match unterbrochen wird, für jeden Sportler eine heikle Situation, die sowohl körperlich als auch emotional verarbeitet werden will. Einige Verhaltensregeln können helfen, daß solche unvorhersehbaren Ereignisse besser ‹verdaut› werden können.

- Schweißnasse Wettkampfkleidung wechseln, mit Trainingsanzug warmhalten.
- Im Aufenthaltsraum (selbst Weltklasse-Tennisspielern werden bisweilen einfachst eingerichtete Umkleideräume zugemutet) Entspannungspositionen einzunehmen versuchen (s. S. 203/204). Versuchen «abzuschalten»! Mit Musik aus dem Walkman geht's häufig besser.
- Sich über den eigenen aktuellen Zustand klarwerden: ist man nervös, innerlich gespannt oder körperlich verspannt (Schultergürtel, Nackenmuskulatur etc.).
- Mit individuellen Stretch- und Bewegungsübungen darauf reagieren.

Körperliche Betätigung erhält die Muskeltemperatur und löst häufig allein schon die Anspannung.
- Ist das Ende der unfreiwilligen Pause erkennbar, sich durch gymnastische Übungen wieder «aufmuntern». Hierzu sind leichte Kräftigungsübungen geeignet.
- Eine ganz wichtige Regel zum Schluß: Wenn man vorher weiß, was man tun wird, wenn das Ereignis «X» droht, gelingt es leichter, die persönliche Situation zu meistern.

Aktives Entmüden – «Cool-down»

Jede körperliche Beanspruchung will «nachgearbeitet» werden. Dazu gehören Cool-down-Übungen genauso wie das Duschen hinterher, Entspannung, Schlaf, Essen, Trinken und die eventuelle Versorgung von Blessuren. Nach jeder sportlichen Betätigung ist es notwendig, daß «Körper und Geist» langsam wieder in den Normalzustand zurückfinden (vgl. SYER/ CONOLLY 1987, 41–47).

Fünf Regeln für das Cool-down mit gymnastischen Übungen
- Wenn andere Formen des ganzkörperlichen Abwärmens wie Auslaufen etc. nicht möglich sind, mit «Herz-Kreislauf-Gymnastik» wie Seilspringen, Laufen auf der Stelle, Hampelmann usw. beginnen. Ziel: Unterstützung der metabolischen Wiederherstellungsprozesse (Laktat-Abbau).
- Danach Dehnungsgymnastik für die gesamte Beinmuskulatur und angrenzende Funktionskreise (zweckmäßigerweise immer nach dem gleichen Muster verfahren; s. Checkliste S. 98).
- Auf die Übung, ihre Ausführung konzentrieren; in sich hineinhorchen, sich das Muskelgefühl bewußt machen; «auf seinen Körper hören», um herauszufinden, ob er noch irgendwelche besonderen Bedürfnisse hat (SYER/CONOLLY 1987, 100).
- Das Schema wiederholen oder in der Wiederholung Akzente setzen, z. B. die individuell verkürzte Muskulatur intensiver stretchen.
- Übungsroutine und individuelle Cool-down-Methode entwickeln. Ausprobieren ist besser als nachahmen!

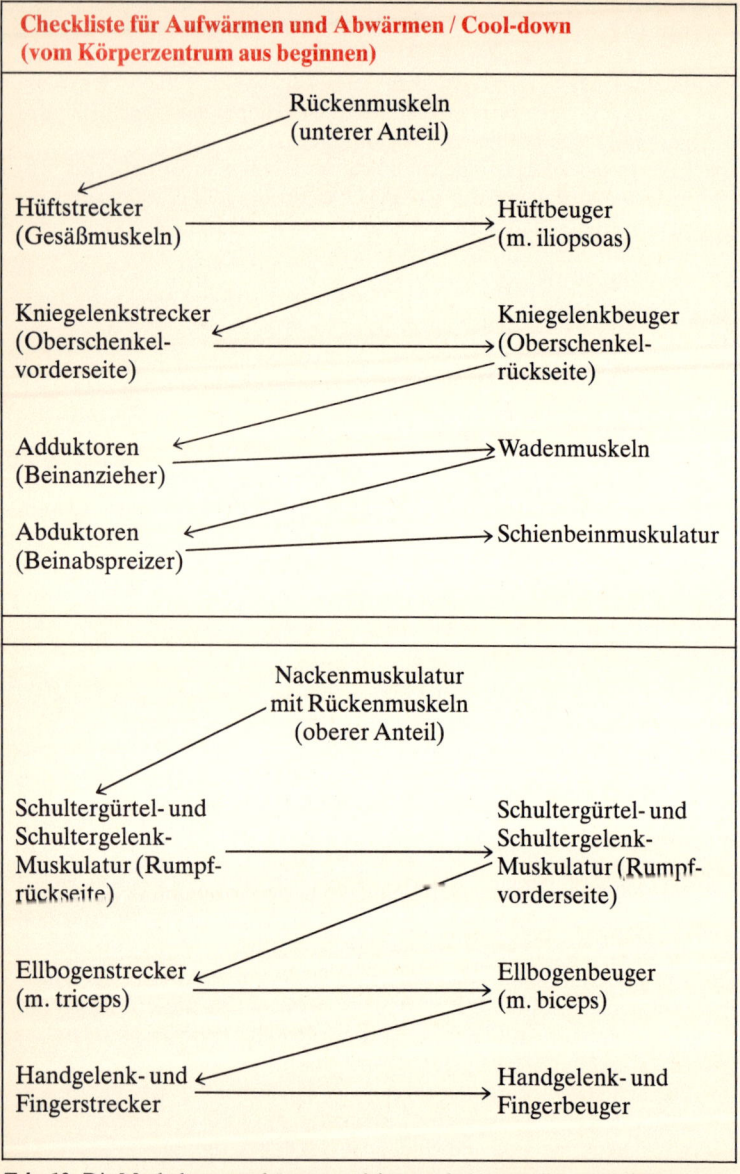

Tab. 13: Die Muskelgruppen können auch in umgekehrter Reihenfolge (mit dem Oberkörper beginnend) durchgearbeitet werden

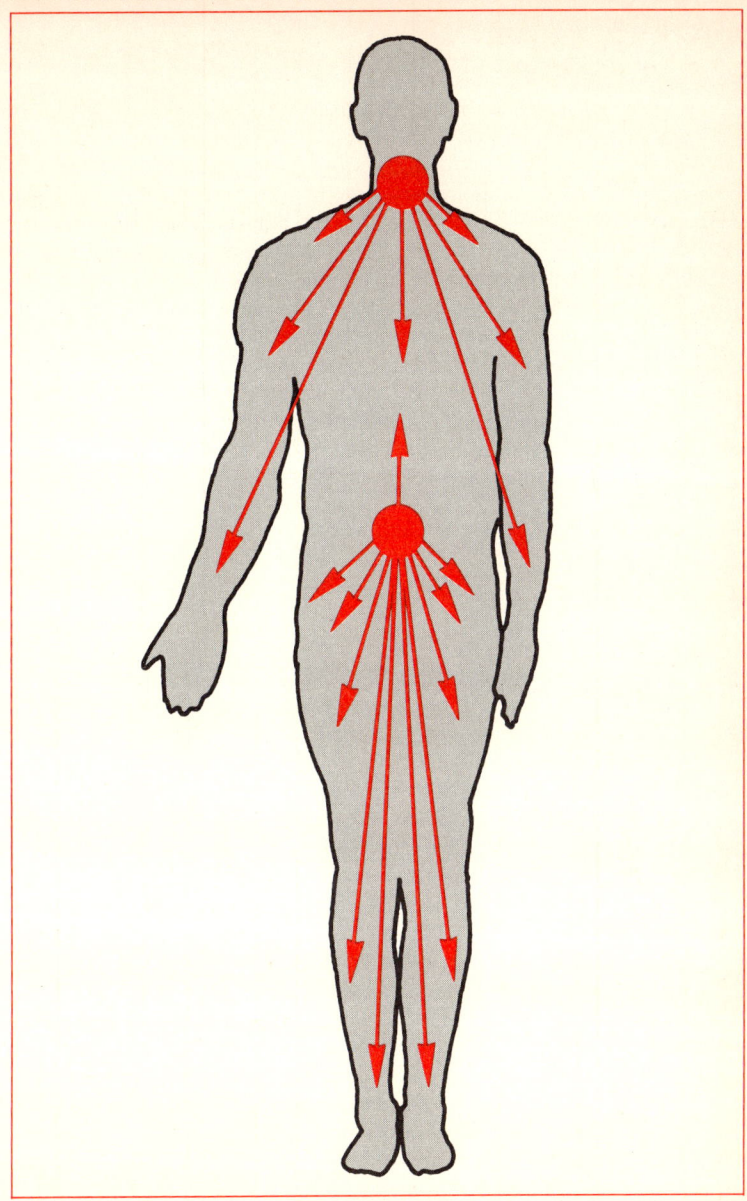

Abb. 21: Aktionsmuster beim Aufwärmen und Abwärmen («Cool-down»)

In vielen Sportarten ist daher «aktives Cool-down» zur Gewohnheit geworden, um die körpereigenen Regenerationsprozesse zu unterstützen. Ein optimal entmüdeter Organismus zeigt weniger Belastungsreaktionen und ist leistungsbereiter für nachfolgende Beanspruchungen.

Die Vorgehensweise ist dem Aufwärmen vergleichbar: Zuerst wird mit möglichst *ganzkörperlichen Übungen* wie lockeres Auslaufen, Ausspielen, dynamischen Gymnastikübungen versucht, die Wiederherstellungsprozesse des Stoffwechsels (z. B. Abbau der Laktatkonzentration im Blut) zu aktivieren. *Gymnastische Dehnungsübungen* folgen, um den nach Training und Wettkampf vorherrschenden hypertonen Funktionszustand der Muskulatur auf ein normales Maß einzupegeln. Den Abschluß bilden in besonderen physischen und psychischen Beanspruchungssituationen eventuell konzentrative *Entspannungsübungen*, die helfen, all jene Gefühle und Empfindungen zu verarbeiten, die durch Training oder Wettkampf verursacht wurden, gleichgültig, ob es sich dabei um Ärger, Hochstimmung, Erregung, Enttäuschung oder nur um körperliche Schlaffheit oder das Gefühl des Ausgelaugt-Seins handelt (vgl. SYER/CONOLLY 1987, 50–59).

Falsches Aufwärmen

Die Erwärmung als unmittelbare Vorbereitung auf Training und Wettkampf ist immer ein *aktiver* Umstellungsprozeß, der die Sporttreibenden in ihrer existentiellen Ganzheit erfaßt. Niemals kann passives Erwärmen (Sportmassage, Einreibemittel u. a.) ähnliches bewirken.

Vor allem die Einreibemittel verfehlen den Aufwärmeffekt der aktiven Erwärmung gründlich. Denn eines vermögen die vielversprechenden Fluids, Öle und Lotions nicht, nämlich entscheidende Veränderungen des Funktionszustands der energiebereitstellenden Systeme, des Bewegungsapparats und des Zentralnervensystems, die für die sportliche Leistung – gleich auf welchem Niveau – förderlich sind, herbeizuführen. Wenn in den Mitteln überdies noch hautrezeptoren-beeinflussende Substanzen verarbeitet sind, die eine Aufwärmwirkung vortäuschen und den Benutzer veranlassen können, notwendige aktive Maßnahmen zu vernachlässigen oder gänzlich darauf zu verzichten, begünstigen sie das Verletzungsrisiko.

Selbst wenn derartige Substanzen in Verbindung mit der Sportmassage verwendet werden, dürfen sie nur als *Mittel zweiter Wahl* gelten. Auch Sportmassage als eine weitere passive Maßnahme kann *funktionelles* Aufwärmen niemals ersetzen und sollte nur als eine Ergänzung z. B. in der Phase des Warmhaltens bei kurzen Wettkampfpausen von einem erfahrenen Sportmasseur(-in) angewandt werden, falls andere Möglichkeiten fehlen.

Beweglichkeitstraining

Aufgrund der biologischen Bedingungen, der Gelenkbeweglichkeit (s. S. 19) muß unterschieden werden zwischen beeinflußbaren und nicht-beeinflußbaren Faktoren.

Durch Training kann im Sinne einer positiven Veränderung Einfluß genommen werden auf
- den Zustand der auf das Gelenk einwirkenden Muskulatur,
- die neuronalen Steuerungsprozesse,
- die psycho-physischen Hemmungs- und Aktivierungsprozesse,
- den Gelenkstoffwechsel,
- den Zustand der bindegewebigen Formelemente des Gelenks.

Ein nicht im gleichen Maß positiv beeinflußbarer Faktor ist die *Gelenkform*. Abnutzungserscheinungen oder gar Aufbrauchschäden, verursacht durch Sport, sind ausnahmslos *negative* (pathologische) Formveränderungen des Gelenks und als unliebsame und ungewollte Begleiterscheinungen des Sports einzustufen.

Aus der Übersicht (s. S. 19) ist erkennbar, wo Training bezüglich der Gelenkbeweglichkeit die größten Veränderungen herbeiführen kann. Während der Stoffwechsel und die bindegewebigen Anteile des Gelenks (Kapsel, Band, Knorpel) auf Trainingsreize zwar nicht unbedeutend, doch wenig «spektakulär» reagieren (ihre Anpassungsfähigkeiten bleiben mehr im verborgenen), sind die Zustandsänderungen der Muskulatur und ihre nervale Steuerung bzw. psychomotorische Beeinflussung für den Sportler deutlicher spürbar und für den Trainer leichter erkennbar.

Eine große funktionelle Gelenkbeweglichkeit wird daher in erster Linie durch eine *qualitative Verbesserung* der plastischen und kontraktilen Eigenschaften der gelenkumfassenden Muskeln erreicht, nicht aber durch eine Steigerung der *Dehnfähigkeit* der bindegewebigen Bausteine des Gelenks.

Gegen diesen Grundsatz wird in der Trainingspraxis, aber auch in der Literatur zur Theorie und Praxis des Trainings regelmäßig verstoßen (vgl. BLUM/WÖLLZENMÜLLER 1985, 25).

> Bänder haben eine gelenkstabilisierende und Sehnen eine kraftübertragende Funktion, sie dehnen zu wollen, hieße, ihre naturgegebene Funktionalität ins Gegenteil zu verkehren.

Aufgrund seiner viskoplastischen Eigenschaften ist ein Muskel sehr dehnfähig, wenig elastisch, dafür aber hoch plastisch und kann ohne weiteres um 150–200 Prozent seiner Ausgangslänge gedehnt werden. Sehnen dagegen verfügen über keinerlei Kontraktilität, sind äußerst elastisch und wenig plastisch. Ihre Dehnfähigkeit beträgt nur ca. 5 Prozent (vgl. KNEBEL 1985).

Die Ziele des Beweglichkeitstrainings im Sport kann man im wesentlichen unter folgenden Gesichtspunkten zusammenfassen:
- Vergrößerung der Bewegungsamplitude zur Verbesserung der technomotorischen Handlungskompetenz;
- Physioprophylaxe durch gezielte Dehnung jener Muskelgruppen, die zur Verkürzung neigen;
- Änderung des Aktivitätszustands der Muskulatur vor und nach Training und Wettkampf (Aufwärmen – Regenerieren).

Die Mittel, die sich zur Erreichung dieser Ausbildungsziele im Sport bewährt haben, sind die Methoden des *Stretchings*.

Stretching – Funktionelle Muskeldehnung

Prinzipiell muß beim Stretching angestrebt werden, die *reflektorische Gegenspannung* des zu dehnenden Muskels so gering wie möglich zu halten, um im Sinne einer Beweglichkeitssteigerung einen hohen Wirkungsgrad zu erreichen (DIETRICH u. a. 1985). Langsames Herantasten an den optimalen Dehnreiz (Endposition), Halten des Dehnreizes über mehrere Sekunden, mehrfaches Wiederholen oder das Ausnutzen des Kontraktionsrückstands schaffen die günstigsten Voraussetzungen.

Daraus leiten sich im wesentlichen *zwei Stretching-Techniken* ab, die sich aus funktioneller Sicht im Sport bewährt haben:
- die gehaltene Dehnung und
- die postisometrische Relaxation (CHRS-Methode, vgl. KNEBEL 1985), auch Anspannungs-Entspannungs-Dehnen genannt.

Die bisher in allen Sportarten favorisierte dynamische Gymnastik (Schwunggymnastik wie beispielsweise Armkreisen u. ä.) kann nicht zu den Dehnungstechniken gezählt werden, weil die beanspruchte Muskulatur in keiner Phase der Aktion in einen Dehnungszustand geführt wird. Genau das Gegenteil ist der Fall: die Muskulatur muß kontrahieren, um die Gelenkbewegung zu sichern. Eine Verbesserung der Gelenkbeweglichkeit wird hier lediglich durch den Aufwärmeffekt und durch Aktivierung der neuronalen Steuerungsprozesse erzielt. Die Zustandsänderungen der Muskulatur, die auf diesem Wege erreicht werden, sind qualitativ nicht vergleichbar mit jenen, die durch funktionales Dehnen erzielt werden.

Dynamische Übungen haben darüber hinaus den Nachteil, daß sie aufgrund der Reflexmechanismen der Muskulatur einerseits Gelenke nicht in Endstellung bringen und andererseits Ausgleichbewegungen benachbarter Gelenke erlauben, die den Wirkungsgrad der Übung hinsichtlich einer Beweglichkeitssteigerung deutlich verringern.

Wie wirkt Stretching?

In den meisten leistungsorientierten Sportarten beschäftigt man sich heute mit den Methoden des Stretching, um die Dehnfähigkeit der Muskulatur zu erhalten und zu steigern. Doch folgt man diversen Veröffentlichungen in den Fachzeitschriften, fällt auf, daß die besondere Wirkungsweise dieser Dehnungstechniken nur unvollkommen verstanden worden sind. Der «Unsinn» überwiegt im Augenblick gegenüber dem «Sinn» in der Anwendung des Stretching!

Die häufigsten Mißverständnisse resultieren aus der Auffassung, daß der ‹Witz› des Stretching ausschließlich in der veränderten, dynamischen Ausführung der Übung liege: statt «federnd» und «schwungvoll» wird nun langsam und allmählich die Muskulatur gedehnt. Doch diese Vorgehensweise ist nur ein, wenn auch bedeutsamer Aspekt *funktionellen Dehnens*. Ihn allein zu berücksichtigen bietet keinerlei Gewähr, daß der Muskel oder die Muskelgruppe tatsächlich in «optimale Dehnposition» gebracht wird. Erste Voraussetzung für richtiges und wirkungsvolles Stretching ist die Berücksichtigung der Gelenk-Muskel-Funktion (arthro-muskuläre Beziehungen), denn Muskeln üben auf das Gelenk eine bestimmte Wirkung aus. Ihre zutreffende Wirkungsrichtung *(Zugrichtung)* muß konsequent beachtet werden, wenn ein optimaler *Dehnungsreiz* erreicht werden soll.

Zerrungen des Quadrizeps werden so z. B. auch vermehrt im zweigelenkigen geraden Kopf (m. rectus femoris) beobachtet, weil dieser sowohl im Krafttraining als auch im Stretching häufig durch zumeist mangelhafte Ausführung der Übung aus dem Aktionsmuster ‹herausgelassen› wird. Die eingelenkigen Anteile sind dagegen von Muskelverletzungen viel weniger betroffen.

Am Beispiel der in den Rückschlagspielen stark beanspruchten Oberschenkelmuskulatur wird die Verfahrensweise des funktionalen Stretching deutlich.

Gedehnt werden sollen
– der vierköpfige Kniegelenkstrecker (m. quadriceps mit den vier Köpfen: m. rectus femoris/gerader Kopf, m. vastus medialis/innerer Kopf, m. vastus lateralis äußerer Kopf und m. vastus intermedius/mittlerer Kopf) und
– die Kniegelenkbeuger

Während der Kniegelenkstrecker mit drei Köpfen (medialis, lateralis, intermedius) auf das Kniegelenk ausschließlich *streckend* wirkt (eingelenkige Funktion), hat der gerade Kopf (rectus femoris) eine doppelte Aufgabe: er zieht über zwei Gelenke und wirkt daher auf das Kniegelenk *streckend* sowie auf das Hüftgelenk *beugend* (vgl. Faserverlaufsdarstellung in Abb. 22).

Will man nun den Quadriceps als «funktionelle Einheit» dehnen, dann ist wegen des über zwei Gelenke (Hüft- und Kniegelenk) ziehenden geraden Kopfs (m. rectus femoris) eines der beiden Gelenke bei der Übungsausführung zunächst in *Endstellung* zu bringen. Aus übungstechnischen Gründen ist dies zumeist das Hüftgelenk (s. Abb. 23). Durch Beugung im freien Kniegelenk kann jetzt der Quadriceps in all seinen Anteilen funktional gedehnt werden (s. Abb. 23). Eine optimale Dehnfähigkeit der Kniegelenkstreckmuskulatur für die Rückschlagspiele ist dann erreicht, wenn es gelingt, bei richtiger Ausführung der Übung, d. h. bei endgradiger Streckung der Hüfte (ca. 15 Grad), die Ferse mit passiver Nachhilfe bis auf eine Distanz von 5–7 cm ans Gesäß zu bringen. Eine größere Dehnfähigkeit dieser Muskelgruppe ist nicht anzustreben.

Würde in der exakten Anwendung die Ferse bis zum Gesäß gebracht werden können, dann läge bei dem betreffenden Sportler der Zustand einer *Hyperelastizität* und *Hypermobilität* vor, die durch aufbauendes Krafttraining kompensiert werden müßte. Doch meistens liegt eine falsche, nicht funktionelle Übungsausführung vor (s. Abb. 24), nämlich Dehnung der Muskelgruppe «über ein Gelenk» mit gleichzeitigem Ausweichen des benachbarten Gelenks (in Abb. 24 durch Beugung des Hüftgelenks verursacht).

Übungsausführung und Übungswirkung

Abb. 22: Funktionelle Dehnung der Kniegelenkstrecker (m. quadriceps) in Fadenverlaufsdarstellung
Gerader Kopf (m. rectus femoris) – zweigelenkig
Mittlerer, innerer und äußerer Kopf – eingelenkig
Aktionsmuster: Im Kniestand Hüftgelenk strecken (Hüfte nach vorn schieben) bis in Endposition (s. Abb.); Hüftgelenk fixieren. Darauf Unterschenkel Richtung Gesäß ziehen (Beugung des Kniegelenks). Nur bei gestreckter Hüfte wird auch der gerade Kopf des Quadrizeps in die Dehnung miteinbezogen. Eine funktionale Dehnfähigkeit der Kniegelenkstrecker ist dann erreicht, wenn sich die Ferse bis auf ca. 5–7 cm an das Gesäß annähern läßt (gerader, zweigelenkiger Kopf des Quadrizeps gepunktet.

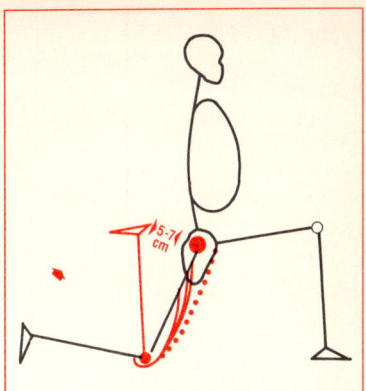

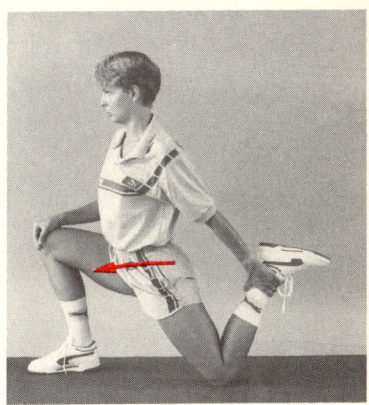

Abb. 23: Richtige Ausführung einer Dehnung der Kniegelenkstrecker

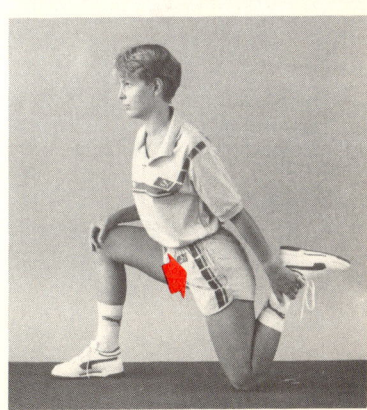

Abb. 24: Falsche Ausführung einer Dehnung der Kniegelenkstrecker. Durch Beugung der Hüfte (Pfeil) keine optimale Dehnung des zweigelenkigen, geraden Kopfes (m. rectus femoris) der Kniegelenkstrecker.

> Zieht ein Muskel oder eine Muskelgruppe über zwei Gelenke, ist eine funktionale Dehnung nur möglich, wenn eines der beiden Gelenke in endgradiger Position fixiert und die Muskeln über das benachbarte mobile Gelenk gedehnt werden.
> Werden diese Voraussetzungen nicht geschaffen, vermindert sich der Wirkungsgrad der Übung.

Unter sportpraktischen Bedingungen kann dies durchaus einmal vorkommen, denn nicht unter allen räumlichen und organisatorischen Bedingungen läßt sich Stretching des Quadrizeps im Kniestand verwirklichen. Abweichungen von der idealen Ausführung bedeuten eine Minderung der Effizienz des Stretchens.
Im Training muß man daher zwischen Übungen erster und zweiter Güte unterscheiden lernen.

Im qualitativen Vergleich handelt es sich bei der Übungsausführung in Abb. 22 und 23 um eine Übung erster Güte, in Abb. 25 um ein Beispiel für eine Ausführung zweiter Güte und in den Abbildungen 26 und 27 um eine Darstellung unfunktioneller Übungen, wo die Ausführung ebenso falsch ist wie die Verwendung der Kennzeichnung «Oberschenkelstrecker» für die zu dehnende Muskulatur.

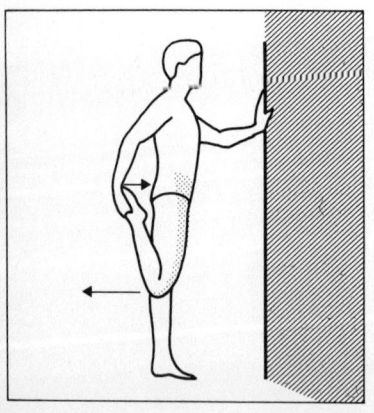

Abb. 25: Stretching-Übung zweiter Güte. Die Ausführung erlaubt wegen der vielen Freiheitsgrade der beteiligten Gelenke keine sichere Dehnung. Jederzeit kann über die freien Gelenke der Dehnung ausgewichen werden.

Unfunktionelle Übungsbeispiele

Abb. 26: Völlig unfunktionelle und falsche Dehnung. Die Muskulatur der Rumpfvorderseite ist in allen Teilen kontrahiert und muß den Oberkörper in dieser Position «halten». Eine Dehnung der kontrahierten und hier exzentrisch beanspruchten Hüftbeuger ist nicht möglich. Ferner kann über die vielgliedrige Wirbelsäule (s. Abb.) der Dehnung von Hüftbeuger und Kniestrecker ausgewichen werden. Das Ergebnis ist dann – wie in der Abbildung dargestellt – eine hohe Fehlbeanspruchung der Lendenwirbelsäule und der Bandscheibe des lumbo-sacralen Übergangs (vgl. BLUM/WÖLLZENMÜLLER 1986, 130).

Abb. 27: Falsche Dehnungsübung
Die Trainingswirksamkeit dieser Übung ist aus verschiedenen Gründen höchst fragwürdig:
1. Über eine Kette von mehreren Gelenken (hier Kniegelenk, Hüftgelenk, bewegliche Wirbelsäule, Schultergelenk und Ellbogengelenk) läßt sich keine funktionelle Dehnung aufbauen. Bei verkürzter Muskulatur in einem bestimmten Areal könnte der Übende über die benachbarten Gelenkketten ausweichen.
2. Die hier angestrebte «Dehnung» wird gründlich verfehlt. Denn wer in solch eine Körperposition «hineingebogen» wird, kann schwerlich entspannen. Die gesamte Rumpfvorderseiten-Muskulatur ist in diesem Fall angespannt. Doch ein kontrahierter Muskel ist nicht funktionell dehnbar. Die angestrebte Trainingswirkung wird nicht erreicht, dagegen der Bewegungsapparat einer hohen Fehlbeanspruchung ausgesetzt.
Des weiteren ist die Verwendung «Oberschenkelstrecker» als Kennzeichnung der Kniegelenkstrecker (sie strecken den Unterschenkel und nicht den Oberschenkel) falsch. (Quelle: BLUM/WÖLLZENMÜLLER 1985, 119)

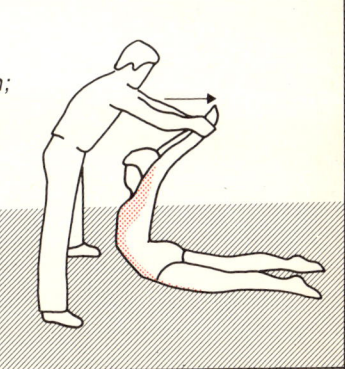

«*Zur Dehnung der Hüftbeuger und Oberschenkelstrecker, der geraden Bauchmuskeln, der großen Brustmuskeln, der Oberarmstrecker und anderer kleiner Schultermuskeln; der Sportler liegt zunächst mit leicht seitlich ausgestreckten Armen auf dem Bauch; der Partner führt nun mit gestreckten Armen den Oberkörper nach oben, wobei die Armposition variiert werden kann – diese Übung muß bei Kreuzschmerzen abgesetzt werden; Technik: Passives Stretching 10–20 s vor dem Training.*»

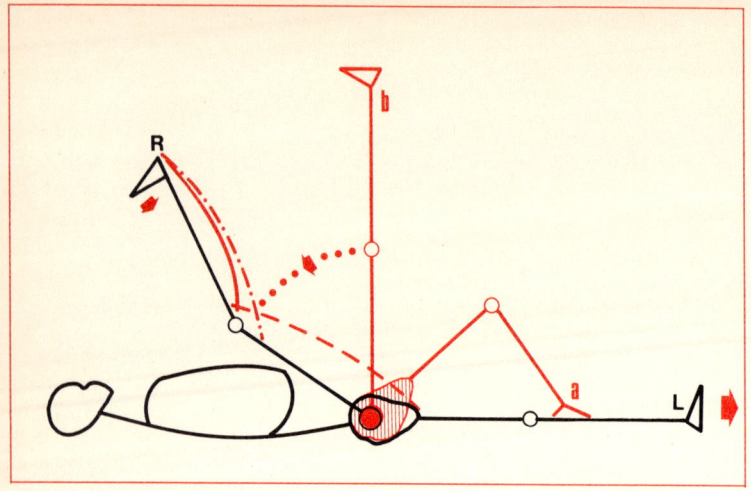

Abb. 28: Funktionelle Dehnungsübung der Kniegelenkbeuger und der Wadenmuskeln (Muskeln in Fadenverlaufsdarstellung)

– – – – Kniegelenkbeuger (mm. ischiocrurales) – überwiegend zweigelenkig

–·–·–·– Zwillingsmuskel (m. gastrocnemius) – zweigelenkig

────── Schollenmuskel (m. soleus) – eingelenkig

Die Kniegelenkbeuger können nur unter oben dargestellten Bedingungen optimal gedehnt werden:

Phase 1 – Beugung des Oberschenkels bis in Endposition; in maximaler Beugestellung des Hüftgelenks den Oberschenkel fixieren (vgl. auch Übg. 3.4)

Phase 2 – Durch Strecken des Kniegelenks wird nun die Kniebeugemuskulatur auf die optimale Länge gedehnt. Voraussetzung dafür ist aber eine zweckmäßige Beckenstellung, die durch aktives Strecken des Gegenbeins (L = linkes Bein) gesichert wird (Pfeil). Die Position a des linken Beins würde ein Ausweichen des Beckens erlauben und eine optimale Dehnung der ischiocruralen Muskulatur verhindern (vgl. auch Abb. 29).

Phase 3 – Sollen im gleichen Aktionsmuster die Wadenmuskeln gedehnt werden, wird nun der Oberschenkel in Endposition fixiert und das Kniegelenk so weit wie möglich gestreckt und dadurch der Zwillingsmuskel gedehnt.

Phase 4 – Das Kniegelenk wird nun fixiert und durch schienbeinwärtiges Ziehen der Zehen der Schollenmuskel in das Dehnungsmuster miteinbezogen (Pfeil) (R = rechtes Bein)

In Position b des rechten Beins würde ebenfalls keine funktionelle Dehnung erreicht werden.

Funktionelles Dehnen

Für die Kniegelenkbeuger (mm. ischiocrurales) (s. Abb. 28) treffen die gleichen Bedingungen zu, denn sie sind zweigelenkig (ausgenommen der für die Beugung weniger bedeutsame Kniekehlenmuskel) und wirken auf das Hüftgelenk zusammen mit der Gesäßmuskulatur *streckend* und aufs Kniegelenk beugend. Lediglich der Schneidermuskel (m. sartorius) zieht spiralig und diagonal um den Oberschenkel herum und kann aufgrund seines ungewöhnlichen Verlaufs sowohl das Hüft- als auch das Kniegelenk *beugen*.

Die Faserverlaufsdarstellung in Abb. 28 zeigt die Hauptwirkungsrichtung der Muskeln und die Vorgehensweise beim funktionalen Stretching.

Auch bei dieser Ausführung läßt sich das Kniegelenk bei gut entwickelter Dehnfähigkeit nicht vollständig strecken. Gesicherte Angaben, wie groß der Beugewinkel zwischen Unterschenkel und Oberschenkel sein darf, fehlen bislang. Zur qualitativen Einschätzung der Dehnfähigkeit der ischiocruralen Muskelgruppe müßte daher noch der Funktionstest nach JANDA (Pseudolasègue-Test) herangezogen werden (vgl. SCHMIDT u. a. 1983), weil hier ausreichend Erfahrungswerte vorliegen (s. Abb. 30, Seite 110).

Fehlerhafte Ausführungen ergeben sich zumeist, wenn durch falsche Lagerung des Körpers die Möglichkeit des Ausweichens mit dem gesamten Becken gegeben ist (s. Abb. 29).

Anhand dieser Beispiele sollte einmal ausführlich dargestellt werden, daß der ‹Witz› des Stretching nicht, wie allgemein angenommen, nur in der veränderten Dynamik der Übungsausführung (langsames Dehnen und Halten des Dehnreizes in der Endstellung) liegt, sondern vor allem in einem exakten *Aktionsmuster*, das sich von der Gelenk-Muskel-Funktion herleitet. Jede Mißachtung dieser arthro-muskulären Beziehungen bedeutet eine Minderung der Übungswirkung.

Abb. 29: Beugung des Hüftgelenks, Fixieren und Strecken des Kniegelenks

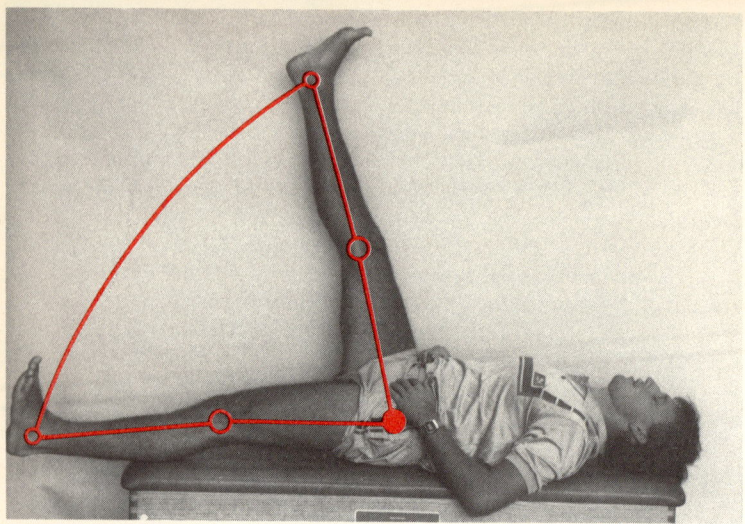

Abb. 30: Pseudolasègue-Test
In der Rückenlage wird ein Bein gestreckt angehoben, das andere Bein dagegen gestreckt auf der Unterlage fixiert. Wenn ein deutlicher «Dehnungsschmerz» der Oberschenkel-Rückseite (mm. ischiocrurales) spürbar ist, wird das «Test-Bein» angehalten und der Winkel zur Unterlage beurteilt. Das Maß dient der Abschätzung der Dehnfähigkeit der Kniegelenkbeuge-Muskulatur.
Die Lasègue-Probe wird eigentlich zur Prüfung des Ischiasschmerzes benutzt (vgl. GRAFF u. a. 1986).

Stretching und Muskelelastizität

Wird ein Muskel gedehnt, verlängert er sich relativ leicht (Plastizität), hört der Dehnungsreiz auf, strebt er wieder der ursprünglichen Länge zu (Elastizität). Der Muskel ist also plastisch und elastisch, zwei im physikalischen Sinne gegensätzliche Eigenschaften, über die der Muskel deshalb verfügen kann, weil er beide nur unvollkommen besitzt, was für seine Funktion von großer Bedeutung ist (vgl. BRECHT 1960).
Doch diese passiv-mechanischen Eigenschaften reichen allein keineswegs aus, um ihn für die vielfältigen Aufgaben bei Haltung und Bewegung zu qualifizieren. Seine Dehnfähigkeit und Elastizität wird durch das Zentral-

Stretching und Muskelelastizität

nervensystem und feinfühlige Regelmechanismen der spinalen Motorik gewissermaßen «computergesteuert». Den Muskel daher mit den elastischen Eigenschaften eines Gummibands zu vergleichen, würde seiner «intelligenten» Leistungsfähigkeit nur unvollkommen gerecht.

Darüber hinaus zeigt der Muskel gegenüber vollkommen elastischen Körpern eine Reihe auffälliger Besonderheiten, die bei der Methodik des Stretching Berücksichtigung finden:

Wird ein Muskel gedehnt, dehnt er sich am Anfang leicht, bei zunehmender Verlängerung dagegen immer schwerer. Die Längenzunahme nimmt mit gleichmäßig ansteigender Belastung immer mehr ab. Wird er wieder entlastet, so kehrt er nicht unmittelbar in seinen Ausgangszustand zurück. Es bleibt für eine gewisse Zeit ein *Dehnungsrückstand*, die Entlastungskurve bleibt hinter der Dehnungskurve zurück (s. Abb. 31).

Einen Dehnungsrückstand erhält man erst, wenn eine gewisse «Ausdehnung», verbunden mit einem spürbaren, ziehenden Dehnschmerz (Endgefühl) erreicht wird. Ferner spielt die Zeit eine Rolle, während der ein Dehnungsreiz auf den Muskel wirkt: Je länger diese Zeit dauert, desto größer ist der Dehnungsrückstand (vgl. auch DORDEL 1975).

Ein weiterer Indikator für die elastischen und plastischen Fähigkeiten der Muskulatur ist der *Muskeltonus*, der sich einerseits aus der Gesamtheit passiv-mechanischer Gewebeeigenschaften des Muskelorgans (passiver To-

Abb. 31: Dehnungsverhalten des Muskels
Wird ein Muskel gedehnt, setzt er dem Dehnungsreiz eine immer größer werdende Spannung entgegen (s. Verlauf Dehnungskurve). Aufgrund seiner plastischen Eigenschaften und neuronaler Regelmechanismen kehrt er nach Absetzen der Dehnung nicht auf seine ursprüngliche Länge zurück (Entdehnungskurve). Der Muskel behält einen Dehnungsrückstand.

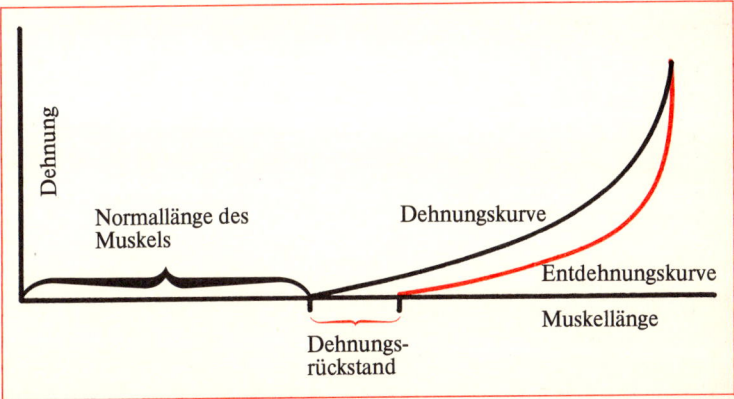

nus), andererseits aus der nervalen Versorgung mit meßbaren elektrischen Aktivitäten ergibt (aktiver Tonus). «Auch wenn heute noch der Sachverhalt zu bestehen (scheint), ... daß eine eindeutige Definition des Muskeltonus... noch (aussteht)» (VIOL 1985, 79), so kann der Muskeltonus als eine strukturell vorgegebene *Grundspannung*, bestehend aus folgenden Wirkungsanteilen, verstanden werden:

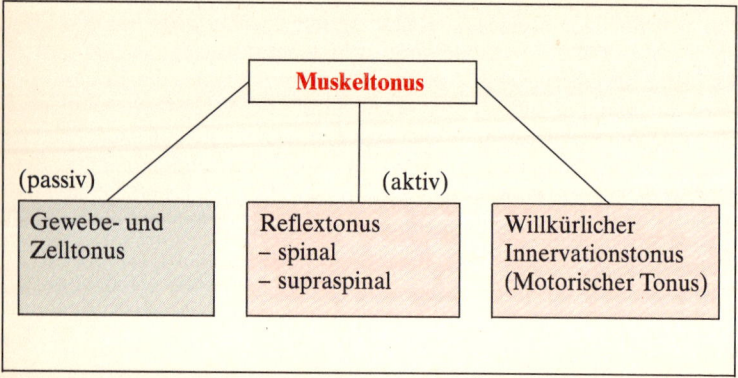

Tab. 14: (modifiziert nach VIOL 1985, 79)

Auch die Wirkung des Stretching scheint keineswegs vollständig geklärt zu sein. Es muß angenommen werden, daß vorwiegend Zustandsänderungen des aktiven Tonus und dadurch eine positive Rückwirkung auf den Gewebe- und Zelltonus ursächlich für eine verbesserte *Tonusqualität* mit gesteigerter Dehnbarkeit des Muskels verantwortlich gemacht werden können.

Die Wirkungen des Stretching auf die Tonusdynamik der Muskulatur können modellhaft wie folgt zusammengefaßt werden: *Stretching senkt die Tonuslage, verändert die Tonusperiodik und dämpft die Tonusmomente.*

Stretching und Tonusdynamik

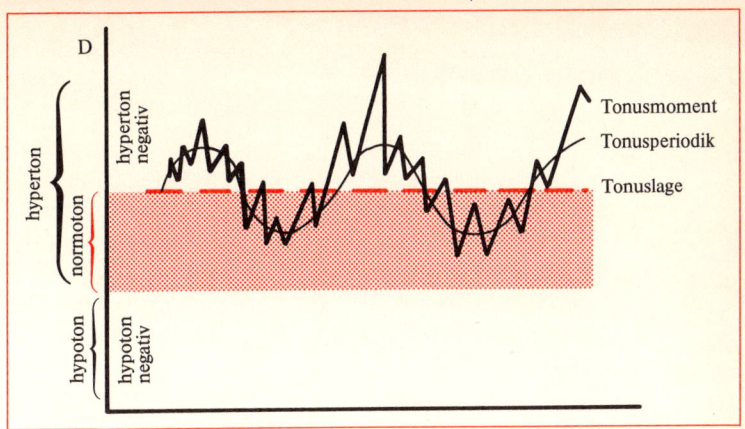

Abb. 32: Modellhafte Darstellung der Tonusdynamik nicht optimal trainierter Muskulatur (modif. nach VIOL 1985)
Der Funktionszustand trainierter Muskulatur ist positiv hyperton und wird für Sportler als normal (normoton) angesehen. Unfunktionelle Trainingsbelastungen können die Tonuslage in den negativ-hypertonen Bereich verschieben.

Abb. 33: Modellhafte Darstellung der Wirkung funktioneller Dehnungsgymnastik (Stretching) auf die Tonusdynamik
Stretching verändert das Tonusmoment sowie die Tonusperiodik und wirkt senkend auf die Tonuslage. Die Tonusdynamik bewegt sich im positiven, normotonen Bereich. «Überschießende Spitzen» der Tonusmomente in den negativ-hypertonen Bereich werden vermieden.

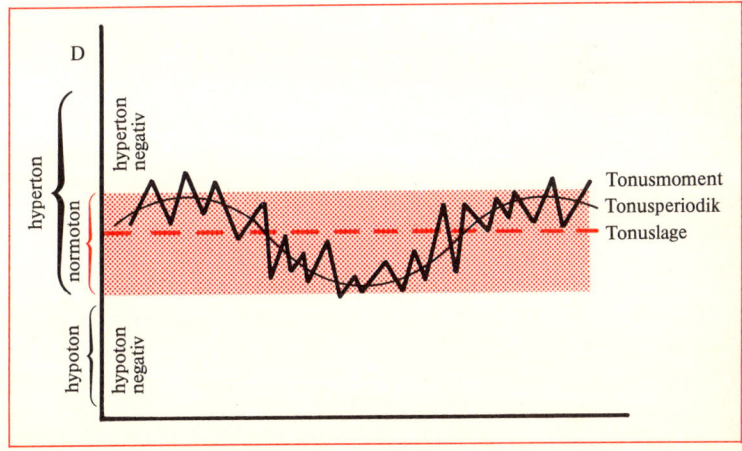

Welche Methode zu welchem Zweck

Um günstige Leistungsvoraussetzungen zu schaffen sowie Verletzungen und Schäden am Bewegungsapparat zu vermeiden, haben sich im Sport zwei Methoden der Dehnung durchgesetzt (s. Seite 116f). Noch liegen allerdings «keine Untersuchungen vor, die eindeutig die Überlegenheit einer Methode beweisen» (DIETRICH u. a. 1985, 54; vgl. auch BEAULIEU 1980). Welche Methode zur Anwendung kommen sollte, hängt von folgenden Gesichtspunkten ab.

Trainingswirkung
Welche Wirkung wird erwartet? Soll die Dehnfähigkeit lediglich erhalten oder gesteigert werden?

Situative Bedingungen
Vor, während oder gar nach Training und Wettkampf, nach Ausdauer- oder Kraftbelastung liegt ein jeweils ganz individueller und aktueller Funktionszustand der Muskulatur vor, der im Regelfall auch situationsangepaßtes Dehnen erfordert.
Auch die örtlichen Bedingungen in Training und Wettkampf wollen berücksichtigt werden. Nicht in jedem Fall lassen sich alle Stretching-Techniken durchführen.

Alter bzw. Trainingsalter der Sportler
Dehnungsübungen erfordern eine gewisse Konzentration, ein bewußtes «Hineinhorchen» in die zu dehnende Muskulatur. Diese mentale Auseinandersetzung mit der Übung wird weder von Trainingsanfängern noch von Kindern und Jugendlichen auf Anhieb geleistet.

Trainingswirkung
Ist die Muskulatur optimal «eingestellt», reichen in aller Regel zur Erhaltung der sportarttypischen Dehnfähigkeit Übungen nach der Methode des *gehaltenen Dehnens* aus.
Doch auch beim *Erhaltungstraining* ist darauf zu achten, daß die Muskelgruppen, die tendenziell zur Verkürzung neigen (s. S. 34), gegenüber jenen, die eher mit Abschwächung reagieren, sowohl intensitäts- als auch umfangmäßig entsprechend beansprucht werden. Ein Verhältnis von 3:1 hat sich in der Trainingspraxis bewährt.

Zur Anwendung der Stretching-Methoden

Wenn die Dehnfähigkeit und damit die Gelenkbeweglichkeit verbessert werden soll, reichen bisweilen Intensitäts- und Umfangsteigerung allein nicht aus, um die angestrebten Trainingsziele zu erfüllen. Ein Methodenwechsel oder eine Kombination beider Methoden ist häufig aus trainingsökonomischen Gründen zweckmäßiger. Die postisometrische Relaxation und/oder die passiven Dehnungsarten (selbstgesteuert oder fremdgesteuert durch Partner) sind reizintensiver und immer dann zu favorisieren, wenn es um Steigerung der Dehnfähigkeit bzw. um Aufhebung einer kontrakten (dauerverkürzten) Muskulatur geht.

Situative Bedingungen
Die individuellen, situativ begründbaren Einflußfaktoren auf die Dehnfähigkeit der Muskulatur sind überaus vielfältig, so daß sich verallgemeinernde Empfehlungen schwer formulieren lassen. Ratschläge als grobe Orientierungshilfe finden Sie im Kapitel «Übungen und ihre Anwendungen», Seite 137.

Alter und Trainingsalter
Je erfahrener ein Sportler ist, je mehr Trainingsjahre er hinter sich gebracht hat, desto bewußter erlebt er seinen Körper, desto ausgeprägter ist auch sein «Muskelgefühl» *(Kinästhesie)*.
Stretching kann zu den naiven motorischen Techniken gezählt werden, die es erlauben, über das «Muskelerlebnis» – Aufbau der Dehn-Spannung, Erfühlen des Dehnreizes, Nachlassen der Spannung, Spüren der Entspannung – auf *propriozeptivem* Weg Zugang zu einem verbesserten Muskelgefühl zu finden.
Mit seinem Körper in völliger Harmonie zu sein ist ein elementarer Anspruch vieler fernöstlicher Körperlehren. Im westlichen Kulturkreis hat Sport dagegen andere Wurzeln, und folgerichtig fällt die Auseinandersetzung im Training mit der Leib-Seele-Einheit schwer. Erfahrungen mit regelmäßig trainierenden Kindern im Leistungssport zeigen aber, daß bereits in sehr jungen Jahren mit wenig Trainingspraxis unter bestimmten Voraussetzungen durch die Anwendung von Stretching sich die konzentrative Auseinandersetzung mit dem eigenen Körper in relativer, innerer Ruhe gut schulen läßt.

Die Methoden des Dehnens begründen sich letztendlich im wesentlichen durch nachstehende Gesichtspunkte:

- Aktives und passives (selbstgesteuertes) Dehnen ist leicht lern- und im Gruppentraining gut organisierbar;
- passives Dehnen (fremdgesteuert durch Partner) erfordert Verantwortung und Feingefühl. Kinder und Jugendliche müssen zu dieser Verantwortung erzogen werden, denn endgradige Gelenkstellungen dürfen passiv nicht «gewaltsam» erreicht werden. Solche gelenk-inadäquaten Reize ziehen Schäden nach sich;
- postisometrische Relaxation (anspannen – entspannen – dehnen) ist in der Ausführung und Organisation komplizierter. Die Idee der Methode wird häufig nicht verstanden. Kindern fällt die Durchführung schwerer. Die Steuerung der Atmung während der isometrischen Phase wird vergessen;
- gestörte Gelenk-Muskel-Beziehungen haben verschiedene Ursachen. Das Erkennen der Ursache entscheidet wesentlich mit, welche Stretching-Methode angewandt wird.

Durchführung von Dehnübungen

Gymnastische Dehnungsübungen sind als eine komplexe motorische Leistung aufzufassen, die im gleichen Maß physische und psychische Bereitschaft erfordert. Sie verlangen Konzentration, eine ‹innere Sammlung› und exakte Ausführungsweise.
Stretching eignet sich schlecht für sehr große Übungs- und Trainingsgruppen, denn der inneren Ruhe des Übenden sollten auch ruhige äußere Bedingungen entsprechen.
Es liegt an ihrer Funktionalität, daß Stretching-Übungen mäßig variabel sind und demgemäß zum Teil wenig Attraktivität ausstrahlen. Nur die präzise Einhaltung ihrer Ausführungsprinzipien wird zum entscheidenden Faktor ihrer Wirksamkeit. Muskelphysiologische Reflexmechanismen des menschlichen Organismus mit seinen anatomischen Voraussetzungen sind die Grundlage der Übungen. (Die Reflexmechanismen sind in dem Band «Funktionsgymnastik», rororo 7628, ausführlich beschrieben.)
Der proportionale Anteil von Dehnreizen ist bei einigen Sportarten zu gering, so daß es zu Verkürzungen der Muskulatur kommt. «Mit zunehmender Spezialisierung und Intensivierung des Trainings besteht ein zwingender Grund, die zur Verkürzung neigenden Hauptmuskelgruppen ... zu erkennen und gezielt zu dehnen.» (DIETRICH u. a. 1985, 54) Jede Endposition in jeder Dehnübung ist daher gleichzeitig auch eine Kontrolle über die

Zur Durchführung von Dehnübungen

aktuelle Dehnfähigkeit. Der muskuläre Zustand im Verhältnis zur Gelenksituation in der Endposition sollte vom Sportler *erfühlt* werden (*Stärke* des Dehnungsreizes bei Erreichen eines bestimmten Gelenkwinkels beispielsweise). Der Trainer sollte seine Aufmerksamkeit der Endposition und dem Gelenkwinkel sowie ihrer Beziehung zueinander widmen (wie z. B. beim Pseudolasègue-Test, Abb. 30, S. 110).

Solange keine in der Trainingspraxis anwendbaren *Testverfahren* existieren, sind die Selbstkontrolle und die Beobachtung des Trainers die einzigen geeigneten Mittel, die aktuelle Dehnfähigkeit der Muskulatur bzw. den Trainingsfortschritt oder eine beginnende Dysbalance kalkulieren zu können. Erfahrung macht auch hier den Meister!

Immer wieder werden Empfehlungen ausgesprochen, wie oft eine Übung wiederholt bzw. die Dehnung *(Dehndauer)* aufrecht erhalten werden soll. Doch mehr als «unverbindliche» Ratschläge können solche Richtlinien nicht sein. Ein physiologisch begründbares Maß gibt es momentan nicht. Besser hilft auch hier die beständige Selbstkontrolle, das Erfühlen, was gut tut oder nicht. Das eigene Muskelgefühl bietet günstigere Voraussetzungen zur Beurteilung von Wiederholungszahl und Dehndauer.

Die nachstehenden Dosierungshinweise sind daher nur grobe Hilfen, die den individuellen Voraussetzungen und Bedürfnissen angepaßt werden müssen:

Aktives und passives Dehnen	
Dehndauer je Übung Wiederholungszahl je Muskelgruppe	10–30 sec 4–8 mal
Postisometrische Relaxation (Anspannungs-Entspannungs-Dehnen)	
Anspannungsdauer Lösen der Kontraktion Dehndauer Wiederholungszahl je Muskelgruppe	8–10 sec 1– 2 sec 8–10 sec 3–5 mal

Der Umgang mit den Dehnungstechniken will gelernt sein. Hilfreich sind folgende Hinweise:

Zur Verkürzung neigende Muskulatur	Dehnung regelmäßig; häufige Wiederholungen; längere Dehndauer; passive Dehnung bzw. postisometrische Relaxation günstig
Zur Abschwächung neigende Muskulatur	nicht dehnen; kräftigen
Muskelkontrakturen (Muskelhartspann)	lösen mit passiver Dehnung; sehr häufige Wiederholungen; sehr lange Dehndauer; therapeutisches Dehnen unter fachmännischer Anleitung empfehlenswert
Nach erschöpfender Trainings- und Wettkampfbeanspruchung	längere Dehndauer; häufigere Wiederholungen; intensive passive und aktive Dehnung; Gesamtumfang der Dehnübungen groß
Vor dem Training	kürzere Dehnungsdauer; geringere Wiederholungen; die zu beanspruchenden Muskeln und ihre Gegenspieler sorgfältig dehnen
Vor Kraftbeanspruchung (Krafttraining)	sorgfältig die zu beanspruchenden Muskeln, ihre Synergisten und Gegenspieler (Antagonisten) aktiv dehnen
Nach Kraftbeanspruchung	kürzere Dehndauer; geringe Wiederholung aktiver und passiver Dehnung; in der darauffolgenden Trainingsbelastung intensivere Dehnungsnachbereitung
Nach erschöpfender Ausdauerbeanspruchung	lange Dehndauer; häufige Wiederholungen; postisometrische Relaxation; passive Dehnung
Bei psychischer Gespanntheit	oftmalige Wiederholung; sehr lange Dehndauer; möglichst viele Muskelgruppen; postisometrische Relaxation und aktive Dehnung
Vor dem Wettkampf (3 Stunden vorher)	mittlere Dehndauer; mittlere Wiederholung; aktives Dehnen und postisometrische Relaxation

Krafttraining

Gymnastisches Krafttraining ist aufgrund seiner spezifischen Anforderungsstruktur dazu geeignet, grundlegende Kraftfähigkeiten zu entwickeln und ausgleichende Akzente gegen einseitige Beanspruchungsformen in den Rückschlagspielen zu setzen.

Besonders die andersgearteten Belastungsmöglichkeiten des heranwachsenden Organismus (Kinder- und Jugendtraining) verlangen angepaßte funktionelle Kraftübungen, um einerseits dem zunächst sehr stark emotional getragenen Interesse am Sport zu entsprechen, andererseits aber auch Schädigungsmöglichkeiten des noch nicht ausgereiften passiven Bewegungsapparats vermeiden zu können.

Aufgrund ihrer Struktur und der hauptsächlichen Anforderung, geringe Widerstände durch das eigene Körpergewicht (allenfalls Partnerwiderstand) zu überwinden, eignen sich funktionsgymnastische Kräftigungsübungen besonders dazu, folgende Kraftfähigkeiten im Sinne einer harmonischen muskulären Ausbildung zu entwickeln: Grundlagenkraft (Muskelaufbautraining), Schnellkraft, Kraftausdauer der phasischen sowie Haltekraft der tonischen Muskulatur. Die Maximalkraftentwicklung wird aufgrund der spezifischen motorischen Charakteristik der Übungen günstig beeinflußt. Die besondere Wirkung basiert auf gesetzmäßigen Beziehungen des Muskel-Skelett-Systems, was ihren Anwendungsbereich beträchtlich erweitert. Neben der Steigerung der sportlichen Leistung dienen sie der *Prävention* des Stütz- und Bewegungsapparats und eignen sich für die *Rehabilitation* nach Sportverletzungen, um Kraftdefizite auszugleichen.

Foto links: Horst Lichte

Grundlagentraining – Rumpfkraft vor Extremitätenkraft

Der Wirbelsäule (vgl. auch Kap. «Sportmedizinische Aspekte», S. 52) kommt im Zusammenwirken mit der Rumpfmuskulatur eine Schlüsselfunktion zu. Sie ist gewissermaßen «Dreh- und Angelpunkt» bei allen Schlagbewegungen. Trotz der hohen Belastung wird ihr im Konditionstraining eine kaum angemessene Aufmerksamkeit geschenkt. Trainiert wird die Arm- und Beinmuskulatur, um optimale sporttypische Leistungsvoraussetzungen zu schaffen, die Rumpfmuskulatur wird häufig vernachlässigt. Rumpfmuskeln vergurten die Wirbelsäule (s. Abb. 34) und geben ihr in allen Situationen Halt und Führung. Eine gut trainierte Rumpfmuskulatur ist die beste Versicherung gegen Fehl- und Überbeanspruchungen der Wirbelsäule, denn drehende oder gar scherende Kraftimpulse mit abrupten Bremsbewegungen treffen die Wirbelsäule um so unvermittelter, je schwächer die Rumpfmuskulatur ausgebildet ist. Den typischen Anforderungen können Sportler in den Rückschlagspielen nur dann widerstehen, wenn sie in der Lage sind, durch eine allseitig kräftige Rumpfmuskulatur die vielgliedrige Wirbelsäule wie einen Schiffsmast zu verspannen.

Rumpfkrafttraining verfehlt ganz sicher sein Ziel, wenn die funktionalen Zusammenhänge von Bauch- und Rückenmuskulatur, von Muskelgruppen benachbarter Funktionskreise sowie die Belastungsverträglichkeit der Wirbelkörper und Bandscheiben nicht erkannt werden. Wenn Übungen mit hohem Fehlbeanspruchungsgrad für die Wirbelsäule regelmäßig trainiert werden (vgl. Negativ-Beispiele, S. 236/237), dann wird die Idee der Schadensvorbeugung durch Krafttraining ad absurdum geführt. Die nicht unbeträchtliche Anzahl von Tennisspielern der Weltklasse mit Rückenproblemen (z. B. Pat Cash, Henri Leconte, John McEnroe, Stefan Edberg u. a.) deuten an, daß die Sorge um eine gesunde Wirbelsäule nicht unberechtigt ist. BÄKER (1983) ist sogar der Auffassung, daß das Tennisarmsyndrom zu 80 Prozent durch Wirbelsäulenstörungen mit ausgelöst wird (vgl. auch MÜLLER-WOHLFAHRT 1987). Der Rumpfkraft räumen wir daher im Grundlagentraining einen besonderen Stellenwert ein.

Trotz klarer Aufgabenstellung und eindeutiger anatomischer sowie physiologischer Vorgaben werden in der Sportpraxis besonders bei der Kräftigung von Bauch- und Rückenmuskulatur die größten Fehler gemacht. Denn gerade diese Muskelgruppen sind in entscheidender Weise für die Funktion der Wirbelsäule und ihre Absicherung gegen Fehlbeanspruchung im Sport verantwortlich. Die Wirbelsäule hat auch «eine nichtmechanische, eine seelische, charakterliche Funktion. Der ganze Mensch fühlt sich im Grunde so, wie sich seine Wirbelsäule fühlt. Die Persönlichkeit eines Menschen,

Rumpfkraft vor Extremitätenkraft

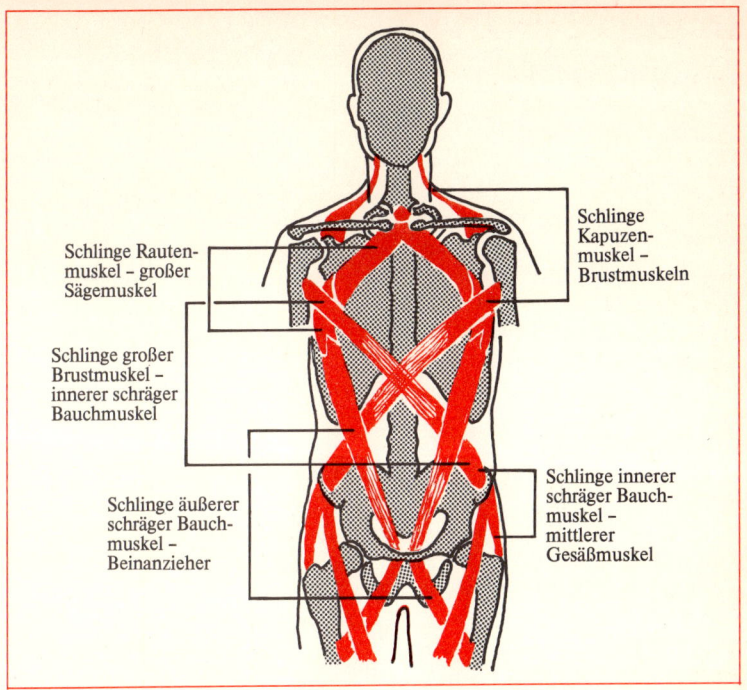

Abb. 34: Die Verspannung des Rumpfes durch Muskelschlingen

seine Probleme, sein Streß reagieren sich über Muskeln und Bänder oft auch auf die Wirbelsäule ab. Seine ganze Haltung – äußerlich wie innerlich – ändert sich. Mit unserer Sprache drücken wir es aus: ein aufrechter Mann, ein Mensch mit Rückgrat, von Gram gebeugt... Die Wirbelsäule ist eine Zentrale unserer Existenz» (MÜLLER-WOHLFAHRT 1987, 114). Im Sport sollten wir ihr soviel Pflege wie nur möglich zukommen lassen.

Grundlagentraining hat auch zum Ziel, möglichst vielseitig Kraftfähigkeiten zu entwickeln, die sowohl das Niveau der allgemeinen sportlichen Fitness anheben als auch Voraussetzungen für eine optimale Ausprägung spezifischer Erscheinungsformen der Kraft schaffen. Das Ziel wird dann erreicht, wenn (nach HARTMANN/TÜNNEMANN 1984)

- das Kraftpotential aller in den Rückschlagspielen wesentlichen Muskeln bzw. Muskelgruppen auf ein hohes Niveau gehoben wird,
- das Kraftniveau der einzelnen Muskeln bzw. Muskelgruppen optimal aufeinander abgestimmt wird,

- die Muskeln bzw. Muskelgruppen mit einem gut ausgewogenen Verhältnis der Maximalkraft-, Schnellkraft- und Kraftausdauerfähigkeit ausgestattet werden und
- es auch zur Ausprägung anderer Leistungsfaktoren – wie zum Beispiel Ausdauer, Schnelligkeit, Beweglichkeit und Koordinationsfähigkeit – beiträgt.

Werden diese grundsätzlichen Überlegungen im Sport berücksichtigt, dann ist sowohl der Freizeit- als auch der Leistungssportler nicht nur besser in Form, sondern auch gegen Verletzungen und Schäden am Bewegungsapparat wirksamer geschützt.

Spezielles Krafttraining

Für den Turnierspieler ist das Grundlagentraining zwar eine notwendige Voraussetzung für seine Spielstärke, doch sportliche Höchstleistungen sind damit nicht automatisch garantiert. Dazu sind weitere sportarttypische Trainingsbelastungen notwendig, um das Nerv-Muskel-System auf höherem Niveau anzupassen. Zwangsläufig wird dann der regelmäßig und systematisch trainierende Sportler die Ebene der Kräftigungsgymnastik verlassen und zu anderen Hilfsmitteln greifen, die heute jedermann zur Verfügung stehen, wie beispielsweise das Krafttraining an Geräten und Maschinen.

Doch mit diesem Schritt verläßt er auch unwissentlich den Bereich der funktionalen Trainingsbeanspruchung, weil zum einen viele der auf dem Markt befindlichen, speziellen Trainingsgeräte in ihrer Funktion die anatomischen Bedingungen des Bewegungsapparats außer acht lassen, zum anderen Sportler und Trainer selbst die nicht-funktionalen Maschinen zu allem Überfluß noch falsch handhaben. Vielfach leiten sogar gutgemeinte Beschreibungen der Geräteshersteller geradewegs dazu an. Nachfolgend werden an einigen Beispielen die Schwächen der Funktion verschiedener Maschinen und die mögliche unsachgemäße Handhabung beschrieben und dargestellt.

Zum Krafttraining an Maschinen

Abb. 35: Beinkrafttraining im Sitzen (leg-extension)

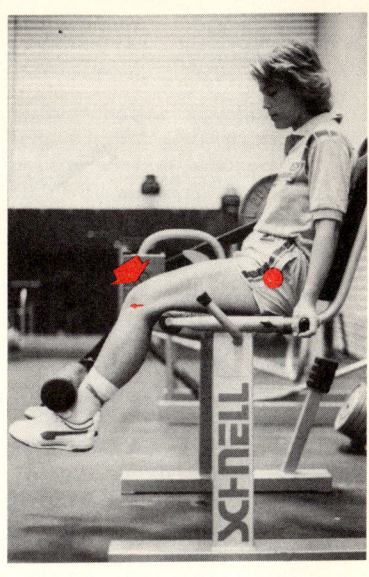

In vielen Beinkraftmaschinen wird im Sitzen bei fixiertem Hüftgelenk trainiert. Wegen seines zweigelenkigen Verlaufs kann aber in Sitzhaltung der gerade Kopf des Kniestreckers (m. rectus femoris) nicht funktional trainiert werden. Eine zweckmäßige motorische Beanspruchung dieses Teils des Quadrizeps würde nur dann erreicht, wenn das Hüftgelenk gestreckt und somit der Muskel (rectus femoris) auf eine «optimale Länge» gebracht werden könnte. Doch eine Ausführung mit gestreckter Hüfte (z. B. in liegender Position) läßt die Maschine nicht zu.

Des weiteren muß darüber nachgedacht werden, ob die Sitzposition nicht ungünstige Belastungsverhältnisse für das Kniegelenk schafft. Einer amerikanischen Studie zufolge (vgl. COPELAND 1985) verursacht die Quadrizeps-Kontraktion ein «Aufscheren» des Kniegelenks über die Sitzkante mit ungünstiger Belastung der vorderen Kreuzbänder. Die Gründe werden u. a. in einer unzureichenden Mitarbeit der Beugergruppe (mm. ischiocrurales) gesucht, die für die Sicherung des Gelenks während der Bewegung eine bedeutende Rolle spielen.

Bein-Press-Maschinen (Leg-press), bei denen allein schon durch die Bewegungsführung eine Stabilisation des Knie- und eine Mitbewegung des Hüftgelenks (Beanspruchung des m. rectus femoris) gewährleistet ist, scheinen den *Bein-Streck-Maschinen* im Sitzen (Leg-extension) in der Belastungsverträglichkeit und der Motocharakteristik der Bewegung überlegen zu sein.

Abb. 36 a, b, c: Kräftigung der Wadenmuskulatur im Wadentrainer

Im Wadentrainer wird bei endgradiger Position des oberen Sprunggelenks unter Last die Achillessehne hoch zugbelastet. Diese Belastungsart stellt für die Sehne eine Fehlbeanspruchung dar, die Achillessehnenbeschwerden begünstigt. Die Übungsausführung kann entschärft werden, wenn durch Unterlegen mit Hantelscheiben u. ä. eine extreme endgradige Position in Verbindung mit einer Dehnung der Sehne vermieden wird.

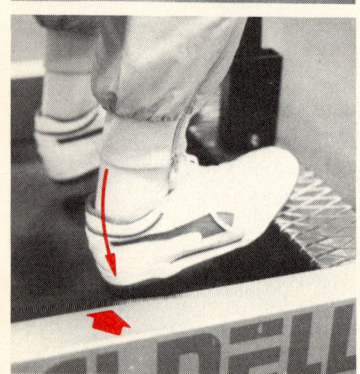
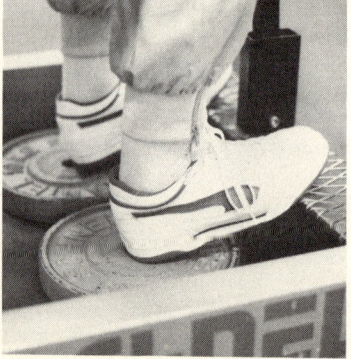

Zum Krafttraining an Maschinen

Abb. 37 a, b: Krafttraining der Kniegelenkbeuger (Leg-curls)

Die Leg-curl-Maschinen werden meistens beidbeinig benutzt. Im Sinne der Funktionalität ist aber einbeiniges Üben besser. Die Belastung kann dadurch ungleichen Kraftvoraussetzungen, bedingt durch die Seitigkeit, genauer angepaßt werden. Die Konstruktion dieser Maschine läßt aber eine funktionelle Ausführung (vgl. Übung 3.18, S. 173) einbeinig nur unkomfortabel zu (vor allem des linken Beins).

Abb. 38: Brustmuskeltraining (Pectoralis-Maschine)

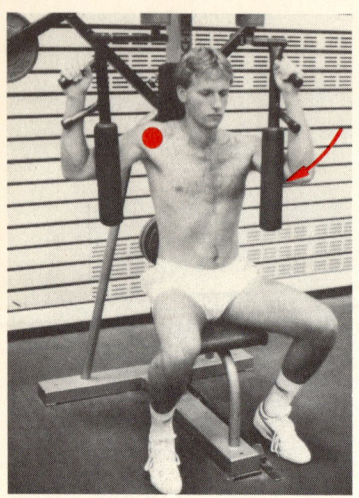

Die Maschinen für das Training dieser Muskelgruppe werden meistens beidarmig genutzt. Doch gerade bei der Dominanz des Schlagarms in den Rückschlagspielen ist einarmiges Üben besonders wichtig, um muskuläre Dysbalancen der Körperseiten abzubauen.

Abb. 39 a, b: Brustmuskeltraining wie Flys (s. Abb.), Pull-overs etc.

Unter Belastung mit aufgestellten Füßen (s. Foto unten) weicht die Lendenwirbelsäule in eine verstärkte Lordose mit Fehlbeanspruchung der Bandscheiben aus. Ein Überschlagen der Beine blockiert das Becken und verhindert das Ausweichen (Foto rechts).

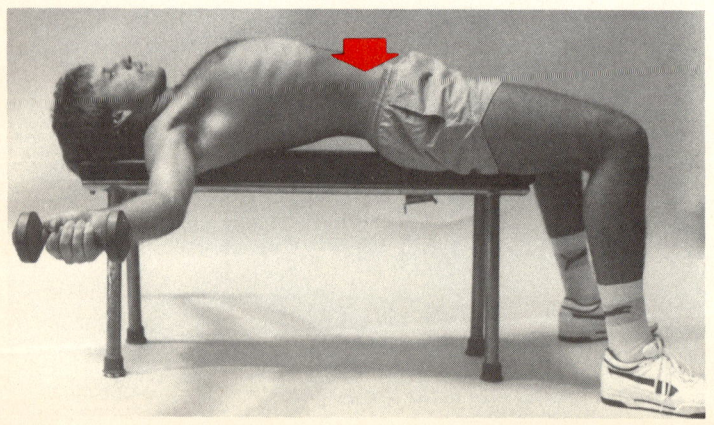

Zum Krafttraining an Maschinen

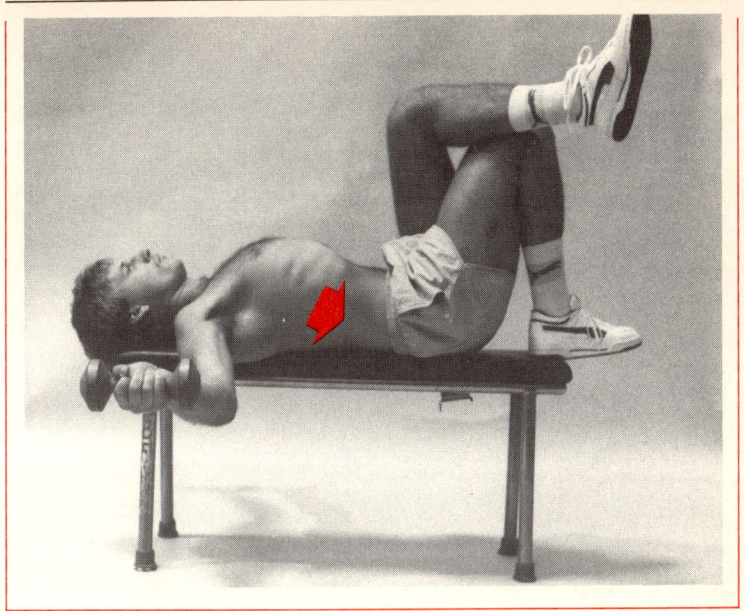

Sollen die angestrebten Trainingsbelastungen, die mit Hilfsmitteln wie Hanteln, Kraftmaschinen u. a. erzielt werden, ähnlich positive Wirkung und präventiven Charakter haben, dann muß in jedem Fall eine möglichst *funktionelle Bewegungsausführung* angestrebt werden. Ist dies wegen der Konstruktion der Geräte nicht möglich, sollte man lieber auf die Anwendung im Training verzichten, denn die Gefährdung ist langfristig gesehen größer als der Nutzen.

Ein Vergleich der Rückentrainingsgeräte (Abb. 40, S. 130 und S. 238) zeigt deutlich, daß die apparativen Voraussetzungen durchaus geschaffen werden können, um die Idee der funktionellen Trainingsbelastung mit dem Ziel, einerseits eine größtmögliche Entlastung des Stütz- und Bewegungsapparates während der Übung herbeizuführen, andererseits aber auch durch eine spezifische Ausführung eine «Anbahnung» (intermuskuläre Koordination) zu erreichen, so daß sich letztendlich eine höhere Ökonomisierung des Krafttrainings bei gleichzeitig verbesserter Sensibilität der funktionellen Einheit «Gelenk-Muskel-Nervensystem» einstellt. Doch

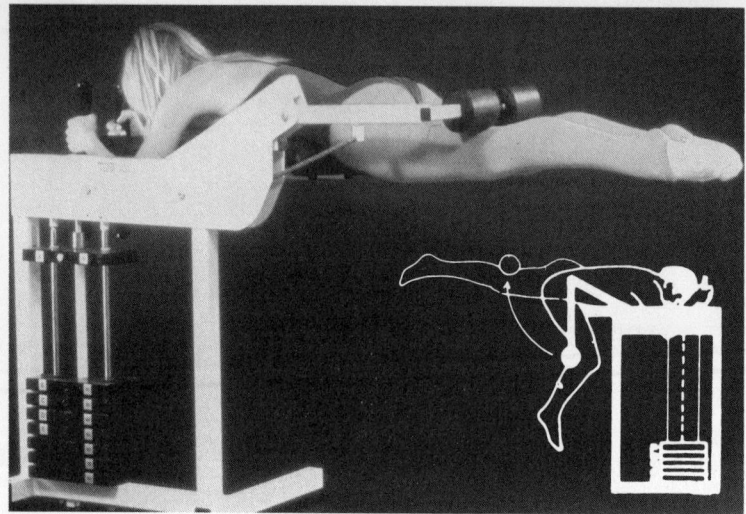

Abb. 40: NORSK-Rückentrainings-Maschine (Foto: Gallus-Plesner)
Die Funktion der Maschine erlaubt ein Rückentraining unter größtmöglicher Entlastung der Lendenwirbelsäule

solche speziellen Kraftmaschinen, vornehmlich entwickelt für die Rehabilitation zum Muskelaufbau nach Verletzungen, stehen im Sport erst vereinzelt zur Verfügung.
Gerade am Beispiel des speziellen Rumpfkrafttrainings kann nachgewiesen werden, daß man in der Konditionierung lange Zeit auch ohne Maschinen auskommen kann (s. Übungen 2.12 bis 2.19). Erst bei einem sehr hohen Ausbildungsstand der Kraftfähigkeiten sind zusätzliche Anforderungen durch Maschinentraining notwendig.

Kraftausdauertraining

Werden die Rückschlagspiele leistungsorientiert als Wettkampfsport betrieben, spielt die Kraftausdauer eine große Rolle, denn ihr guter Ausprägungsgrad ist schließlich verantwortlich dafür, daß bis zum letzten Satz die Bälle präzise und druckvoll gespielt werden können.
In den Rückschlagspielen sind viele nicht-gymnastische Trainingsübungen zur Entwicklung dieser konditionellen Fähigkeit gebräuchlich (Drills, Linienläufe u. a., z. T. auch als Schnelligkeitsausdauer-Training angelegt). «Die entscheidende Erkenntnis in der letzten Zeit hinsichtlich Tennis-Kon-

ditionstraining ist jedoch, wie wichtig aerobische Übungen sind. Ich mache jeden Tag 30 Minuten Aerobics», schreibt Ivan LENDL über Fitness-Training. «Die Übungen führen nicht nur dazu, daß ich meine Ausdauer... halten kann, ich verdanke ihnen auch die Beweglichkeit, die ich brauche für gute Beinarbeit und Schnelligkeit» (LENDL/MENDOZA 1986, 95). Untersuchungen der Belastungsverträglichkeit nach «Aerobic» von KINDERMANN u. Mitarb. 1983 und 1984 belegen indes, daß die Hauptbeanspruchungsform eigentlich anaerobisch wirkt, weshalb diese populäre Form des Ausdauertrainings genaugenommen «Anaerobics» heißen müßte. Für die Rückschlagspiele sind derartige Trainingsmittel aber genau das richtige, um Kraft- und Schnelligkeitsausdauer zu trainieren.

Die *methodischen Merkmale* der Kraftausdauerentwicklung mit gymnastischen Übungen sind:
- geringe Belastungsstärke (eigenes Körpergewicht),
- große Belastungsdichte (keine Entspannungsphasen zwischen einzelnen Wiederholungen, kurze Erholungspausen zwischen den Serien),
- lange Belastungsdauer (3–5 und mehr Serien/Sätze),
- großer Belastungsumfang (15–30 Wiederholungen bzw. 20–40 sec. in einer Belastungsphase; im Rahmen des Circuittrainings ändern sich die Wiederholungszahlen).

Die Wirkung der Übungen kann lokal begrenzt (nur Beanspruchung der Arme) oder ganzheitlich sein (z. B. Hampelmann). Als Organisationsform kommen sowohl das Circuit- als auch das Stationentraining in Frage. Die Übungen sollten immer einfach auszuführen und den Übenden vertraut sein, weil relativ hohe Bewegungsgeschwindigkeiten erreicht werden. Bei wenig bekannten Übungen leidet die Bewegungsgenauigkeit, was ein erhöhtes Verletzungsrisiko bedeutet (s. auch «Circuittraining», S. 221).

Angemerkt sei noch: Kraftausdauergymnastik darf ruhig nach Musik ausgeführt werden. Sie motiviert, hilft den «inneren Schweinehund» besiegen und unterstützt die Rhythmisierungsfähigkeit, eine Komponente der Koordination (im rororo Bd. 7628 «Funktionsgymnastik» befinden sich eine ganze Reihe von Übungsbeispielen sowie eine Discographie zur «Ausdauergymnastik mit Musik», die sich ohne weiteres auf die Rückschlagspiele übertragen lassen).

Krafttraining und Koordination

Ein funktionelles Kräftegleichgewicht zwischen Agonist und Antagonist ist einerseits die beste Grundlage für die Bewältigung der kompliziertesten Bewegungen im Sport, andererseits auch eine gute Versicherung gegen Verletzungen am Stütz- und Bewegungsapparat.

Ein störungsfreies Zusammenspiel aller Muskeln ist nur auf der Basis einer harmonischen Ausbildung der Kraftfähigkeiten möglich. Fehlen die kraftmäßigen Voraussetzungen in irgendeinem Teil einer *Muskelkette*, dann kann die Koordination empfindlich gestört sein.

Die immer wieder geäußerten Bedenken, Krafttraining störe vor allem die feinmotorische Koordinationsfähigkeit, entbehren der Grundlage, solange die arthro-muskulären Beziehungen durch die Auswahl geeigneter, funktioneller Kraftübungen beachtet werden. Selbst Tischtennisspieler mit ihrer besonders «filigranen Motorik» brauchen dann keine Sorge zu haben, daß ein Training der Kraft die koordinative Leistungsfähigkeit hemmt. Genau das Gegenteil ist der Fall!

Krafttraining und Beweglichkeit

Kraft und Beweglichkeit können sich negativ oder positiv wechselseitig beeinflussen. Ein hohes Kraftniveau nutzt dem Sportler herzlich wenig, wenn er nicht gleichzeitig über eine gute Beweglichkeit verfügt. Umgekehrt dagegen wirkt eine optimale Gelenkbeweglichkeit nur dann leistungs- und gesundheitsfördernd, wenn die Muskulatur unter sportarttypischer Beanspruchung jederzeit in der Lage ist, das Gelenk zu stabilisieren. Dazu wird Kraft in allen gelenkumspannenden Muskeln benötigt, und zwar in einem ausgewogenen Verhältnis.

Unausgewogene Kraftverhältnisse (muskuläre Dysbalancen) zusammenwirkender Muskeln bei einer Gelenkaktion bedeuten eine Mehrbelastung der passiven Anteile des Gelenks (Knorpelflächen, Bänder, Kapseln etc.). Werden sie nicht erkannt und im Training nicht korrigiert, können sie langfristig degenerierend wirken und belastungsmechanisch ungünstige Überbeweglichkeiten (Hypermobilitäten) hervorrufen.

Der Stabilisierungseffekt des Krafttrainings ist besonders an Gelenken mit großen Bewegungsamplituden und geringer knöcherner Führung bedeutungsvoll (vgl. BERTHOLD/THIERBACH 1981). So finden sich am Schultergelenk (vgl. auch Kap. «Funktionsstörungen», S. 73) in manchen Sportarten (Volleyball, auch Tennis, Badminton und Squash) degenerative Veränderungen, die ihre Ursache in einer ungenügenden muskulären Sicherung durch die *Rotatoren-Manschette* haben. Kräftigungsübungen und Beweglichkeitstraining stören sich nicht gegenseitig, wenn auf ein ausgewogenes, der Sportart angemessenes Verhältnis von beidem geachtet wird.

Intensives, bisweilen auch einseitiges und unfunktionelles Krafttraining führt dagegen sehr schnell zur Muskelverkürzung; denn aufgrund seiner visko-elastischen und plastischen Eigenschaften kehrt ein Muskel bei starker Kontraktion (mehr als 30 Prozent Verkürzung gegenüber Ruhelänge) wie bei Dehnung nicht vollständig in seinen Ausgangszustand zurück. Er behält einen *Kontraktionsrückstand*. Vermehren sich solche Zustände oder

Krafttraining und Beweglichkeit

werden der Muskulatur nicht ausreichend Regenerationszeiten eingeräumt bzw. die körpereigenen Wiederherstellungsprozesse durch Dehnungsübungen nicht unterstützt, kann das zu *Muskel(dauer)verkürzungen* (Kontrakturen bis zu 15 Prozent) führen, die in ihren pathologischen Erscheinungsformen (Myogelosen, Muskelhartspann, Tendomyosen) dem Sporttreibenden erhebliche Schwierigkeiten bereiten können; denn ein verkürzter Muskel ist nicht fähig, maximale Kräfte (vor allem Schnellkraft) optimal zu entfalten. Außerdem ist die Verletzungsanfälligkeit von Muskeln und Sehnen erhöht (Risse, Zerrungen).

Aus diesen Zusammenhängen sind sowohl für das Kraft- als auch für das Beweglichkeitstraining *methodische Konsequenzen* zu ziehen (nach HARTMANN/TÜNNEMANN 1984). Muskelverkürzungen können vermieden werden, wenn in Krafttrainingsphasen

- entsprechende *Regenerationszeiten* eingehalten werden;
- die körpereigene Regeneration durch *aktive Maßnahmen* wie Dehnungsübungen in den Erholungsphasen bzw. funktionelles «Cool-down» am Ende der gesamten Trainingseinheit unterstützt wird;
- das Übungsprogramm sowohl *Beanspruchungen der Agonisten als auch Antagonisten* enthält.

In der Regel sind im Sport die Strecker (Extensoren) stärker belastet als die Beuger (Flexoren). In der Trainingspraxis wird deshalb die Streckmuskulatur ungleich mehr und intensiver gekräftigt als die Beugemuskulatur, was zu einem unausgewogenen Kräfteverhältnis von Agonisten und Antagonisten führt. «Die Verschiebung des Kräftegleichgewichts zwischen Muskelgruppen mit entgegengesetzter Funktion führt zu Fehlstellungen der Gelenke, die wiederum eine Überbelastung und damit eine erhöhte Krankheits- und Verletzungsanfälligkeit der Gelenkknorpel und Muskeln (insbesondere ihrer Sehnen) nach sich ziehen» (HARTMANN/TÜNNEMANN 1984, 37–38).

Die Ursache für die häufigen Verletzungen der Kniebeuger (ischiocrurale Muskelgruppe) wird auf dieses Kräftemißverhältnis zwischen Agonisten und Antagonisten der Kniegelenkmuskulatur zurückgeführt.

Krafttraining beeinflußt auch die Dehnfähigkeit der Muskulatur durch Erhöhung der Tonuslage im Sinne einer «bio-positiven Hypertonie» (vgl. auch Kap. «Stretching und Muskelelastizität», S. 110). Um Tonussteigerungen in den bio-negativen Bereich zu vermeiden und die Dehnfähigkeit (ihre plastische Komponente) zu erhalten, sollte bei der Ausführung der Kraftübung beachtet werden, daß

- der volle Bewegungsumfang sowohl in der konzentrischen als auch exzentrischen Phase ausgeschöpft wird und
- Dehnungsübungen mit dem Krafttraining gekoppelt werden, dies um so mehr, je intensiver die Kräftigung betrieben wird.

Welche Form der ‹Nacharbeitung› mit Dehnungsübungen gewählt wird, ergibt sich aus dem Beanspruchungsgrad des Krafttrainings. Die nachstehenden *allgemeinen Empfehlungen* können nur als Orientierungshilfen dienen, die jeweils auf die aktuelle Situation differenziert umgesetzt werden müssen:

isoliertes Krafttraining kleiner Muskelgruppen (z. B. Unterarmmuskulatur)	unmittelbar nach Beanspruchung kurz «aufdehnen»; z. B. beim Satztraining nach jedem Satz
komplexere Kraftbeanspruchung (z. B. Beinkrafttraining mit Sprungübungen)	unmittelbar nach Beanspruchung jene Muskeln kurz «aufdehnen», die innerhalb der beanspruchten Muskelkette zur Verkürzung neigen; z. B. bei Sprungübungen die Wadenmuskulatur. Am Ende der Trainingseinheit die gesamte Muskelkette, jeweils Antagonist vor Agonist dehnen.
bei sehr starker Kraftbeanspruchung (bei starker neuronaler oder metabolischer Ausschöpfung der Muskulatur z. B. im Maximalkraft- oder Kraftausdauertraining)	zusätzlich zu den vorausgenannten Maßnahmen zum Abschluß des Trainingstags (vor dem Schlafengehen) und/oder am darauffolgenden Tag vor Aufnahme des nächsten Trainings intensives Dehnen.

Übungen und ihre Anwendungen

Die Zusammenstellung der Übungsbeispiele folgt dem *Funktionskreisprinzip* (s. S. 39). Die Auswahl orientiert sich an den Bedürfnissen der Rückschlagspiele und geht auf deren besondere Anforderungen an den Bewegungsapparat ein.

Die Übungen sind entsprechend ihrer Wirkung in *Mobilisations-* bzw. *Stabilisationsübungen*, d. h. in *Beweglichkeits-* und *Dehnungsübungen* sowie *Kräftigungsübungen* eingeteilt.

Ihr Trainingseffekt beruht auf bestimmten **Bewegungsausführungen** (Aktionsmustern), bei denen die Körperposition (Ausgangs- und Endstellung), die Gelenkstellungen der Gliederketten untereinander und die Reihenfolge der Aktionen eine spezielle Bedeutung haben. Diese räumlich-zeitliche Struktur der Bewegung wird in den Bildtexten erklärt.

Die **Bewegungsrichtung** markieren Pfeile, die sich aus Gründen der gesamten Bildinformation jeweils nur auf eine Extremität beschränken. Es versteht sich von selbst, daß alle Übungen auch in Gegenrichtung auszuführen sind (wird eine Übung nur für die linke Körperseite dargestellt, ist selbstverständlich auch die rechte Seite zu üben).

Ein Punkt kennzeichnet eine Zone der **Stabilisierung**, um Mitbewegungen bzw. Ausweichbewegungen anderer Körperabschnitte zu vermeiden.

In vielen Übungsdarstellungen wurde auf eine angemessene **Trainingskleidung** verzichtet, um die gelenkige Situation in Ausgangs- und Endstellung sowie über das Muskelprofil die Beanspruchung besser abbilden zu können. Zweckmäßige Trainingsbekleidung ist für die Durchführung der Übungen unerläßlich.

Geringfügige Änderungen der Ausführung können die **Übungswirkung** verfälschen. Deswegen sollte auf eine möglichst präzise Umsetzung der Text- und Bildinformation geachtet werden. Welche Bedeutung die exakte Ausführung haben kann, soll ein Beispiel verdeutlichen:

Übung 2.12, Seite 153, dient vorwiegend der Kräftigung der Rückenmuskeln im Lendenbereich. Der Wirkungsgrad der Übung verändert sich, wenn der Übende die Beine in der Endposition über die Waagerechte hinaus anheben würde. Die dadurch verstärkte Lordose würde eine beträchtliche Erhöhung des Bandscheibendrucks bedeuten, nicht aber auch zwangsläufig eine Steigerung der Trainingswirkung. Auch die Ausführungsbeschreibung der gleichen Übung in Abb. 16, Seite 83, entspricht nicht der Idee einer funktionalen Beanspruchung. Das Heben der gestreckten Beine mit Zusatzlast aus dem Kreuz birgt ebenfalls die Gefahr der Fehlbeanspruchung vor allem des Übergangsbereichs von der Lendenwirbelsäule zum Kreuzbein in sich.

Des weiteren sollten alle Kräftigungsübungen über die ganze **Bewegungsbahn** geführt, d. h. die volle Bewegungsmöglichkeit des betreffenden Gelenks ausgeschöpft werden.

Das **Ausführungstempo** der Übungen soll der Fasertypologie der Muskulatur entsprechen. Kräftigungsübungen für die Fixationsmuskulatur (z. B. des Rumpfes) werden lediglich mit mäßigem Tempo, in den Endpositionen verharrend (isometrische Muskelkontraktion) durchgeführt. Schnellkräftigende Ausführungen sind *unfunktionell*, weil die biochemische Faserstruktur der Haltemuskeln diese Trainingsreize nur bedingt umsetzt. Die Übungen, die die Aktionsmuskulatur (z. B. Extremitätenmuskeln) betreffen, können dagegen auch schnellkräftig durchgeführt werden, vorausgesetzt, die geforderte Bewegungsrichtung, das funktionelle Bewegungsausmaß und die funktionellen Gelenkstellungen beteiligter Gelenksysteme werden aufrechterhalten. Wenn dies aufgrund des Trainingszustands nicht möglich ist, sollte auf eine schnellkräftige Ausführung verzichtet und lediglich ein zügiges, mäßig schnelles Bewegungstempo zugunsten der Aufrechterhaltung der Funktionalität angestrebt werden.

Die meisten Übungen sind so strukturiert, daß auf die Anwendung von **Hilfsmitteln** weitgehend verzichtet werden kann, um den gymnastischen Anspruch wahren zu können. Wenn dennoch einige wenige Übungen mit Geräten empfohlen werden, dient das der Optimierung und Spezifizierung der Trainingswirkung. Der Einsatz gleichwertiger Hilfsmittel wie Hanteln, Kraftmaschinen etc. ist möglich, wenn ein entsprechendes Trainingsniveau des Übenden gegeben ist. Der ‹gymnastische Rahmen› wird allerdings dadurch gesprengt.

Die *Mobilisationsübungen* verlangen ebenfalls eine präzise Ausführung, die sich aus ganz spezifischen Ausgangsstellungen (Gelenkstellungen) entwickelt. Werden diese mißachtet, kann der gewünschte Effekt unter Umständen nicht erreicht werden.

Zusammenstellung eines Übungsprogramms

Auswahl der Übungen

Die Auswahl der Übungen im Rahmen eines Konditionsprogramms richtet sich nach den *spezifischen Anforderungen*, die in einer Sportart an den Sportler gestellt werden. Trotz einer sportartbedingten Schwerpunktbildung darf aber niemals vergessen werden, daß alle Funktionskreise miteinander verbunden sind, so daß selbstverständlich auch jene Muskeln und Gelenksysteme trainiert werden müssen, die nicht unmittelbar für die Sportart leistungsbestimmend sind. Ein Programm für die Rückschlagspiele wird sich sowohl aus konditioneller als auch präventiver Sicht an den Problemfeldern der Sportarten orientieren müssen.

Neben den sportarttypischen Anforderungen sind die *individuellen Voraussetzungen* der Sportler, für die ein Programm zusammengestellt werden muß, besonders wichtig. Die individuellen Leistungsvoraussetzungen jedes einzelnen können hinsichtlich Kraft, Beweglichkeit und Elastizität sehr unterschiedlich sein. In der Trainingspraxis wird man daher zunächst mit einem allgemeinen, sportartorientierten Programm, an dem alle Gruppenmitglieder teilnehmen, beginnen, dem ein zweiter, die individuellen Defizite in den konditionellen Fähigkeiten berücksichtigender Abschnitt folgt. Organisatorisch ist solch eine Verfahrensweise zweifelsohne nur dann zu bewerkstelligen, wenn die Athleten den hohen Nutzeffekt der individualisierten Übungsauswahl begreifen und zum selbständigen Handeln bereit sind.

Liegen ganz besondere Bedingungen vor (wie z. B. individuelle Haltungsschwächen, konditionelle Defizite durch Krankheit und Verletzung, aber auch Dysbalancen im funktionellen Zustand, verursacht durch falsches, einseitiges oder anderweitig überzogenes Training), müssen diese bei der Zusammenstellung der Übungen verstärkt berücksichtigt werden. Es empfiehlt sich auf jeden Fall, in der rehabilitativen Nachsorge von Sportverletzungen (Aufbautrainingsphase) die Auswahl der Übungen mit einem erfahrenen Sportphysiotherapeuten abzusprechen, um Fehlbelastungen zu vermeiden.

Übungsintensität und Übungsdauer

Funktionsgymnastische Übungen können täglich oder in Sonderfällen mehrmals täglich durchgeführt werden. Trainer und Übungsleiter haben zu entscheiden, welche Reizsetzungen in welcher Phase der Konditionierung empfehlenswert erscheinen. Traditionell verankert sind gymnastische Übungen in der Aufwärm- und Entmüdungsphase, vor und nach Training und Wettkampf. Gymnastische Übungen vor der eigentlichen Vorbereitungsphase sind dagegen wenig gebräuchlich. BEAULIEU (1980) empfiehlt, 1 bis 3 Stunden vor der zu erwartenden muskulären Beanspruchung ein Stretching-Programm durchzuführen. Seinen Beobachtungen zufolge sind die positiven Nachwirkungen des Stretching erst dann optimal spürbar.

Die angestrebten *Trainingsziele* und die individuellen *Voraussetzungen* bestimmen, wie häufig funktionsgymnastische Übungen durchgeführt werden. Als Beweglichkeitstraining muß man von einer Intensität von mindestens 15 bis 20 Minuten viermal wöchentlich ausgehen, wenn eine sportartspezifische Anpassung im Trainingsprozeß erreicht werden soll. In den Rückschlagspielen, die ein hohes Maß an funktioneller Beweglichkeit verlangen, wird man an einem täglichen trainingsbegleitenden Gymnastikprogramm mit unterschiedlichen Inhalten als Beweglichkeits-, Kraft-, Ausgleichs- und Entspannungstraining nicht vorbeikommen.

Je stärker die trainings- und wettkampfmäßige Beanspruchung ist, desto häufiger sollte man funktionsgymnastische Übungen als ‹Muskel- und Gelenkpflege› sowie zur Entstressung durchführen. Diese Regel erfährt jedoch eine Einschränkung: Je funktioneller ein Training durchgeführt wird, desto weniger negativ belastend und stressend wirkt es auf die Organsysteme und die Psyche und um so weniger notwendig ist die intensive Durchführung von spezieller Gymnastik. Ein optimal eingestellter Muskel braucht nur wenig Pflege, um aber eine optimale Einstellung zu erreichen, sind bisweilen dauernde Anstrengungen über einen langen Zeitraum notwendig.

Motivationale Aspekte

Da die Funktionalität der Übungen wenig Abwechslung erlaubt, des weiteren ihre positive Wirkung erst allmählich spürbar wird, ist es gut möglich, daß alle diese Anstrengungen die motivationale Einstellung des Athleten gefährden können. Möglicherweise laufen sie den bisher betriebenen Übungen in ihrer spezifischen Aufführung auch gänzlich entgegen, und, zugegeben, wer trennt sich schon gern von Althergebrachtem, von den schwungvollen Dehnungsübungen, mögen sie auch noch so unspezifisch und unfunktionell gewesen sein.

Deshalb wird anfangs vom Übungsleiter und Trainer einiges pädagogisches Geschick notwendig sein, um Sportler auf die Übungen einzustellen. Die im Leistungssport heftig geführten Diskussionen über den Sinn und Unsinn traditioneller gymnastischer Konzepte zeigt deutlich, daß eine veränderte Einstellung zu den klassischen Trainingsmitteln eingetreten ist. – Im Wettkampfsport sollte endlich begriffen werden, daß die Ausbildung der konditionellen Fähigkeiten Kraft, Ausdauer, Schnelligkeit und Beweglichkeit nur dann dem Athleten auch wirklich zugute kommt und die sportliche Leistung steigern hilft, wenn sie von Anfang an *funktional* aufgebaut wurde.

Zusammenfassung
- Ein funktionelles Gymnastikprogramm sollte vor allem jene Funktionskreise erfassen, die in der Sportart besonders beansprucht werden.
- Ein individuelles Programm hat die besten Trainingswirkungen.
- Viermal wöchentliches Training über 15 bis 20 Minuten ist eine Mindestforderung, wenn spezifische Anpassungen erreicht werden sollen.
- Auch vor dem eigentlichen Aufwärmen können bereits funktionsgymnastische Übungen mit positivem Effekt angewandt werden.
- Von Trainern und Übungsleitern werden persönliches Engagement und Grundkenntnisse der funktionellen Anatomie verlangt, wenn Funktionsgymnastik im Konditionstraining erfolgreich sein soll.

Grundübungen

Mit einem ★ sind Übungen gekennzeichnet, die in keinem gymnastischen Grundprogramm fehlen sollten. Sie zeichnen sich durch eine hohe Funktionalität und entsprechend zielgerichtete Trainingswirkung aus. Sie sind als «Übungen erster Güte» zu betrachten. Ihre Auswahl orientiert sich an den Bedürfnissen der Rückschlagspiele. Bei der Zusammenstellung individueller Gymnastikprogramme sind sie bevorzugt auszuwählen.
Andere Übungen bieten Abwechslung und sind Angebote, gegebenenfalls durch Veränderung der Ausführung oder durch Unterstützung mit Hilfsmitteln wie Partner, Geräte u. a. die Trainingswirkung zu vertiefen.

Übungen

Die erste Zahl steht für den entsprechenden Funktionskreis, z. B. Übung 1.4 = Funktionskreis 1, Übung 4. Die Abbildung auf der hinteren Umschlaginnenseite gibt einen Überblick über die vier Funktionskreise.
Zum schnelleren Auffinden der einzelnen Übungsgruppen findet sich die jeweilige Ordnungszahl der Übungen am rechten Rand der folgenden Seiten.

Funktionskreis 1

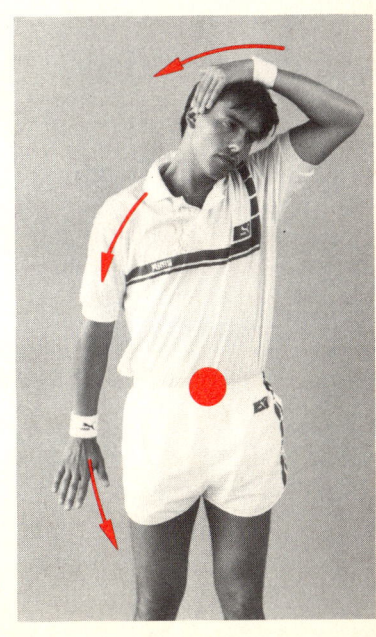

Dehnung und Mobilisation

★ **Übung 1.1**
Ausgangsposition:
leichter Seitgrätschstand
Endposition: siehe Foto
Bewegung: Linke Hand zieht den Kopf in maximale Seitneigung; der rechte Arm wird zum Boden gestreckt.
▶ *Wirkung:* Dehnung der seitlichen Hals-/Nackenmuskulatur

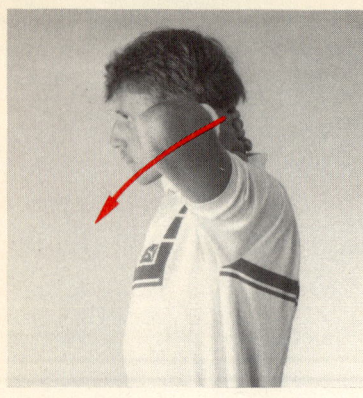

★ Übung 1.2

Ausgangsposition:
leichter Seitgrätschstand
Bewegung: Beide Hände (tief im Nacken gehalten) ziehen den Kopf nach vorn (Fotos links).
▶ *Wirkung:*
Dehnung der Nackenmuskulatur

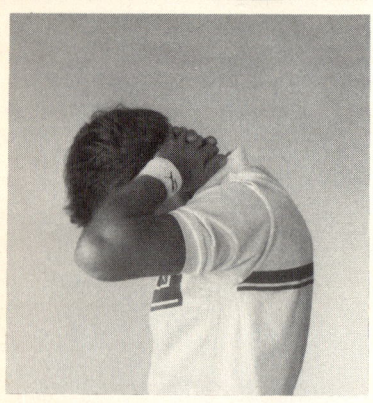

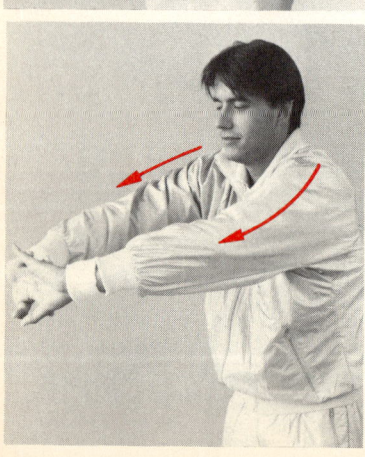

★ Übung 1.3

Ausgangsposition:
leichter Seitgrätschstand
Bewegung: Beide Arme nach vorn schieben bis zur völligen Streckung der Ellbogen.
▶ *Wirkung:* Aktive Dehnung der Schulterblattmuskulatur (vgl. auch Übung 8.11)

Kräftigung (Stabilisation)

Übung 1.4

Ausgangs- und Endposition: entsprechen sich (siehe Foto)
Bewegung: keine; isometrische Anspannung der Nackenmuskulatur gegen den Widerstand der Hände
Bemerkung: Blickrichtung nur horizontal, Kopf nicht nach hinten oder vorn neigen.
▶ *Wirkung:* Kräftigung der tiefen Nackenmuskulatur

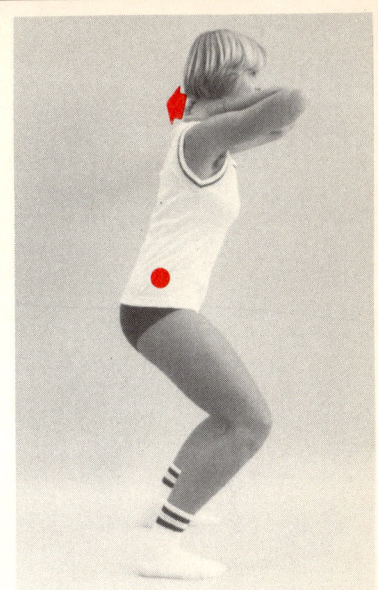

Funktionskreis 2

Dehnung und Mobilisation

Übung 2.1

Ausgangsposition: siehe Foto rechts
Endposition: siehe Foto unten
Bewegung: Strecken der Brustwirbelsäule bei gleichzeitigem Nach-oben-hinten-Führen der Ellbogen
Bemerkung: Medizinball zwischen den Schulterblättern im Scheitelpunkt der Brustwirbelsäulenkrümmung
▶ *Wirkung:* Dehnung der Zwischenrippenmuskulatur, Mobilisation der Brustwirbelsäule

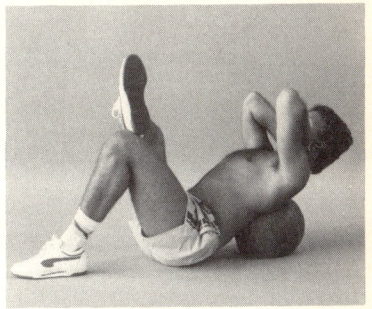

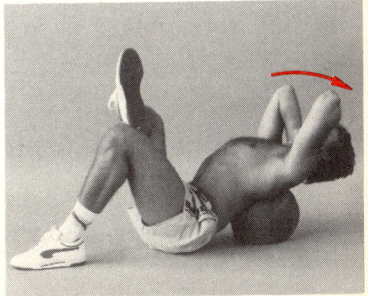

Funktionskreis 2 – Dehnung und Mobilisation

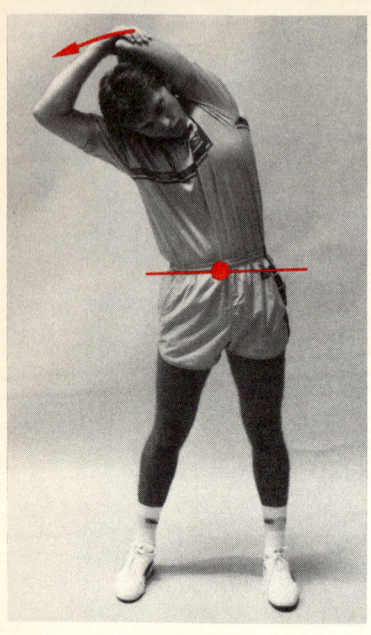

Übung 2.2

Ausgangsposition: Seitgrätschstand bei gerader Beckenachse
Endposition: siehe Foto
Bewegung: Rumpfseitbeugen, linke Hand zieht am Ellbogen und verstärkt das Seitbeugen.
Bemerkung: keine Rotation um die Körperlängsachse
▶ *Wirkung:* Dehnung der seitlichen Rumpfmuskulatur, der oberen Schulterblattstabilisatoren und der schulterblattüberspannenden Muskeln (z. B. m. teres major u. minor u. a.), Mobilisation der Lendenwirbelsäule und (geringfügig) der Brustwirbelsäule in Seitneigung

★ Übung 2.3

Ausgangsposition: Strecksitz
Endposition: Jogasitz (Drehsitz = Ardhamatsyendrâsana); Bein übergeschlagen, rechter Arm stützt gegen das Knie.
Bewegung: Rumpf- und Kopfdrehen (Wirbelsäule verwinden)
Bemerkung: Wirbelsäule und Becken aufrichten
▶ *Wirkung:* Dehnung der Gesäß- und Rückenmuskulatur, Mobilisation der Wirbelsäule (thorako-lumbaler Übergang in Rotation)

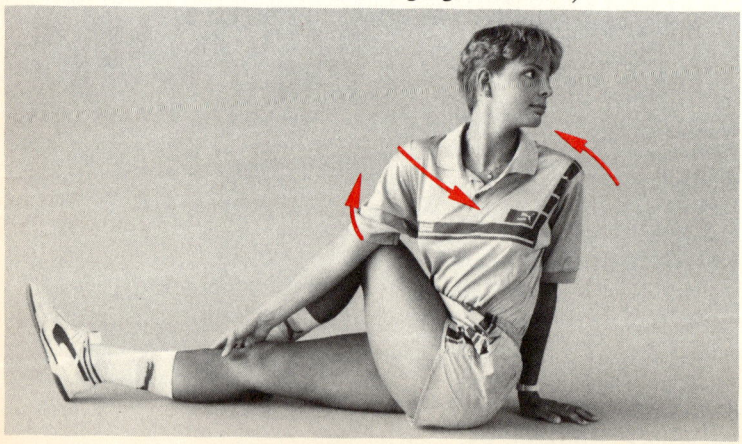

Funktionskreis 2 – Dehnung und Mobilisation

Übung 2.4

Ausgangsposition: Seitgrätschstand
Endposition: siehe Foto
Bewegung: Strecken der Hals- und Brustwirbelsäule
Bemerkung: Fixation der Halswirbelsäule mit beiden Händen, Lendenwirbelsäule aufrichten.
▶ *Wirkung:* Mobilisation der Brust- und Lendenwirbelsäule

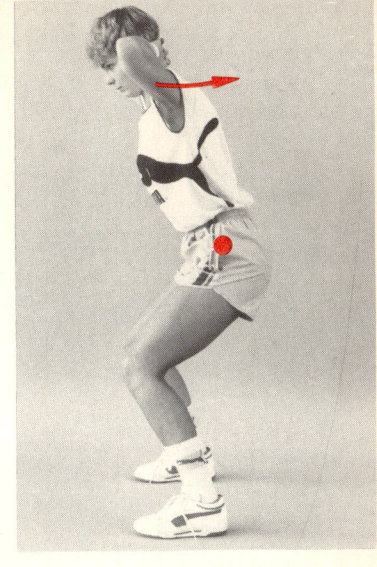

★ Übung 2.5

Ausgangsposition: Foto Mitte
Endposition: Foto unten
Bewegung: Arm und Bein (diagonal) bis zur Waagerechten strecken.
Bemerkung: In der Endposition gestrecktes Bein nicht nach außen rotieren und Hüfte nicht aufdrehen.
▶ *Wirkung:* Kräftigung der Rückenmuskulatur und Mobilisation der Wirbelsäule

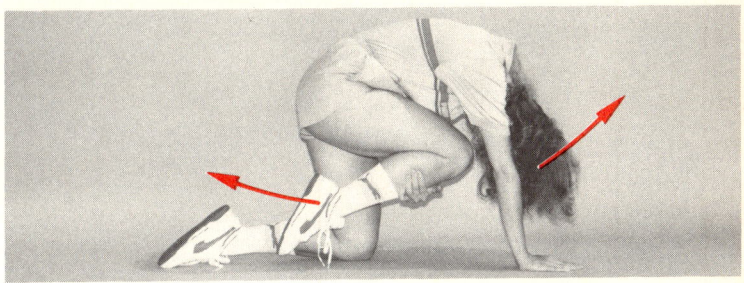

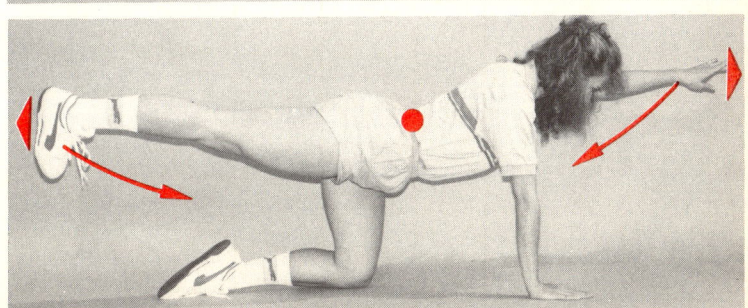

★ Übung 2.6

Ausgangsposition: «Katzenbuckel», Kniestand beidbeinig
(Knie mindestens schulterbreit geöffnet); Foto Mitte
Endposition: «Hohlkreuz»; Foto unten
Bewegung: vom «Katzenbuckel» ins «Hohlkreuz»
▶ *Wirkung:* Kräftigung der Rückenmuskulatur und Mobilisation der Wirbelsäule

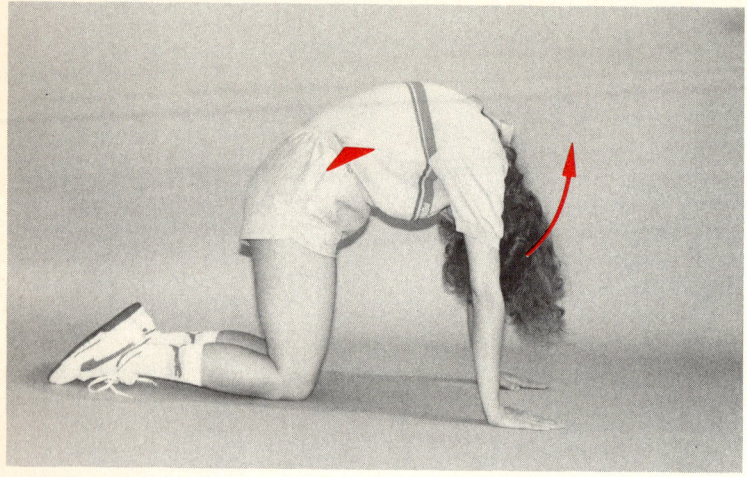

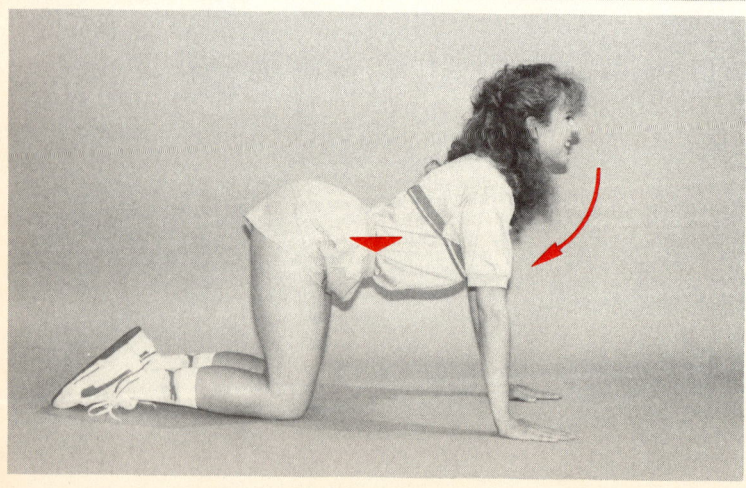

Funktionskreis 2 – Kräftigung (Stabilisation)

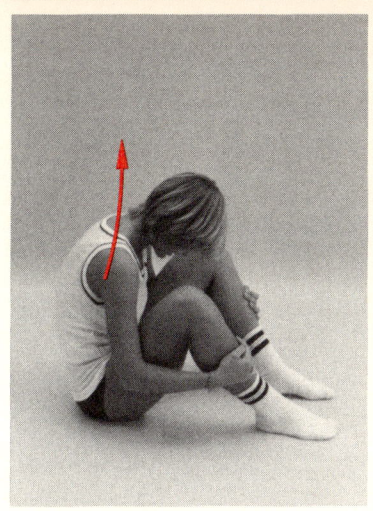
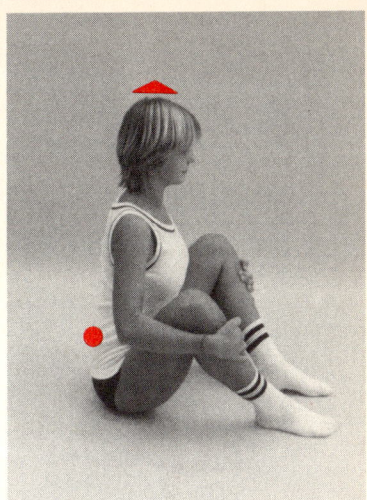

Kräftigung (Stabilisation)

Übung 2.7

Ausgangsposition: Hocksitz mit geöffneten Beinen; Foto oben
Endposition: siehe Foto oben rechts
Bewegung: Aufrichten der Wirbelsäule bis zur Endposition
Bemerkung: Besonders die Lenden- und Halswirbelsäule aufrichten (Kinn einziehen).
▶ *Wirkung:* Kräftigung der Rückenmuskulatur und Mobilisation der Wirbelsäule

Übung 2.8

Ausgangsposition: Schneidersitz
Endposition: siehe Foto rechts
Bewegung: Strecken der Arme (Daumengriff) und der Wirbelsäule
▶ *Wirkung:* Kräftigung der Rückenmuskulatur und Mobilisation der Wirbelsäule

Übung 2.9

Ausgangsposition: Kniestand beidbeinig (mindestens schulterbreit); Foto Mitte
Endposition: Oberkörper frei schwebend halten; Foto unten
Bewegung: Arme wechselseitig heben und strecken, Wirbelsäule strecken.
Bemerkung: Kniestand besser auf Matte o. ä.
▶ *Wirkung:* Kräftigung der geraden Rückenmuskulatur

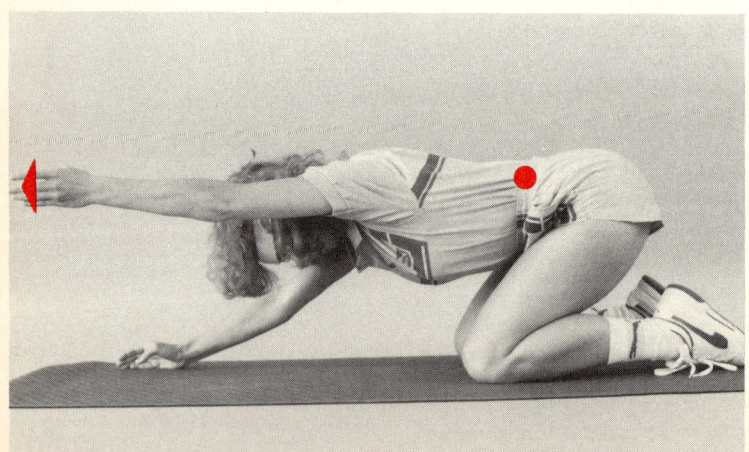

Funktionskreis 2 – Kräftigung (Stabilisation)

Übung 2.10
Ausgangsposition: Kniestand beidbeinig (mindestens schulterbreit)
Endposition: Oberkörper frei schwebend halten; Foto unten
Bewegung: Oberkörper heben und Wirbelsäule strecken
▶ *Wirkung:* Kräftigung der geraden Rückenmuskulatur

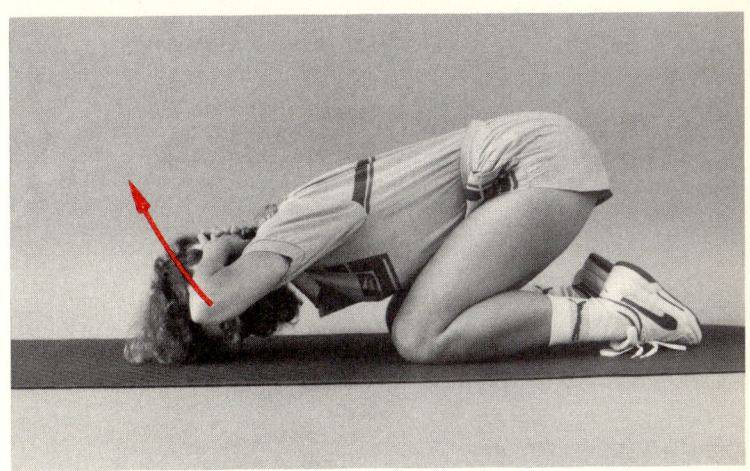

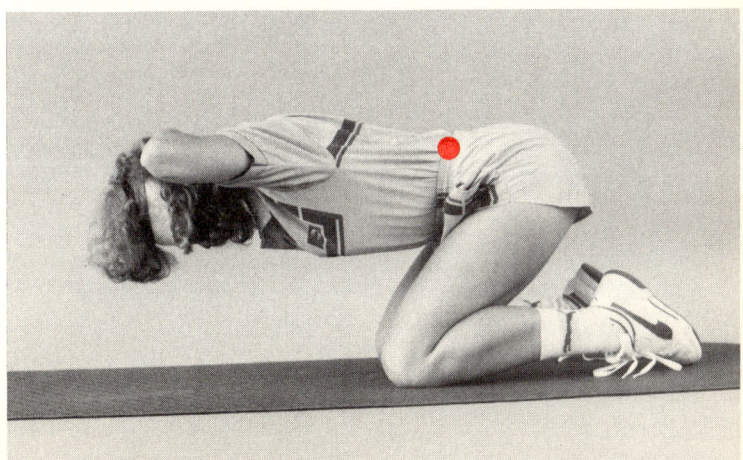

Funktionskreis 2 – Kräftigung (Stabilisation)

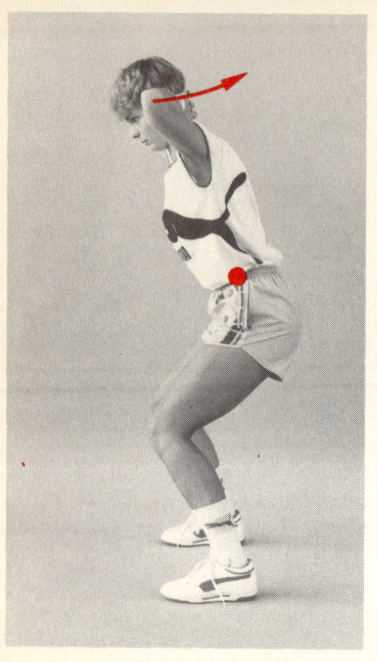 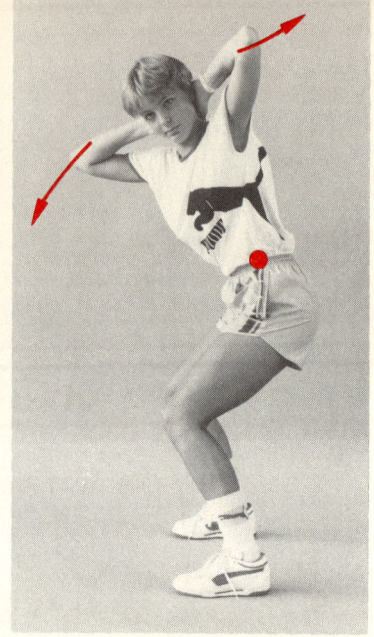

Übung 2.11

Ausgangsposition: leichter Seitgrätschstand; Wirbelsäule
in allen Teilen strecken; Ellbogen nach hinten führen; Foto oben links
Endposition: Foto oben rechts
Bewegung: Rumpfdrehen
Bemerkung: Lendenwirbelsäule bei Rotation gerade halten.
▶ *Wirkung:* Kräftigung der Rumpfmuskulatur

★ Übung 2.12

Ausgangsposition: Bauchlage auf Kasten, Hüftgelenk frei beweglich.
Bewegung: Beine gemeinsam (Foto rechts oben) oder wechselseitig
(Foto rechts Mitte) strecken bis zur Waagerechten.
Bemerkung: Beine nicht höher als in die Waagerechte bringen,
die Bewegung kommt vornehmlich aus dem Hüftgelenk.
▶ *Wirkung:* Kräftigung der tiefen Rückenstrecker und der Gesäß-
muskulatur
Foto rechts unten: Verstärkung der Übungswirkung durch Medizinball

Funktionskreis 2 – Kräftigung (Stabilisation)

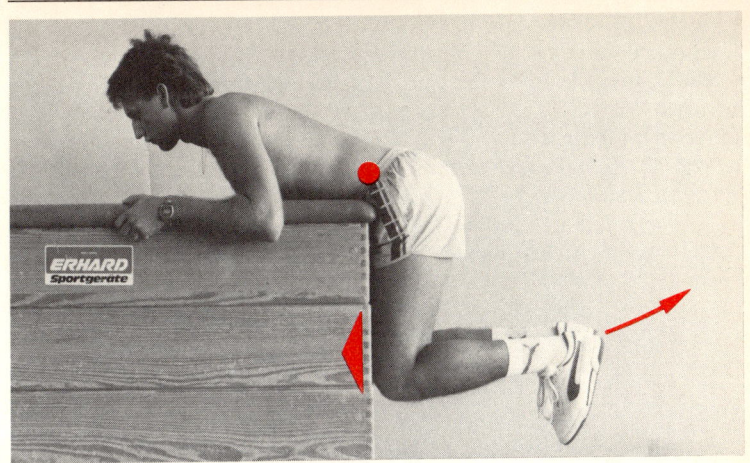

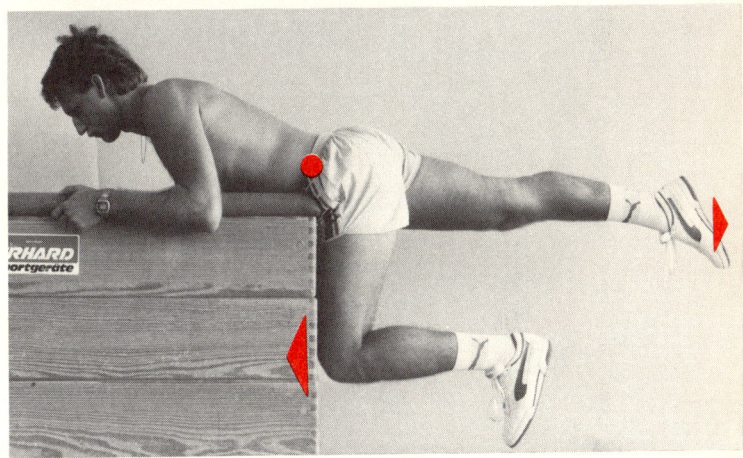

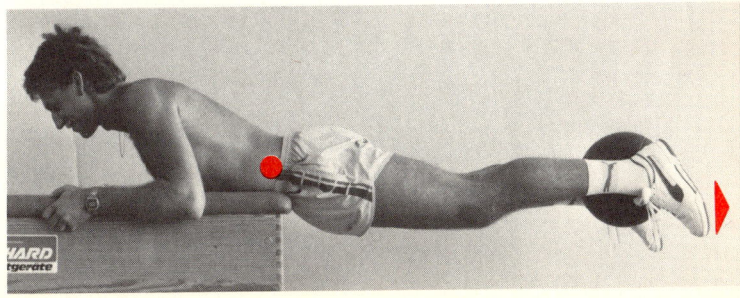

Übung 2.13

Ausgangsposition: breiter Grätschstand; Oberkörper über Kasten gelehnt; dadurch Fixierung des Beckens und des Hüftgelenks; Foto Mitte
Endposition: Foto unten
Bewegung: Rumpf anheben unter gleichzeitiger Streckung der Wirbelsäule
▶ *Wirkung:* Kräftigung des Rückenstreckers; Intensivierung der Übung durch Medizinball

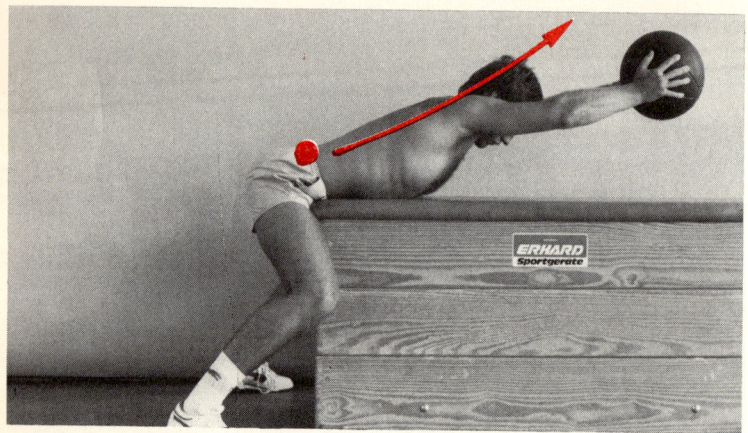

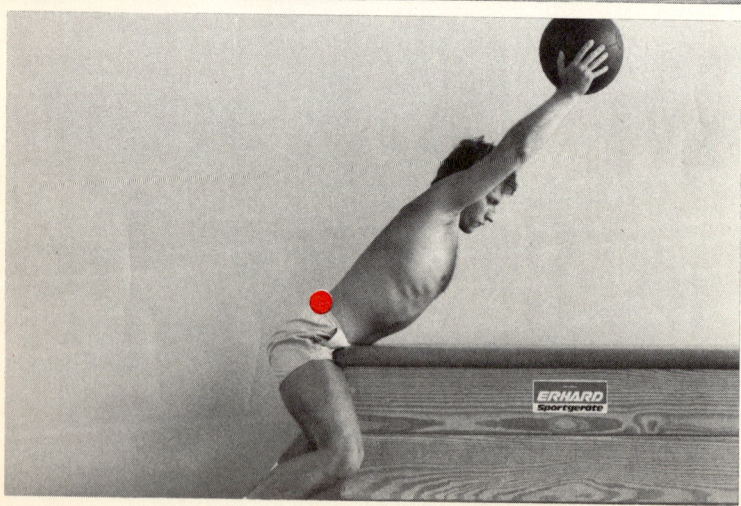

Funktionskreis 2 – Kräftigung (Stabilisation)

★ Übung 2.14

Ausgangsposition: siehe Foto Mitte
Bewegung: Rumpfeinrollen («crunchers»); Foto unten
Bemerkung: Nur so weit einrollen, bis oberer Beckenkamm
gerade noch Bodenkontakt hat, Hände gerade ‹durchschieben›.
▶ *Wirkung:* Kräftigung der geraden Bauchmuskeln (vgl. auch S. 230)
Fotos Seite 156: Variationen der Übung; gleiche Wirkung
In Ausführung Foto Seite 156 oben drücken die Fersen fest auf die Unterlage!

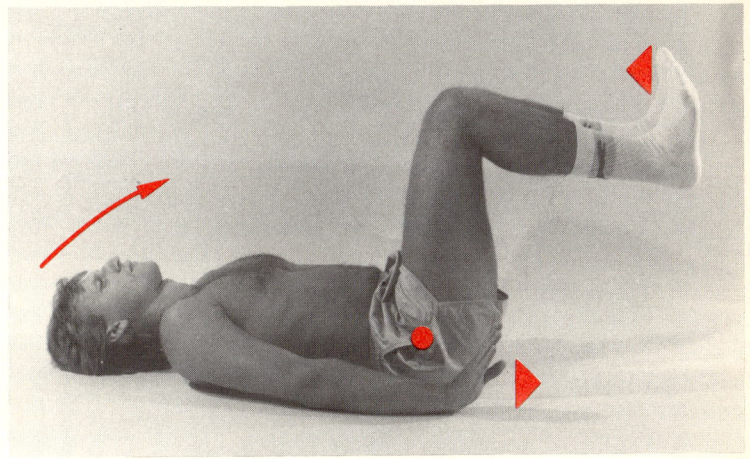

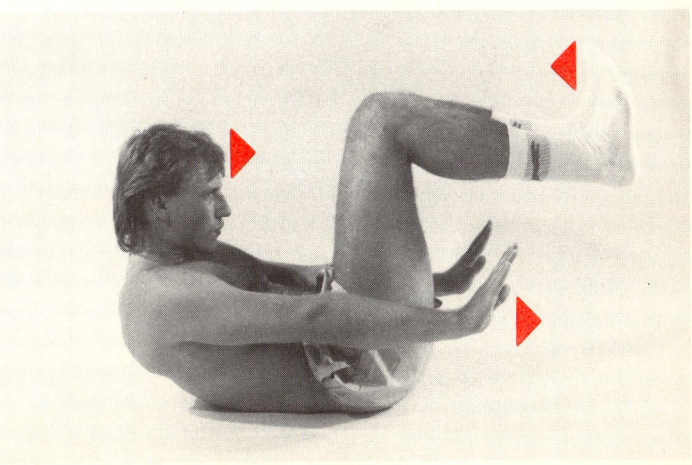

Funktionskreis 2 – Kräftigung (Stabilisation)

Variationen der Übung 2.14

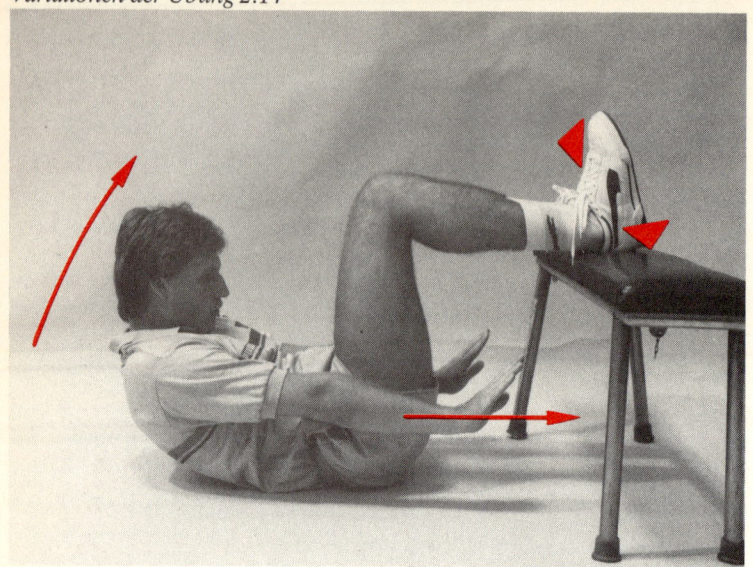

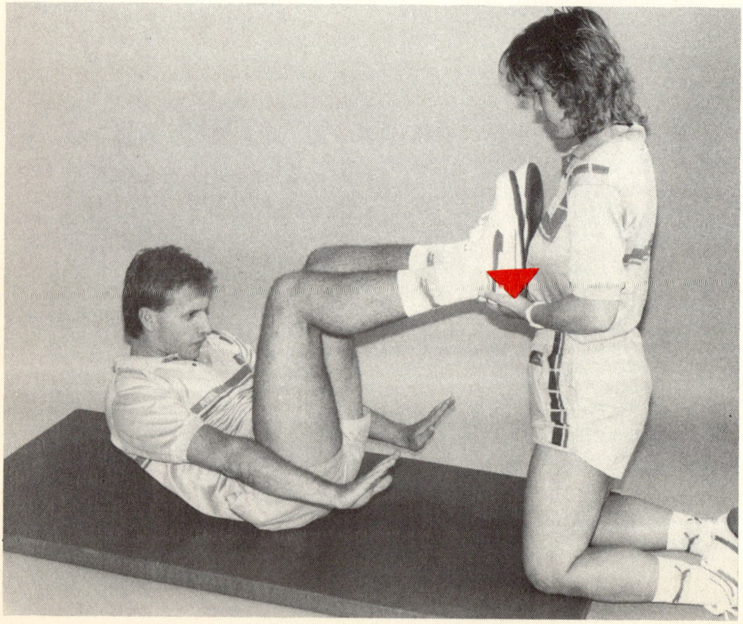

Funktionskreis 2 – Kräftigung (Stabilisation)

Übung 2.15

Ausgangsposition: Rückenlage
Endposition: siehe Foto
Bewegung: Becken anheben und senken.
Bemerkung: Hüft- und Kniewinkel bei ca. 90 Grad während der Bewegung fixieren.
▶ *Wirkung:* Kräftigung der geraden Bauchmuskeln, der Rückenmuskulatur und Oberarm- sowie Schultergürtelmuskulatur
Intensivierung der Übung 2.14

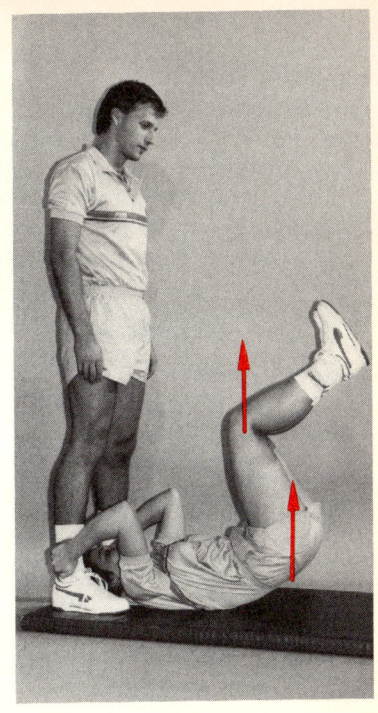

Übung 2.16

Variation von Übung 2.15; gleiche Wirkung

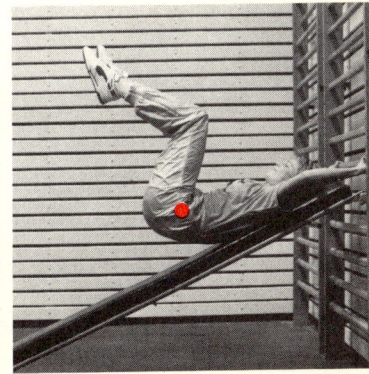

★ Übung 2.17

Ausgangsposition: Rückenlage; Hände gefaltet und Arme gestreckt; Foto Mitte
Endposition: unten
Bewegung: Rumpfeinrollen mit Rotation; Hände schieben nach rechts, Knie ziehen nach links; diagonal gegengleich.
▶ *Wirkung:* Kräftigung der schrägen Bauchmuskeln

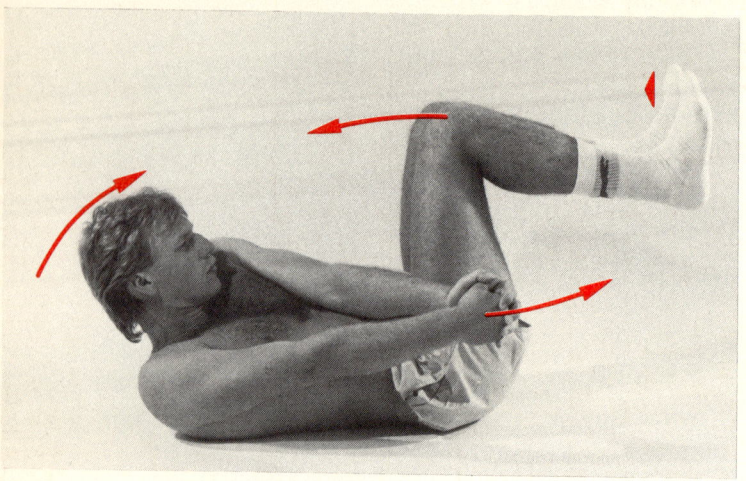

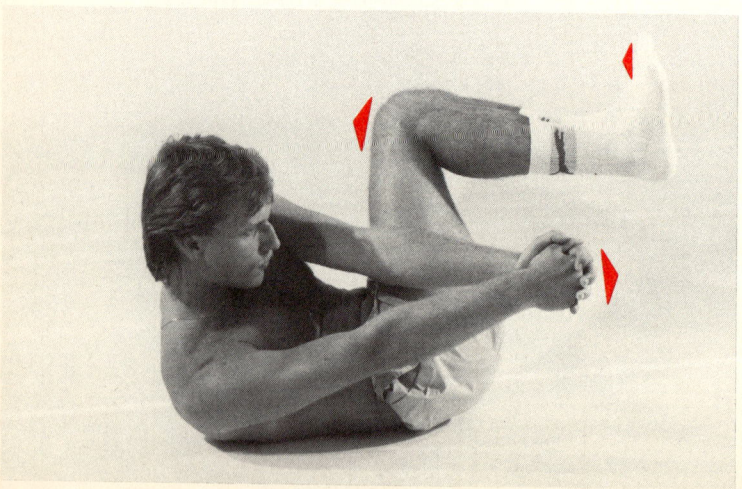

Funktionskreis 2 – Kräftigung (Stabilisation)

Übung 2.18

Ausgangsposition: siehe Foto Mitte
Endposition: siehe Foto unten
Bewegung: Rumpfeinrollen mit Rotation
Bemerkung: Partner kann die Bewegungsrichtung durch Widerstand steuern; Einrollen nur so weit, daß der Beckenkamm noch Bodenkontakt hat.

▶ *Wirkung:* Kräftigung der schrägen Bauchmuskeln gegen den Widerstand des Partners

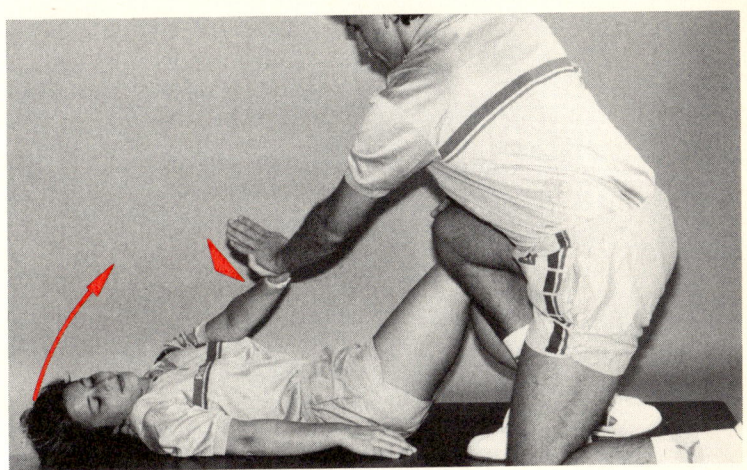

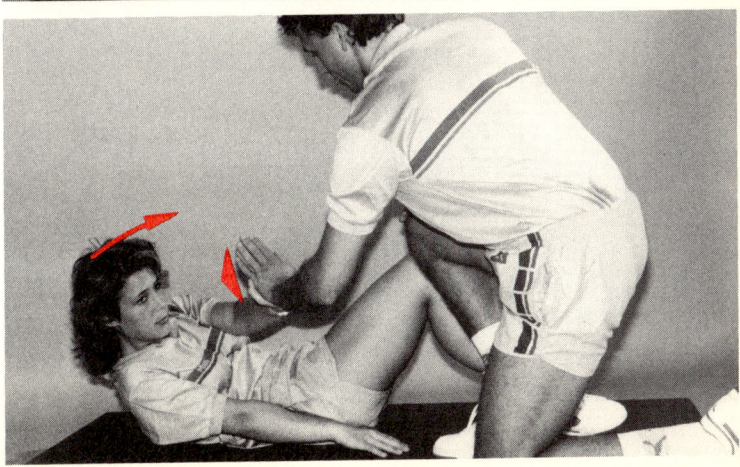

Übung 2.19

Ausgangsposition: Seitenlage; Foto Mitte
Bewegung: Rumpfheben ohne Rotation
Bemerkung: Besser auf Matte o. ä. ausführen.
▶ *Wirkung:* Kräftigung der Rumpf- und der schrägen Bauchmuskulatur

★ **Variante:** siehe Foto unten

Bewegung: Rumpfheben mit Rotation des Rumpfs
▶ *Wirkung:* Kräftigung der seitlichen Rumpfmuskulatur und der schrägen Bauchmuskeln

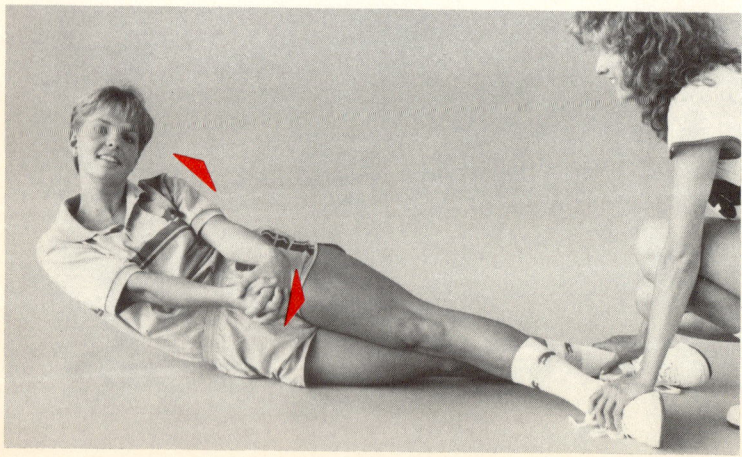

Funktionskreis 3

Dehnung und Mobilisation

★ **Übung 3.1**

Ausgangsposition: «Nesthaltung»
Endposition: siehe Foto
Bewegung: Beide Hände ziehen Knie in Richtung Brust.

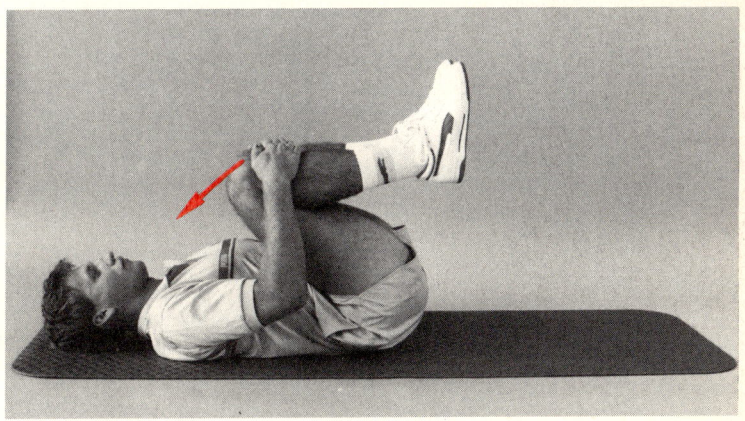

Bemerkung: Halswirbelsäule strecken, Kinn einziehen.
▶ *Wirkung:* Dehnung der Gesäßmuskeln und tiefen Rückenmuskulatur, Mobilisation des Lendenwirbelsäulenbereichs

Übung 3.2

Ausgangsposition: Rückenlage
Endposition: siehe Foto
Bewegung: Beide Beine ca. 90 Grad im Knie- und Hüftgelenk anwinkeln und seitlich ablegen.
Bemerkung: Schultern auf dem Boden lassen.
▶ *Wirkung:* Dehnung der tiefen Rückenmuskulatur (thorakolumbaler Übergang in Rotation), Mobilisation der Lendenwirbelsäule (Region FK 2 und FK 3, funktionskreisübergreifende Übung)

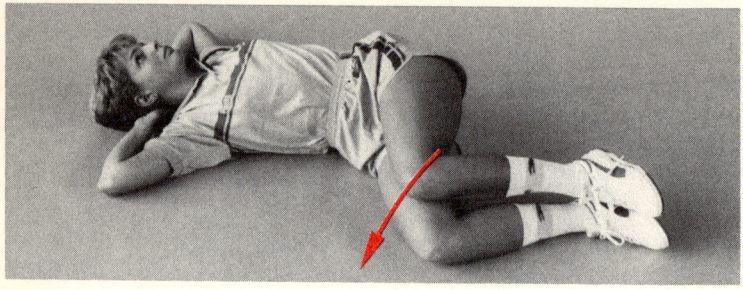

★ **Übung 3.3**

Ausgangsposition: Rückenlage
Endposition: siehe Foto
Bewegung: Ein Bein 90 Grad beugen und auf Gegenseite legen.
Bemerkung: Schultern auf dem Boden lassen; Hand drückt Knie abwärts.
▶ *Wirkung:* Dehnung der Gesäßmuskulatur und tiefen Rückenmuskeln, Mobilisation des Lendenwirbelsäulenbereichs

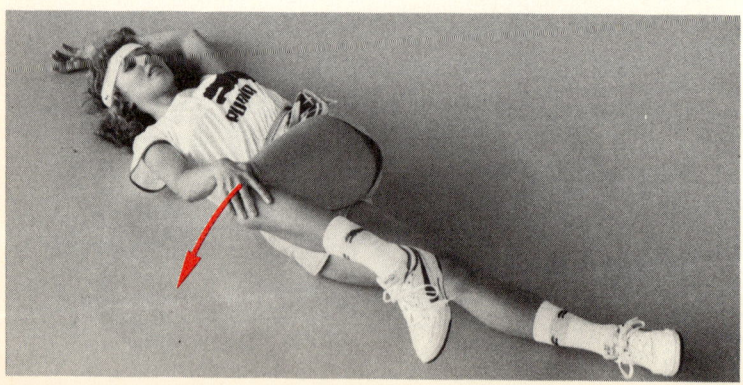

Funktionskreis 3 – Dehnung und Mobilisation

★ Übung 3.4

Ausgangsposition: Rückenlage
Endposition: siehe Foto
Bewegung: Ein Bein mit beiden Händen umfassen und auf die Brust ziehen; Gegenbein aktiv strecken (vgl. auch S. 108), in Endposition des Oberschenkels Kniegelenk strecken.
▶ *Wirkung:* Aktive Dehnung der Kniegelenkbeuger (mm. ischiocrurales)

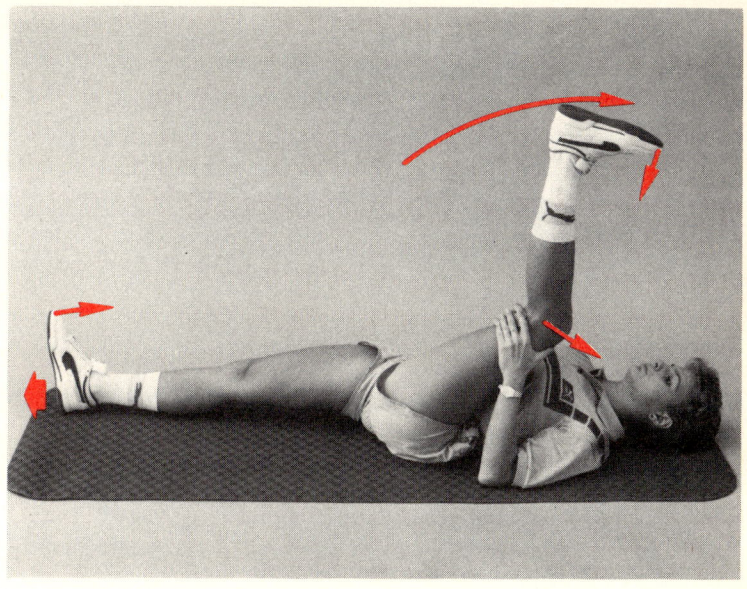

Bemerkung: Wenn zusätzlich in der Endposition die Zehen angezogen werden (Dorsalflexion), kann die Wadenmuskulatur im gleichen Aktionsmuster gedehnt werden.

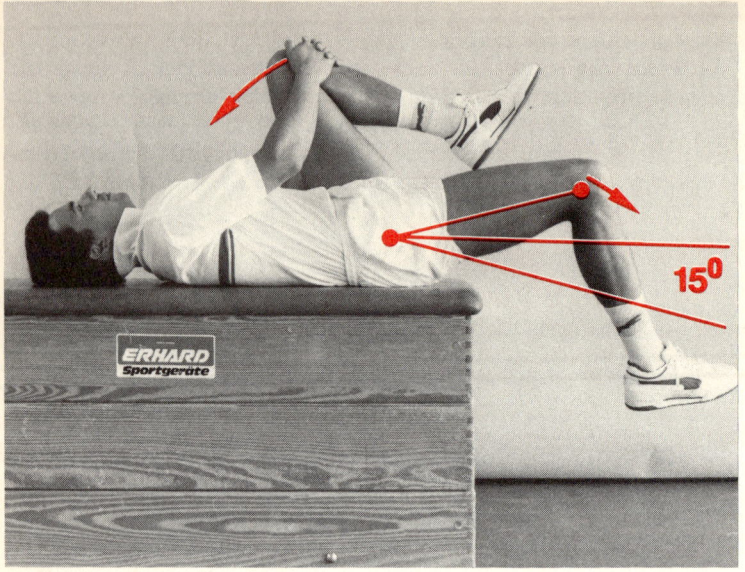

Übung 3.5

Ausgangsposition: Rückenlage auf Kasten; Hüftgelenk frei beweglich
Endposition: siehe Foto oben
Bewegung: Oberschenkel sinken lassen; Gegenbein maximal
bis zur Brust ziehen.
▶ *Wirkung:* passive Dehnung der Hüftgelenkbeuger
Bemerkung: Diese Übung kann als Test zur Überprüfung der Dehnfähigkeit der Hüftbeuger (m. iliopsoas) verwandt werden (vgl. auch Abb. 3.7). Eine funktionelle Dehnfähigkeit dieser Muskelgruppe ist dann erreicht, wenn das Hüftgelenk aus der Mittelstellung ca. 15 Grad gestreckt werden kann. Der Tennisspieler in der Abbildung verfügt über eine um ca. 30 Grad verkürzte Hüftbeugemuskulatur.

Funktionskreis 3 – Dehnung und Mobilisation

Übung 3.6

Ausgangsposition: Rückenlage; ein Bein anziehen und in maximaler Beugung der Hüfte mit den Händen fixieren; Gegenbein gebeugt aufstellen (Foto Mitte).
Endposition: siehe Foto unten
Bewegung: Gegenbein aktiv strecken und in Endposition Zehen anziehen.
▶ *Wirkung:* Aktive Dehnung der Hüftbeuger

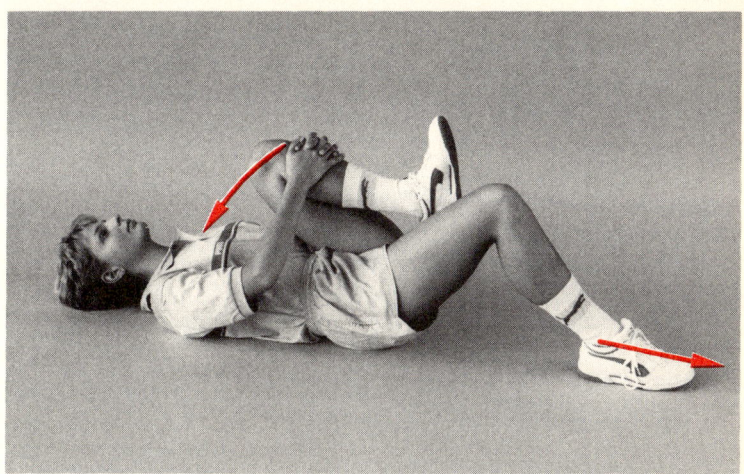

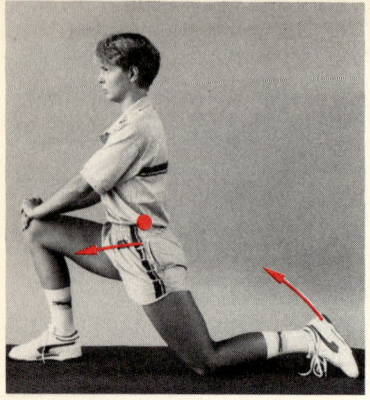 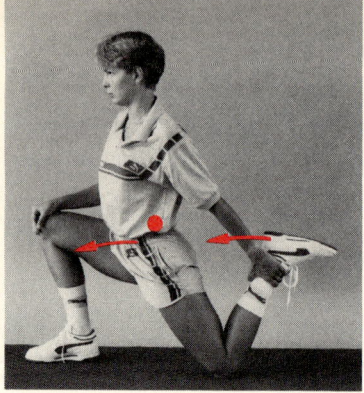

★ Übung 3.7

Ausgangsposition: Schrittknien (Foto oben links)
Endposition: siehe Foto oben rechts
Bewegung: Hüfte nach vorn schieben und in gestreckter Position fixieren, dann Ferse Richtung Gesäß ziehen.
Bemerkung: Wegen der starken Druckbelastung der Kniescheibe (einschließlich Patellarsehne) empfiehlt es sich, den Kniestütz auf einer weichen Unterlage auszuführen (Matte o. ä.); wenn nicht vorhanden, Übung 7.2 ausführen.

▶ *Wirkung:* Dehnung der Hüftgelenkbeuger und Kniegelenkstrecker (siehe auch S. 104–106)

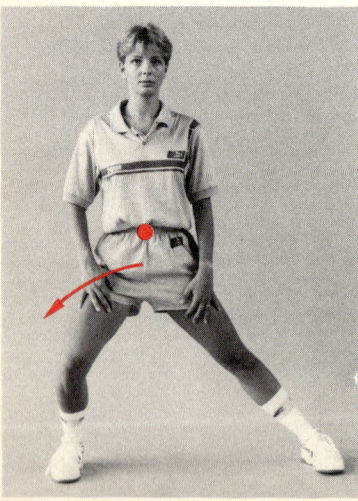

★ Übung 3.8

Ausgangsposition: Seitgrätschstand
Endposition: siehe Foto
Bewegung: Aus dem Grätschstand Körpergewicht auf ein Bein verlagern, bis etwa halbe Kniebeuge erreicht ist.
Bemerkung:
Hüfte in Normalposition
▶ *Wirkung:* Dehnung der Adduktoren (Beinanzieher)

Funktionskreis 3 – Dehnung und Mobilisation

★ Übung 3.9

Variation von Übung 3.8; die Stabilisierung des Beckens gelingt leichter mit Hilfe des Kastens.

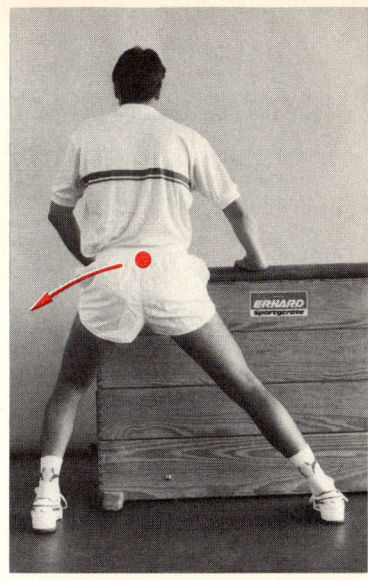

Übung 3.10

Ausgangsposition: siehe Foto
Endposition: gestrecktes Bein innenrotiert (Fußspitze nach vorn abgelegt)
Bewegung: Bein um die Längsachse rotieren.
Bemerkung: Fuß dabei anziehen (Dorsalflexion), Hüfte leicht gebeugt.
▶ *Wirkung:* Dehnung der gesamten Adduktorengruppe

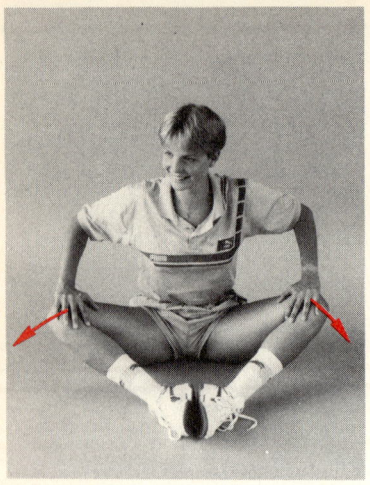
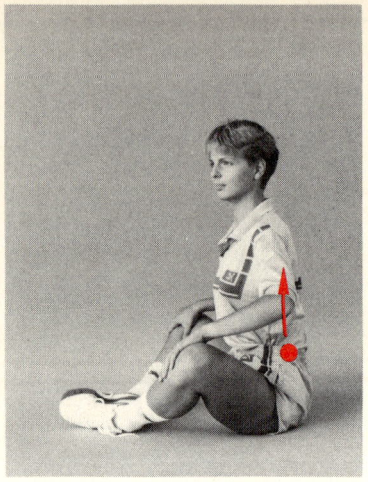

Übung 3.11

Ausgangsposition: siehe Foto oben
Endposition: siehe Foto oben rechts

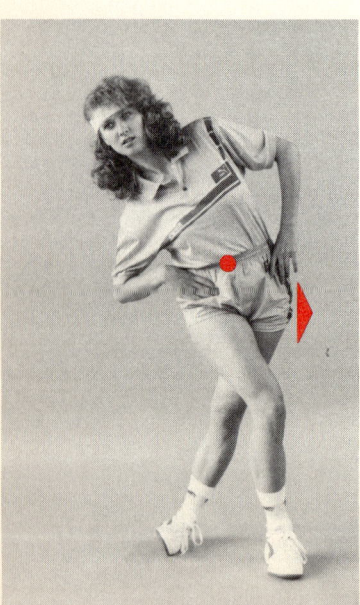

Bewegung: Knie nach außen ablegen.
Bemerkung: Hände unterstützen die Bewegung; Lendenwirbelsäule in Endposition aufrichten (siehe Foto oben rechts).
▶ *Wirkung:* Dehnung der Adduktoren in Hüftgelenkbeugestellung von 90 Grad und mehr

Übung 3.12

Ausgangsposition: aufrechter Stand mit überkreuzten Beinen
Endposition: siehe Foto
Bewegung: Körpergewicht seitlich verlagern.
Bemerkung: nach rechts, wenn linkes Bein vorgestellt ist, und umgekehrt
▶ *Wirkung:* Dehnung der Abduktoren (Beinabspreizer)

Funktionskreis 3 – Dehnung und Mobilisation

★ Übung 3.13

Ausgangsposition:
Ausfallschritt (Foto rechts)
Endposition: siehe Foto unten
Bewegung: Körpergewicht nach vorn verlagern.
Bemerkung: Stützenden Fuß gerade aufsetzen, erst Hüftgelenk, dann Kniegelenk strecken, gestrecktes Bein dabei nicht rotieren. Ferse auf den Boden drücken.
▶ *Wirkung:* Aktive Dehnung der Wadenmuskulatur in Verbindung mit Dehnung der Hüftbeuger

Variation der Übung

(ohne Foto)
Die Hände werden an einer Wand abgestützt.

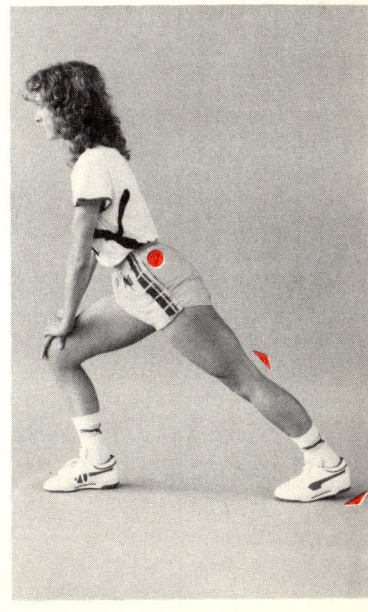

Kräftigung (Stabilisation)

Übung 3.14

Ausgangsposition: Rückenlage; Foto Mitte
Endposition: siehe Foto unten
Bewegung: Oberschenkel anziehen gegen Partnerwiderstand.
Bemerkung: Passives Bein stützt sich beim Partner ab (siehe Fotos).
▶ *Wirkung:* Kräftigung der Hüftgelenkbeuger und (geringfügig) auch Dorsalflexoren des Fußes

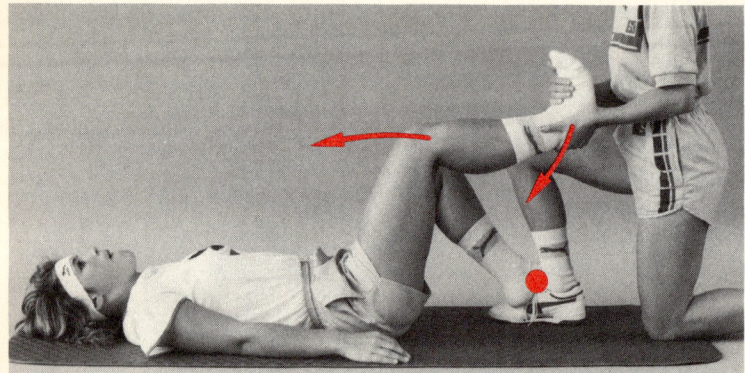

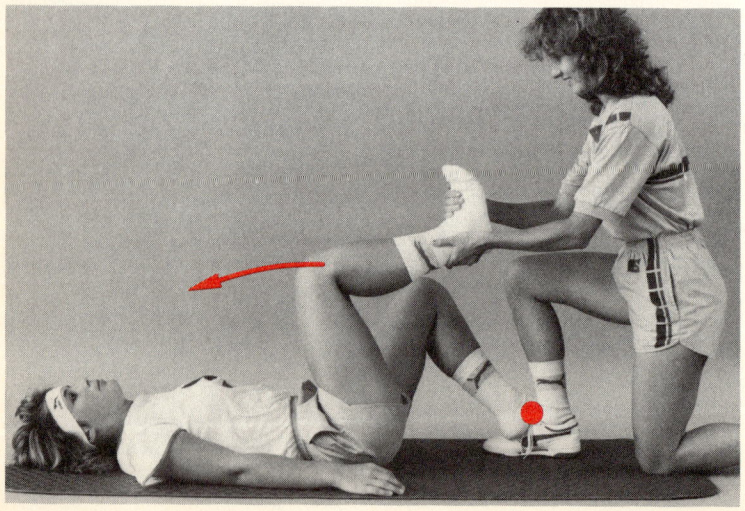

Funktionskreis 3 – Kräftigung (Stabilisation)

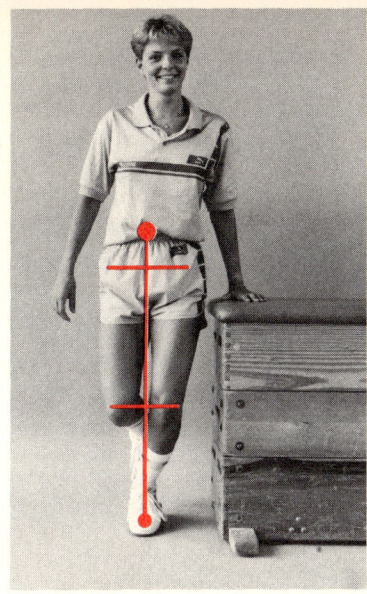
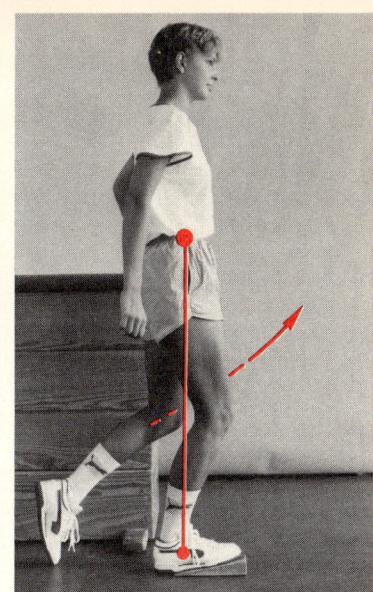

★ **Übung 3.15**

Ausgangsposition: aufrechter, einbeiniger Stand
Endposition: etwa halbe Kniebeuge
Bewegung: Kniebeugen und Strecken in rhythmischer Folge
Bemerkung: achsengerechte Ausführung; Körperschwerpunkt muß sich in der vertikalen Achse bewegen. Auch Kniegelenke achsengerecht belasten (siehe Fotos oben). Vorfuß erhöhen; Strecken mit Unterstützung des Schwungbeins (Foto rechts). Auf exakte Körperstreckung achten. Durch Erhöhung der Fußspitze Beanspruchung der Wadenmuskulatur aus Vordehnung.

▶ *Wirkung:* Kräftigung der gesamten Streckerkette des Beins; wirkt bei präziser Ausführung speziell muskeltonisierend (Anbahnung).

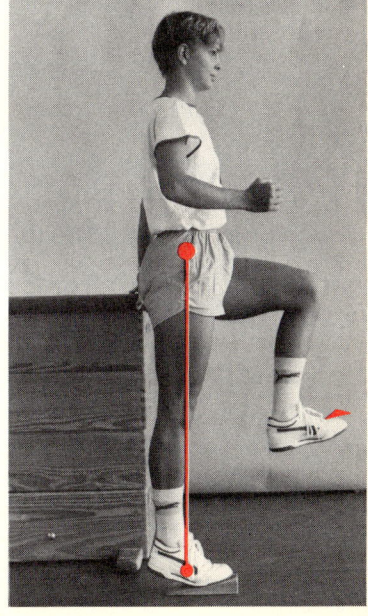

Funktionskreis 3 – Kräftigung (Stabilisation)

Übung 3.16
Ausgangsposition: siehe Foto links
Bewegung: Beinstrecken auf der Schrägbank
▶ *Wirkung:* Kräftigung der gesamten Streckerkette des Beins
Anmerkung: Durch die schräge Ebene kann der Belastungsgrad progressiv gesteigert werden.

Übung 3.17
Ausgangsstellung: siehe Foto unten links
Endposition: siehe Foto unten
Bewegung: Hüftstrecken gegen Widerstand eines Deuser-Bands oder Fahrradschlauchs o. ä.
▶ *Wirkung:* Kräftigung der Gesäßmuskulatur

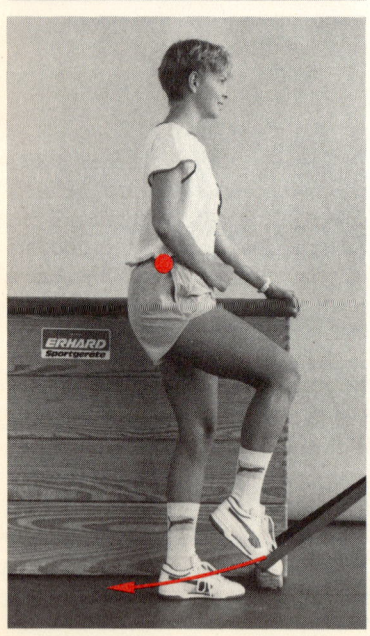
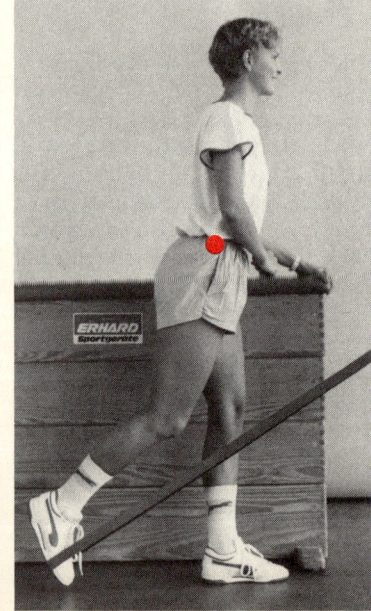

Funktionskreis 3 – Kräftigung (Stabilisation)

★ Übung 3.18

Ausgangsposition: Bauchlage auf Kasten, ein Bein vorgestellt (Hüftgelenk mindestens in 90-Grad-Beugung)
Endposition: Ferse bis ans Gefäß geführt (vollständige Kniebeugung)
Bewegung: Unterschenkel anziehen gegen den Widerstand des Partners.
Bemerkung: Vorgestelltes Bein fixiert Ledenwirbelsäule (vgl. auch Abb. 37, S. 127; Partner gibt Widerstand über die volle Bewegungsamplitude).
▶ *Wirkung:* spezifische Kräftigung der Kniegelenkbeuger
Variation: mit Deuser-Band, Fahrradschlauch etc. (ohne Partner)

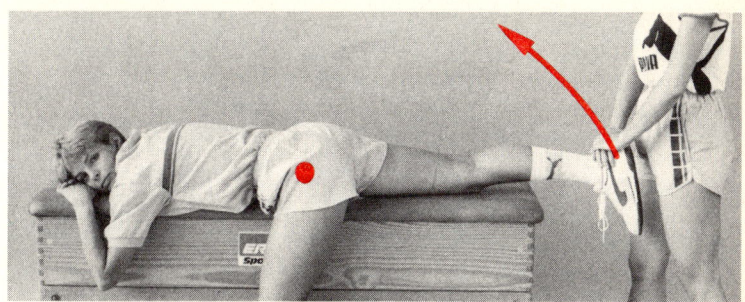

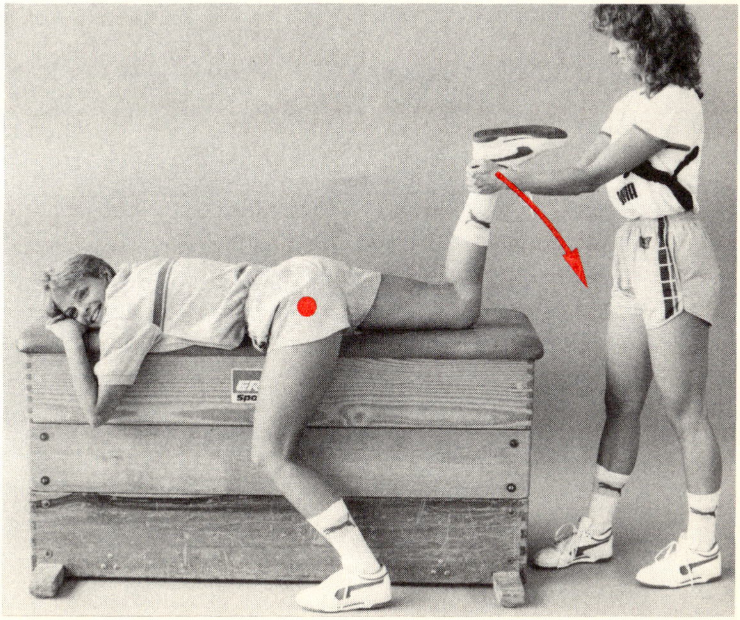

Übung 3.19

Ausgangslage: Seitenlage; oberes Bein im Hüftgelenk und Kniegelenk ca. 90 Grad gebeugt (Foto Mitte)
Endposition: siehe Foto unten
Bewegung: Bein gegen den Widerstand des Partners nach oben ziehen.
Bemerkung: Partner soll nur am Oberschenkel (Kniegelenk) Widerstand aufbauen; niemals am Unterschenkel zufassen, sonst Scherbelastung des Knies. Fuß in Endposition mit einrollen (Supination).
▶ *Wirkung:* Kräftigung der Adduktoren (Beinanzieher).

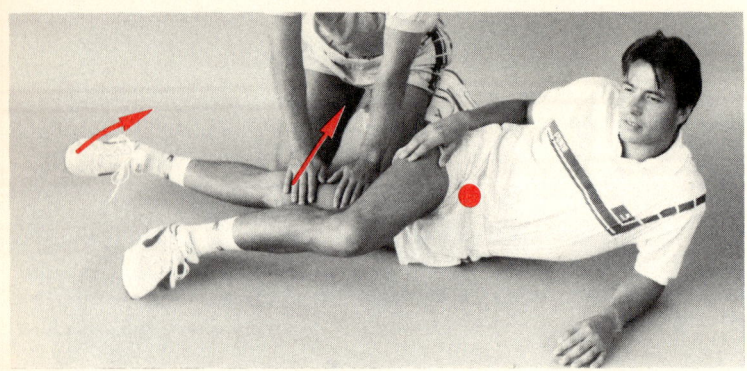

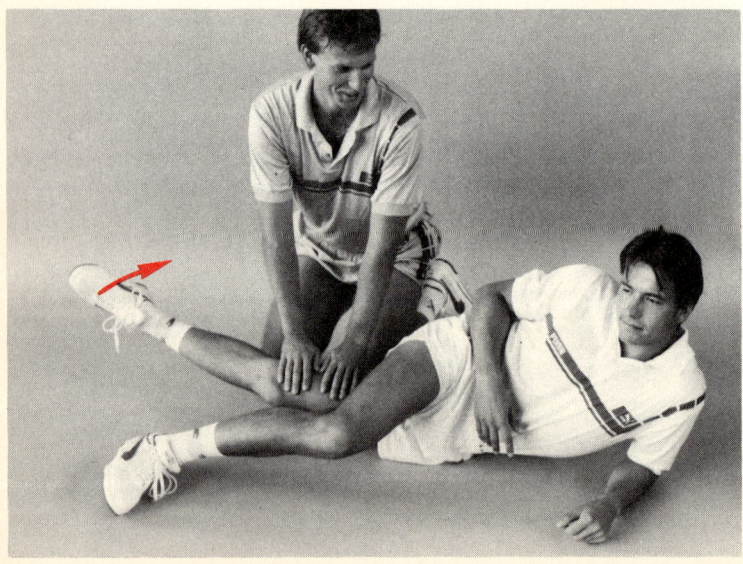

Funktionskreis 3 – Kräftigung (Stabilisation) 175

★ Übung 3.20

Ausgangsposition: Seitenlage auf Ellbogen abgestützt (Foto Mitte)
Endposition: seitlicher Stütz (Körper frei tragend auf Unterarm und oberem Bein); Foto unten
Bewegung: Körper anheben und unteres (linkes) Bein anziehen.
▶ *Wirkung:* verstärkte Kräftigung der Adduktoren
Variante: siehe Seite 176

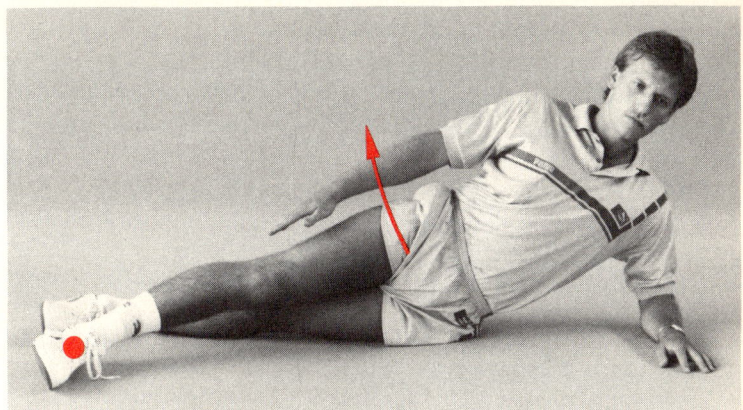

Funktionskreis 3 – Kräftigung (Stabilisation)

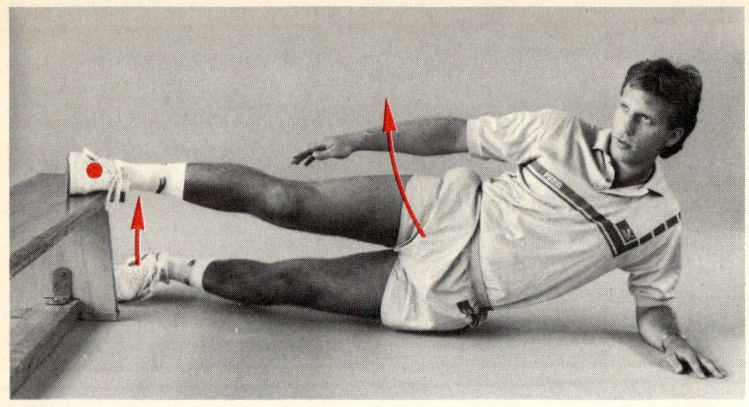

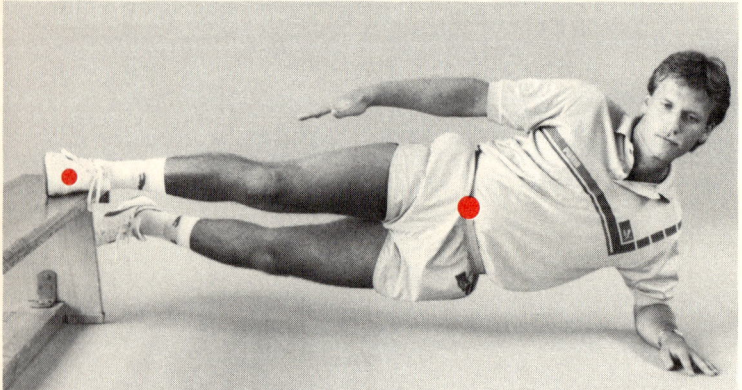

★ **Variante:** Fotos oben

Durch diese Ausführung kann die Übungswirkung gesteigert werden.
Bemerkung: Bei Knieinstabilität ist Vorsicht geboten!

★ **Übung 3.21**

Ausgangsposition: Seitenlage; unteres Bein ca. 90 Grad im Hüft- und Kniegelenk gebeugt
Endposition: siehe Foto rechts oben
Bewegung: Bein gegen den Widerstand des Partners abspreizen.
Bemerkung: Nur am Oberschenkel (Kniebereich) Widerstand aufbauen, niemals am Unterschenkel (Scherbelastung des Kniegelenks). Partner stabilisiert zusätzlich mit der freien Hand das Becken.
▶ *Wirkung:* Kräftigung der Abduktoren (Beinabspreizer)

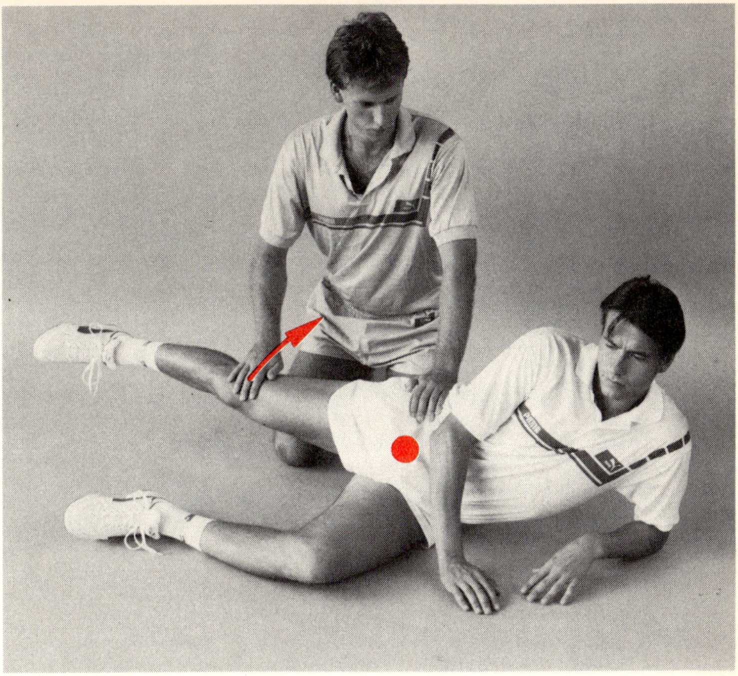

Funktionskreis 3 – Kräftigung (Stabilisation)

★ Variante

Linkes Bein stützt auf der Bank; Körper anheben und senken. Rechtes Bein wird frei mitbewegt.

Funktionskreis 3 – Kräftigung (Stabilisation)

Übung 3.22
Ausgangsposition: Hockstand, Knie ca. 90 Grad gebeugt
Endposition: siehe Foto
Bewegung: Füße strecken (Plantarflexion).
Bemerkung: Ausführung ohne Schuhe empfehlenswert (größere Bewegungsamplitude)
▶ *Wirkung:* Kräftigung der Wadenmuskulatur, Stabilisation der Sprunggelenke.

★ **Übung 3.23**
Ausgangsposition: Grundstellung auf einer Weichbodenmatte
Bewegung: wechselseitiges Heben und Senken der Fersen oder beidbeinig bis in den Hochzehenstand (Treten auf der Stelle)
Bemerkung: Unbedingt ohne Schuhe ausführen und auf achsengerechte Beanspruchung achten. Foto unten links zeigt eine falsche Ausführung: Strecken des Fußes über den Außenrand.
▶ *Wirkung:* Kräftigung der Waden- und Fußmuskulatur; Stabilisation der Fußgelenke.

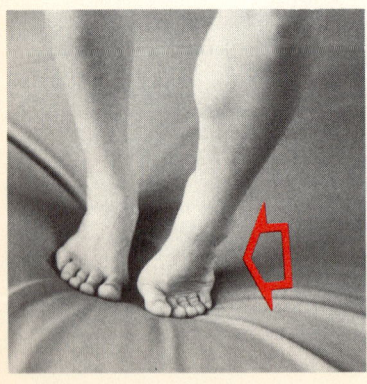
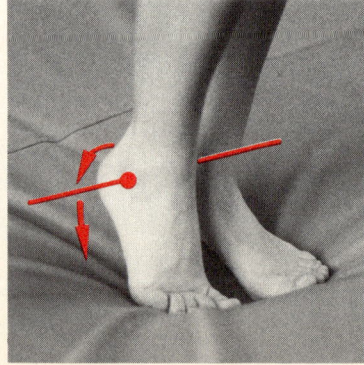

Funktionskreis 3 – Kräftigung (Stabilisation)

Variante
Kräftigung der Wadenmuskulatur auf dem Schrägbrett aus vorgedehnter Stellung (Foto rechts).

★ Übung 3.24
Balanceübung (ohne Foto)
Ausgangsposition: einbeiniger Stand auf Weichbodenmatte oder normalen Boden
Bewegung: Körper aus dem Gleichgewicht bringen und wieder ausbalancieren
Bemerkung: nach Möglichkeit barfuß ausführen
▶ *Wirkung:* Kräftigung der kleinen Fußmuskeln und der Sprunggelenkstabilisatoren

Übung 3.25
Ausgangsposition: siehe Foto rechts
Endposition: siehe Foto unten
Bewegung: gegen den Widerstand der Hand Fuß nach außen drehen (pronieren)
▶ *Wirkung:* Kräftigung der Fußgelenkstabilisatoren (Pronatoren)

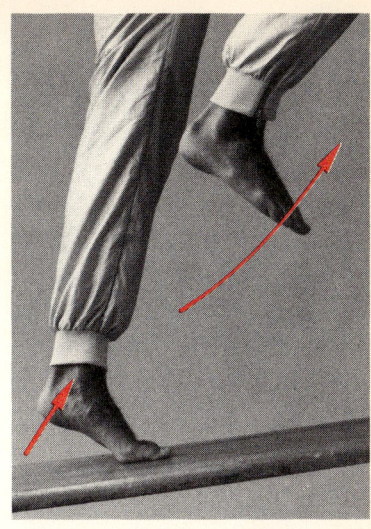
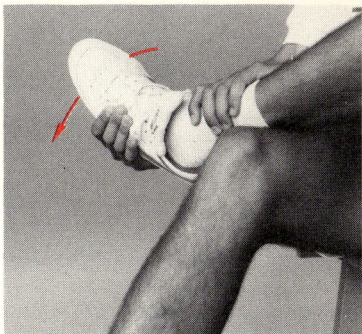
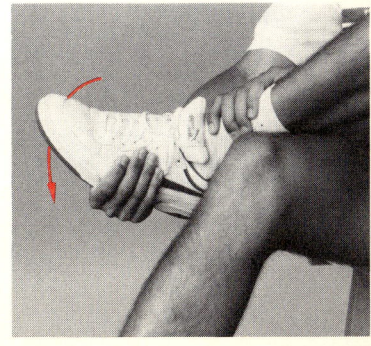

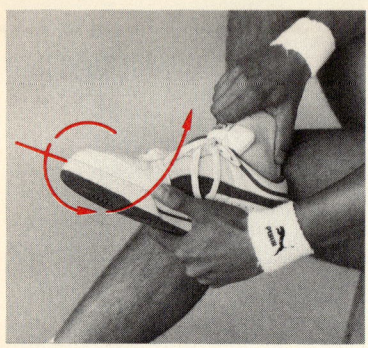 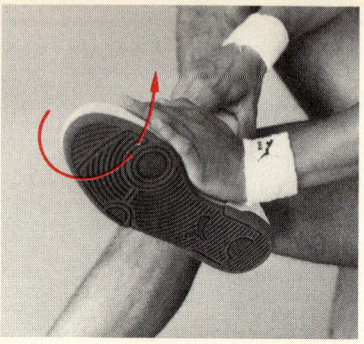

Übung 3.26

Ausgangsposition: siehe Foto oben links
Endposition: siehe Foto oben rechts
Bewegung: gegen den Widerstand der Hand Fuß nach innen drehen (supinieren)
▶ *Wirkung:* Kräftigung der Fußgelenkstabilisatoren (Supinatoren)

★ Übung 3.27

Ausgangs- und Endposition: siehe Fotos rechts
Bewegung: Gegen den Widerstand des Partners Fuß anziehen (Dorsalflexion); konzentrische Beanspruchung (Foto rechts oben).
Exzentrisch: Partner drückt den Fuß gegen den Widerstand des Übenden auf den Boden (Foto rechts unten)
▶ *Wirkung:* Kräftigung der Schienbeinmuskulatur

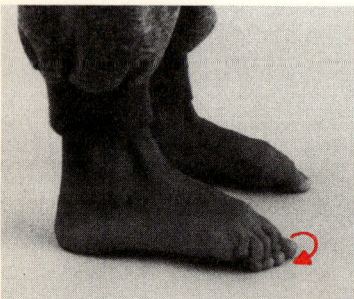

Übung 3.28

Bewegung: mit den Zehen sich nach vorn ziehen (Zehen einkrallen)
▶ *Wirkung:* Kräftigung der Zehenbeuger zur Stabilisierung des Fußgewölbes

Funktionskreis 3 – Kräftigung (Stabilisation)

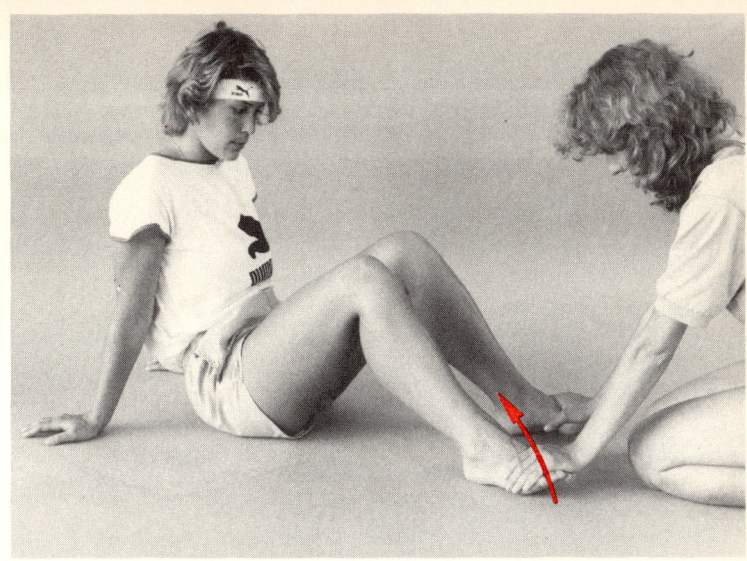

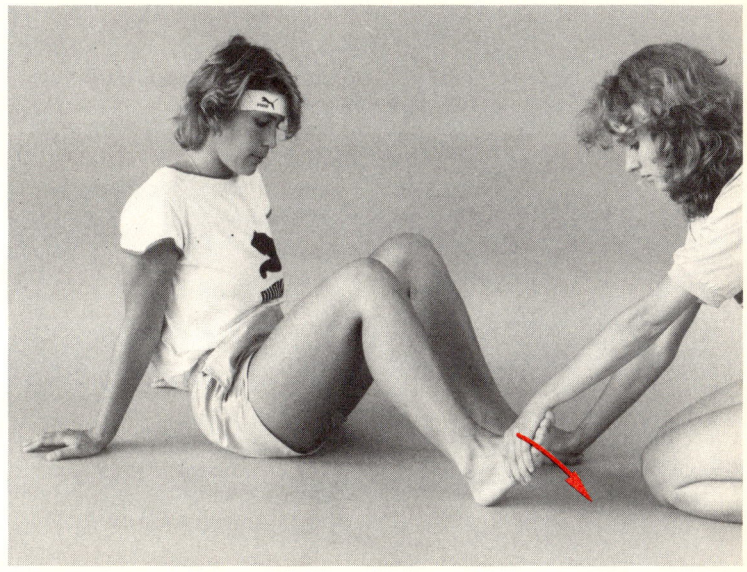

Funktionskreis 4

Dehnung und Mobilisation

★ Übung 4.1

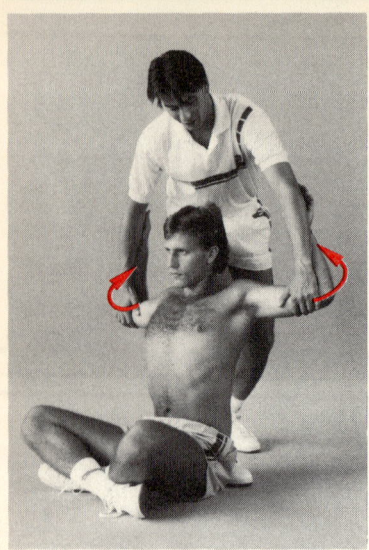

Ausgangsposition: Schneidersitz mit aufgerichteter Wirbelsäule
Endposition: siehe Foto
Bewegung: Partner zieht Arme in mittlere Position nach hinten.
Bemerkung: Partner faßt am Ellbogen zu.
▶ *Wirkung:* Passive Dehnung der Brustmuskulatur (mittlerer Anteil)

★ Übung 4.2

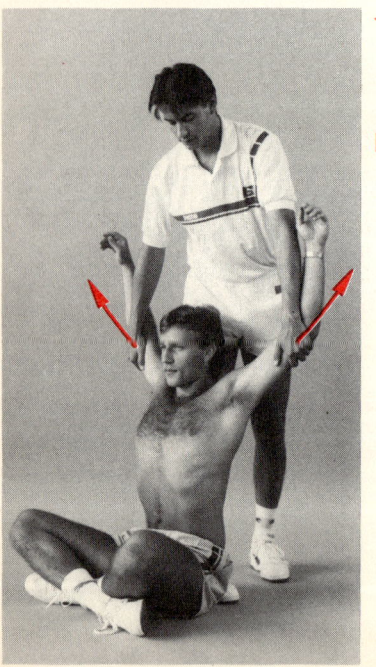

wie 4.1
Bewegung: Partner zieht Arme nach oben hinten.
▶ *Wirkung:* Passive Dehnung der Brustmuskulatur (unterer Anteil) bei gleichzeitiger Aufrichtung der Brustwirbelsäule

Funktionskreis 4 – Dehnung und Mobilisation

★ Übung 4.3

Ausgangsposition: Unterarm hinter dem Kopf
Endposition: siehe Foto rechts
Bewegung: Gebeugten Arm hinter den Kopf führen, bis der Unterarm senkrecht nach unten zeigt.
Bemerkung: Beugung im Ellbogengelenk durch Druck mit der anderen Hand verstärken.
▶ *Wirkung:* Dehnung des Unterarmstreckers

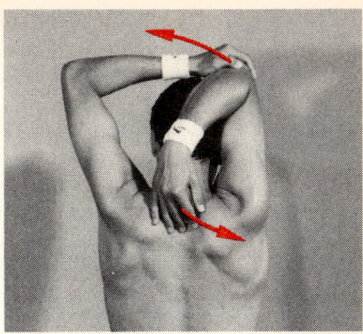

Übung 4.4

Ausgangsposition: angewinkelter Arm vor dem Körper
Endposition: siehe Foto rechts
Bewegung: Ellbogen des gewinkelten Arms in Richtung der gegenseitigen Schulter ziehen.
Bemerkung: gewinkelter Arm etwa in Schulterhöhe
▶ *Wirkung:* Dehnung des breitesten Rückenmuskels und des hinteren Teils des Deltamuskels

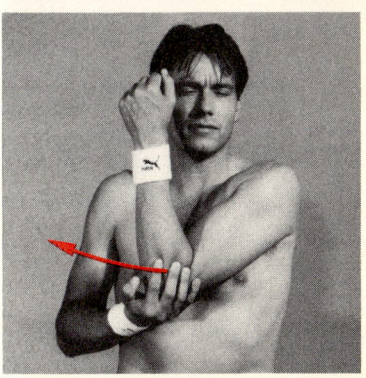

Übung 4.5

Ausgangs- und Endposition: siehe Foto rechts
Bewegung: Arm hinter dem Rücken zur Seite ziehen; Kopf zur Gegenseite neigen.
▶ *Wirkung:* Dehnung des vorderen Teils des Deltamuskels, des oberen Anteils des Trapezius und Obergrätenmuskel (m. supraspinatus)

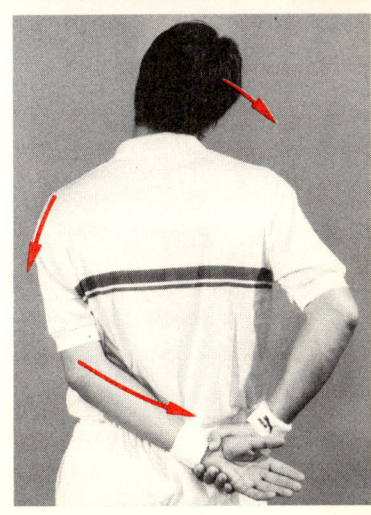

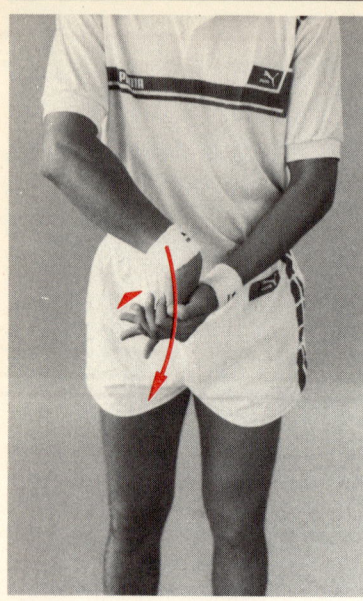

★ Übung 4.6

Ausgangsposition: Handgelenk in Mittelstellung bei gebeugtem Ellbogen (Foto links)
Endposition: siehe Foto unten
Bewegung: Ellbogen strecken bei gleichzeitiger Verstärkung der Handgelenkbeugung; Arm wird beim Strecken nach innen gedreht.
▶ *Wirkung:* Dehnung der Handgelenkstrecker

Funktionskreis 4 – Dehnung und Mobilisation

★ Übung 4.7

Ausgangsposition: Handgelenk in Mittelstellung bei gebeugtem Ellbogen (Foto rechts)
Endposition: in der Endphase sollte die Ellbogengrube nach vorn zeigen (Foto unten).
Bewegung: Ellbogen strecken bei gleichzeitiger Verstärkung der Handgelenkbeugung; Arm wird beim Strecken nach außen gedreht.
▶ *Wirkung:*
Dehnung der Handgelenkbeuger

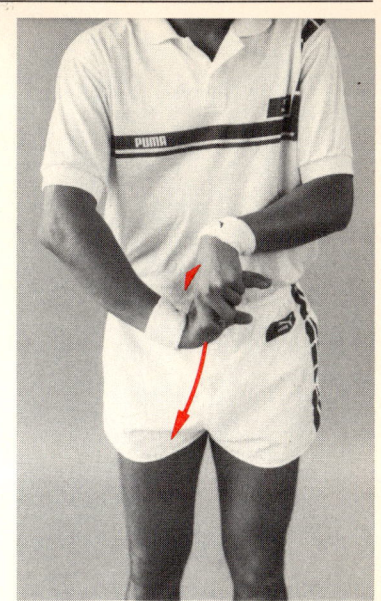

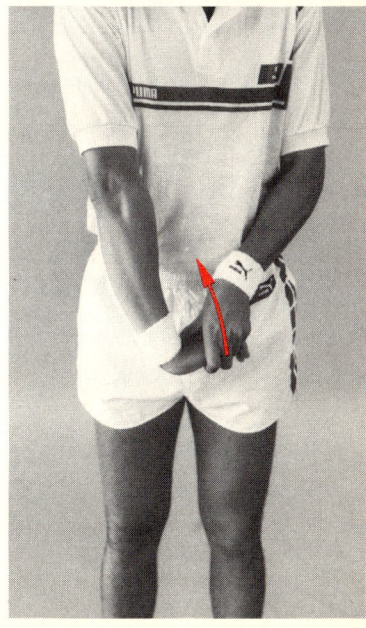

Kräftigung (Stabilisation)

Übung 4.8

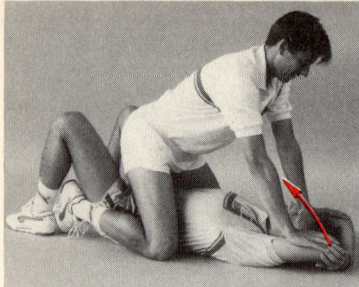

Ausgangsposition: Rückenlage, Arme über dem Kopf verschränken und eigene Ellbogen fassen.
Endposition: Gewinkelte Arme bis in Senkrechte.
Bewegung: Arme gegen Widerstand des Partners bis in Senkrechte ziehen («pull-over»).
Bemerkung: Partner darf nur an den Ellbogen stützen, niemals am Unterarm (scherende Belastung des Ellbogengelenks).
▶ *Wirkung:*
Kräftigung der Brustmuskulatur

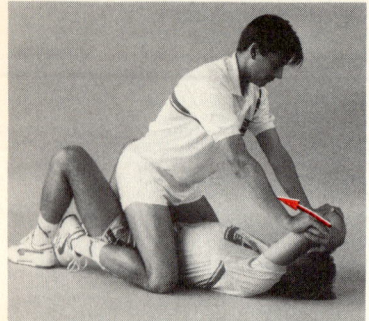

Übung 4.9

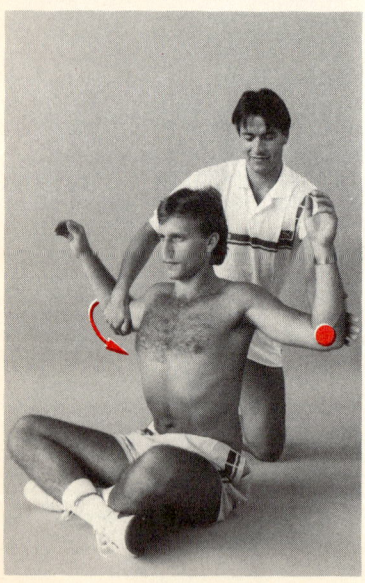

Ausgangsposition: Schneidersitz, gewinkelter Arm in Hochhalte
Endposition: Arm vor den Körper gezogen
Bewegung: Arm von hinten-oben nach vorn-unten abwärts gegen den Widerstand des Partners ziehen.
Bemerkung: Partner gibt Widerstand nur am Ellbogen (nicht Unterarm!) des aktiven Arms und fixiert den Gegenarm ebenfalls am Ellbogen.
▶ *Wirkung:* Kräftigung der Brustmuskulatur und des vorderen Teils des Deltamuskels beim ziehenden Arm, beim Gegenarm Kräftigung des breitesten Rückenstreckers und des hinteren Teils des Deltamuskels (isometrisch)

Funktionskreis 4 – Kräftigung (Stabilisation)

★ Übung 4.10

Ausgangsposition: siehe Foto rechts
Endposition: siehe Foto rechts unten
Bewegung: Arme beugen (exzentrisch) und strecken (konzentrische Muskelbeanspruchung).
Bemerkung: Mit der Faust abstützen, ganzes Körpergewicht wirken lassen.

Wichtig:
Schulterblätter zusammenziehen und dadurch Schultergürtel stabilisieren (Foto unten).

▶ *Wirkung:* Kräftigung der Ellbogenstrecker (m. triceps) und geringfügig des hinteren Teils des Deltamuskels

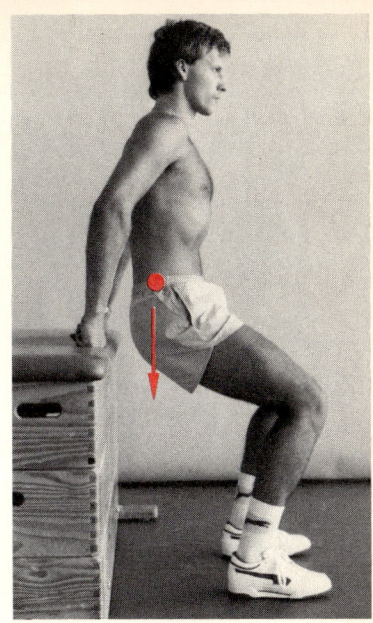

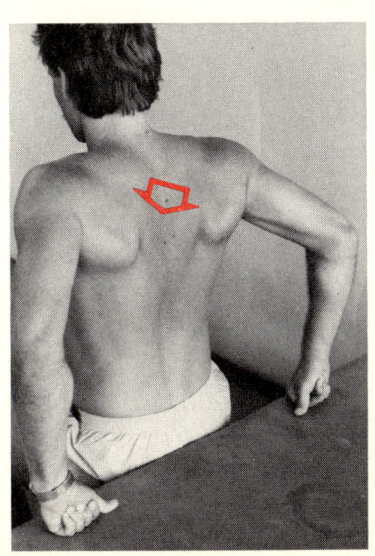

★ Übung 4.11

Ausgangsposition: Liegestütz im Knien; Fingerspitzen leicht nach innen; Schulterblätter zusammenziehen; Lendenwirbelsäule stabilisieren (Foto Mitte)
Endposition: siehe Foto unten
Bewegung: Arme strecken und beugen
Bemerkung: Füße verschränken (s. Fotos) und versuchen, sie wieder auseinander zu drücken. Dadurch wird eine isometrische Spannung der gesamten Beinkette aufgebaut, die die Stabilisierung des Körpers unterstützt.
▶ *Wirkung:* Kräftigung der Ellbogenstrecker und Schultergürtelstabilisatoren (vgl. auch S. 85)

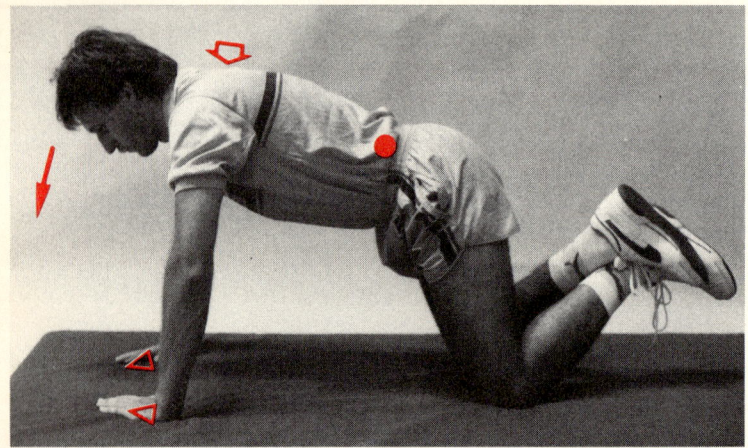

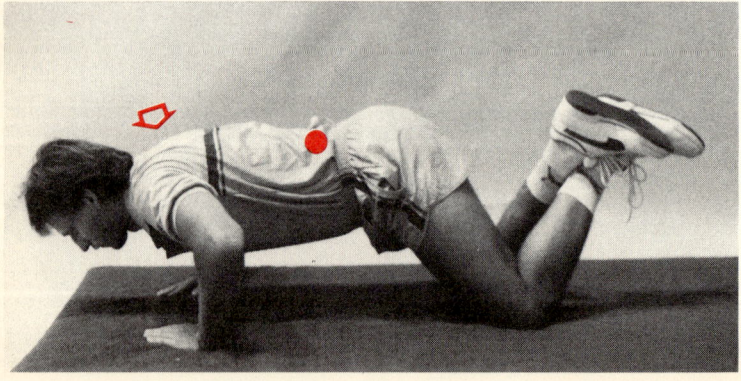

Komplexübungen

Ausdauer und Kraftausdauer

★ Übung 5.1
Kniehebeläufe auf der Weichbodenmatte (barfuß).
Neben der Herz-Kreislaufwirkung gleichzeitig Kräftigung der Fußgelenkmuskulatur (Foto unten links)

Übung 5.2
Seilspringen auf der Weichbodenmatte; Verstärkung der Trainingswirkung gegenüber 5.1 (Schlußhüpfen, Wechselhüpfen oder andere Kombinationen möglich; fördert die Koordination)

Übung 5.3
Seilspringen: verschiedene Ausführungen im Wechsel kombinieren. (Ausdauerwirkung in Verbindung mit Koordination)

★ Übung 5.4

«Schlittschuhschritte» auf der Weichbodenmatte; intensivste Form der Kraftausdauerbelastung der Beine bei gleichzeitiger Kräftigung der Fußgelenkstabilisatoren

Anbahnung

Die folgenden Übungen dienen in spezieller Weise der Beeinflussung des Muskeltonus. Sie nutzen ebenfalls muskelphysiologische Steuerungsmechanismen und anatomische Voraussetzungen des Bewegungsapparats aus und verlangen eine hohe Konzentration auf die präzise Ausführung.
Sie verbessern das Zusammenspiel ineinander übergreifender Muskelgrup-

pen der verschiedenen Funktionskreise. Ihre Wirkung beruht ebenfalls auf der Ausnutzung muskulärer Regel- und Reflexmechanismen. Sie zielen «einerseits auf die Aktivierung möglichst vieler Muskelgruppen unterschiedlichster Lokalisation und Funktion, zum anderen auf einen unterstützenden Effekt hinsichtlich des Abbaus der Irradiation über die Verbesserung der Sensibilität von Muskulatur, Gelenkkapsel und Bandapparat, in deren Folge sich ein höherer Ökonomisierungsgrad der individuellen komplexen Bewegung einstellt» (WENDLER 1983, 120).

Der russische Sportphysiologe SIMKIN (1980) beschrieb den Wirkungsmechanismus als «Kurzzeitbahnung». In Anlehnung an diesen Begriff wurden die Übungen mit «Anbahnung» gekennzeichnet.

Der große Nutzen dieser Übungen ist in anderen Sportarten seit geraumer Zeit bekannt (z. B. in der Leichtathletik u. a.). Da sie bei oberflächlicher Betrachtung wenig Attraktivität ausstrahlen, wird ihre besondere Wirkung häufig unterschätzt.

Übung 6.1

Ausgangs- und Endposition: siehe Fotos
Bewegung: Becken anheben und ganzen Körper frei tragen; die Stabilisation wird durch Anziehen der Fußspitzen unterstützt.
▶ *Wirkung:* funktionskreisübergreifende Ganzkörperkräftigung

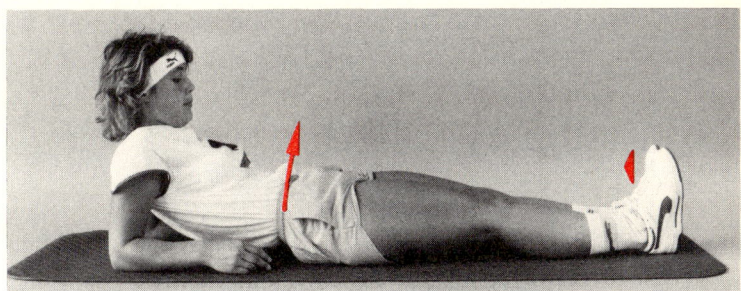

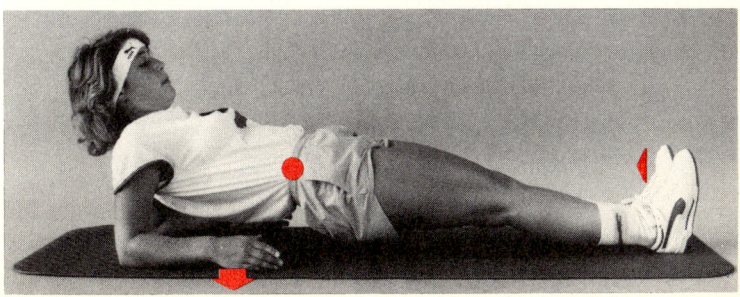

Übung 6.2

Ausgangsposition: Foto Mitte
Endposition: Foto unten
Bewegung: Becken anheben
Bemerkung: Arme gewinkelt neben den Körper legen und auf den Boden drücken; Schultern haben kaum Kontakt mit dem Boden.
▶ *Wirkung:* Kräftigung der gesamten Muskelkette auf der Rumpfrückseite

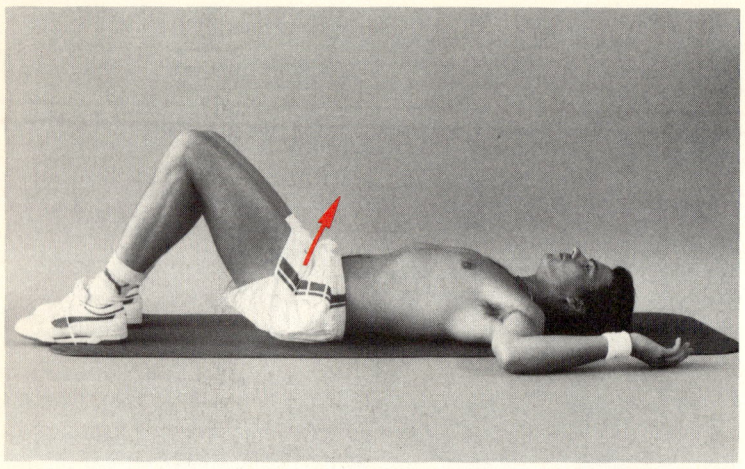

Anbahnung

Übung 6.3

Ausgangsposition: Foto Mitte
Endposition: Foto unten
Bewegung: Ein Bein anheben und strecken; in der Endposition Körper im «Drei-Punkt-Stütz» frei tragend halten.
▶ *Wirkung:* Kräftigung der Rumpfmuskulatur
Bemerkung: Vor dem Heben des Beins zuerst Schulterblätter zusammenziehen und Schultergürtel stabilisieren.

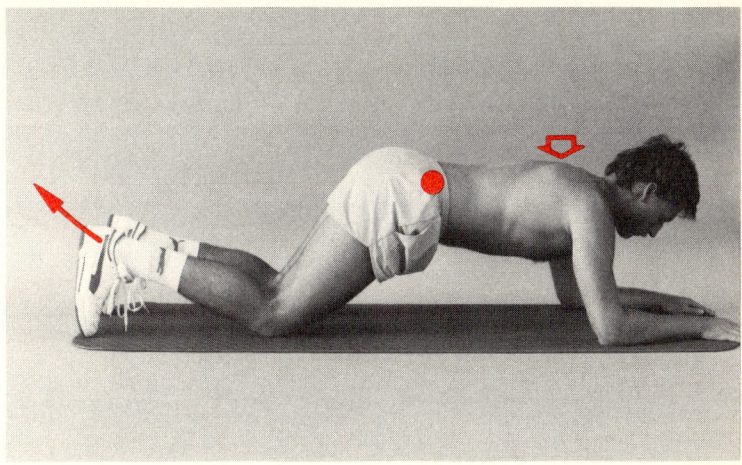

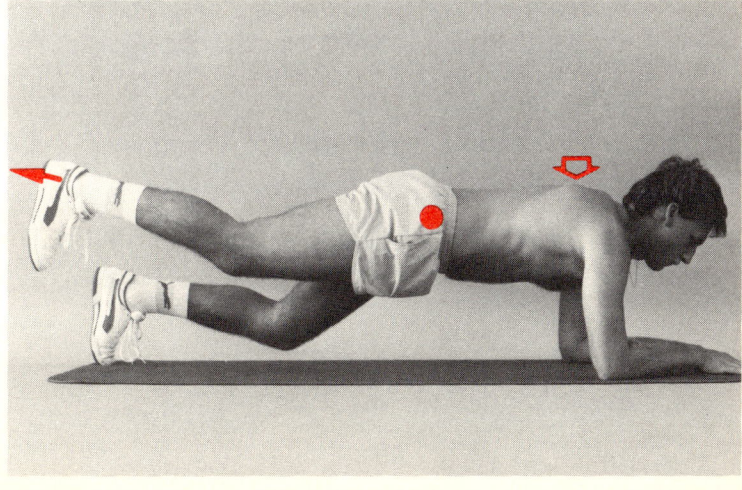

Übung 6.4

Ausgangsposition: Foto Mitte
Endposition: Foto unten
Bewegung: Anheben des Beckens
▶ *Wirkung:* Kräftigung der seitlichen Rumpfmuskulatur unter Einschluß der Knie- und Fußgelenkstabilisatoren

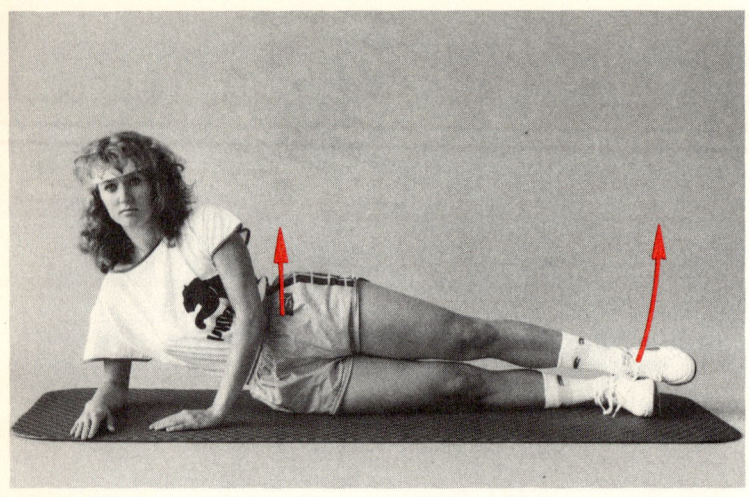

Anbahnung

Übung 6.5

Ausgangsposition: Rückenlage, ein Bein gebeugt, das andere Bein gestreckt und nur auf der Ferse abstützend
Bewegung: Becken anheben durch Druck der Ferse auf der Unterlage. In der *Endposition* (siehe Foto) leichte Bogenspannung aufbauen. Die Hände drücken dabei gegen das Knie des gebeugten Beins.
▶ *Wirkung:* Kräftigung der gesamten Muskelkette des Rumpfs und der Beine

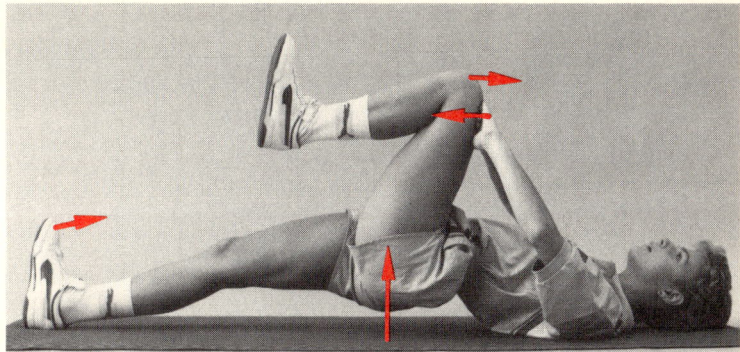

Übung 6.6

Ausgangs- und Endposition: siehe Foto
Bewegung: Fersen auf den Boden drücken, Finger verschränken und die Arme auseinander ziehen wollen (isometrische Spannung in Schultergürtel und Armen aufbauen); dann Kopf heben und Rumpf einrollen bei Verstärkung des Drucks der Fersen auf den Boden.
▶ *Wirkung:* Kräftigung der geraden Bauchmuskulatur unter Einschluß der Beinkette

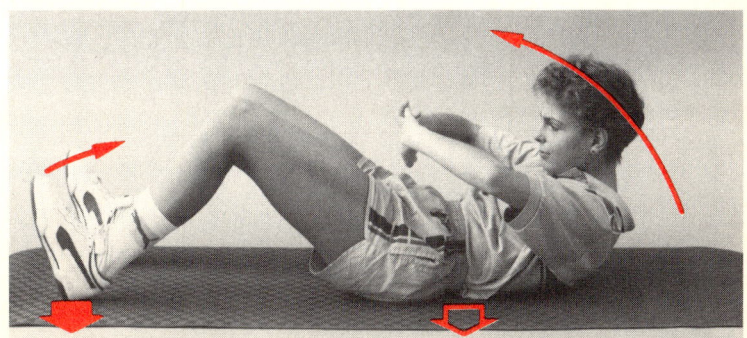

Übung 6.7

Ausgangs- und Endposition: siehe Foto unten links
Bewegung: In der Schrittstellung versuchen, die Beine zu schließen; dabei Wirbelsäule aufrichten und Arme und Schultern nach unten drücken.
▶ *Wirkung:* Kräftigung der gesamten Rumpfmuskulatur mit Einschluß der Beinkette (Haltungsaufbau)

Übung 6.8

Partnerübung (siehe Foto unten rechts)
Bewegung: Rumpf durch leichte Kniebeuge stabilisieren, dann diagonal mit den Armen Druck aufbauen (mit dem Körper dagegenhalten).
▶ *Wirkung:* Ganzkörperkräftigung

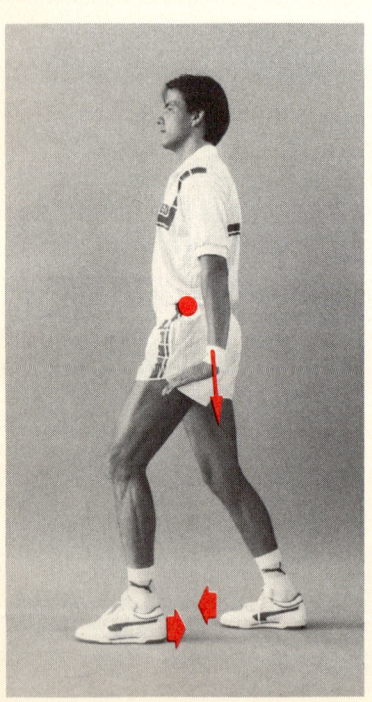
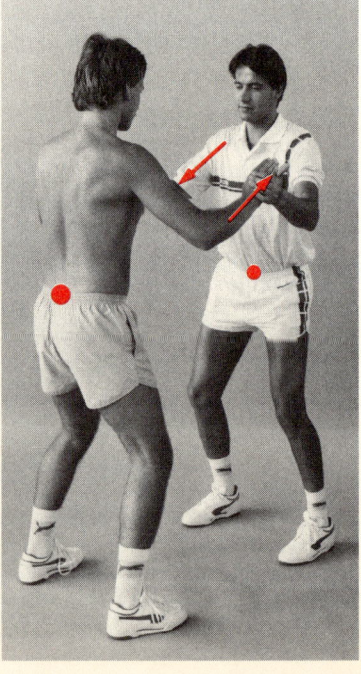

Aufwärmübungen vor dem Match

Ausgewählte Übungsbeispiele (vgl. auch Kap.: «Aufwärmen vor Training», S. 90)
Alle Übungen können als gehaltenes Dehnen, Anspannungs-Entspannungs-Dehnen oder als Kombination von beidem durchgeführt werden.

Übung 7.1
Langer Rückenstrecker
(Foto links)

Übung 7.2
Kniegelenkstrecker und Hüftbeuger
(Foto unten links)

Übung 7.3
Kniegelenkbeuger
(als Anspannungs-Entspannungsdehnen)
(Foto unten)

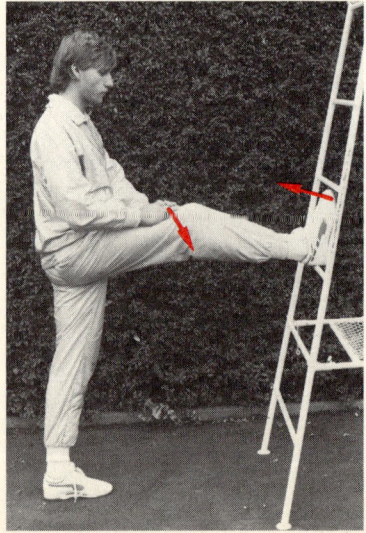

Aufwärmübungen vor dem Match

Übung 7.5
Adduktoren (mehr hinterer Anteil)
(Foto oben)

Übung 7.6
Wadenmuskulatur (als Anpassungs-
Entspannungsdehnen) *Foto unten
links:* Isometrische Anspannphase;
Foto unten: Dehnungsphase

Übung 7.4
Adduktoren (mehr vorderer Anteil)
(Foto oben)

Aufwärmübungen vor dem Match

Übung 7.8
Schienbeinmuskulatur

Übung 7.7
Schenkelbindenspanner

Übung 7.9
Nackenmuskeln

7.10
Schultergürtelmuskulatrur

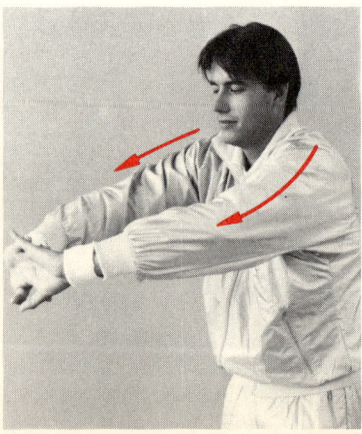

Übung 7.11
Ellbogenstrecker (Triceps) und seitliche Rumpfmuskulatur

Übung 7.12
Ellbogenstrecker
(isolierte Ausführung)

Dehnen und Entspannen in Wettkampf und Training

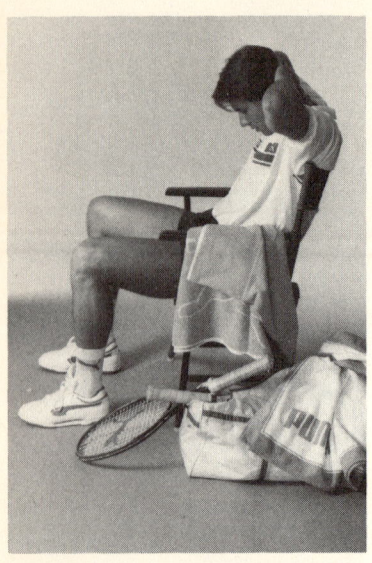

Wettkampf (Entspannen beim Seitenwechsel)

Übung 7.13
Nackendehnung (Foto links) (auch als Anspannungs-Entspannungs-Dehnen durchführbar; siehe Foto 7.9)

Übung 7.14
Dehnen des Kopfwenders und oberen Anteils des Trapezius (Foto unten links) (Beide Übungen sind auch bei psychischer Gespanntheit empfehlenswert.)

Übung 7.15
Droschkenkutscher-Sitz (Foto unten)

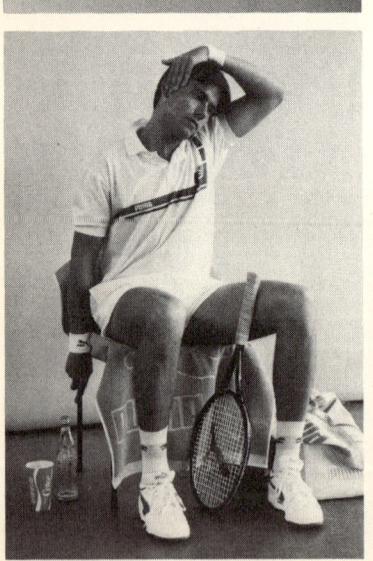

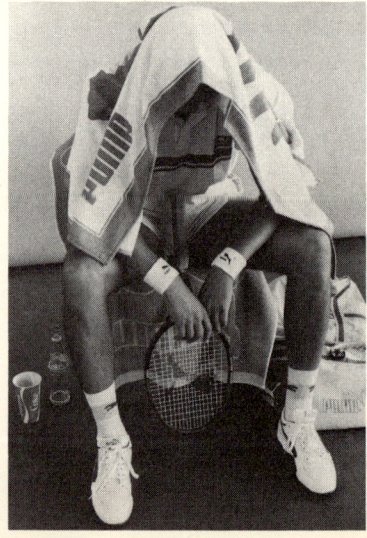

Training

Übung 7.16

Extensionslagerung zur Entspannung der unteren Rückenstreck-Muskulatur und zur Entlastung des Übergangs Lendenwirbelsäule – Kreuzbein. Besonders empfehlenswert in Trainingspausen zur aktiven Regeneration bei starker Wirbelsäulenbeanspruchung (vgl. auch S. 55–59).

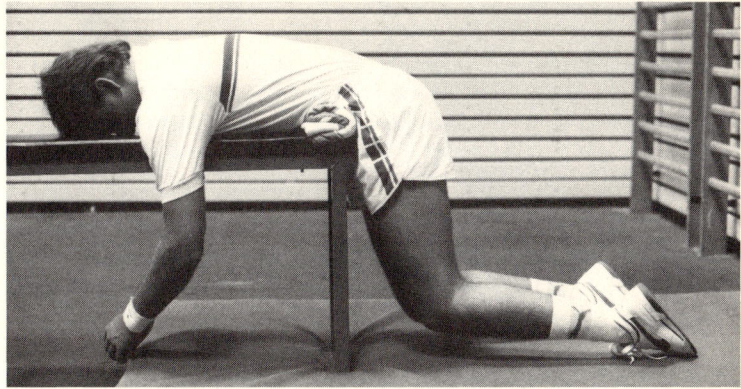

Übung 7.17

Variante der Übung 7.16 mit verstärkter Wirkung

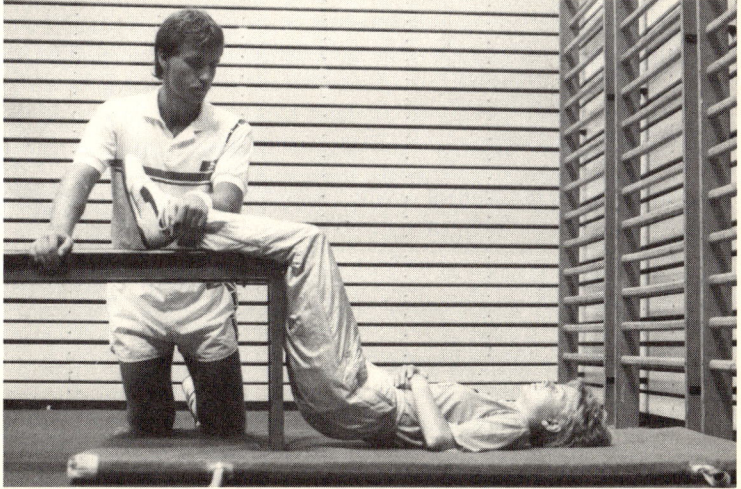

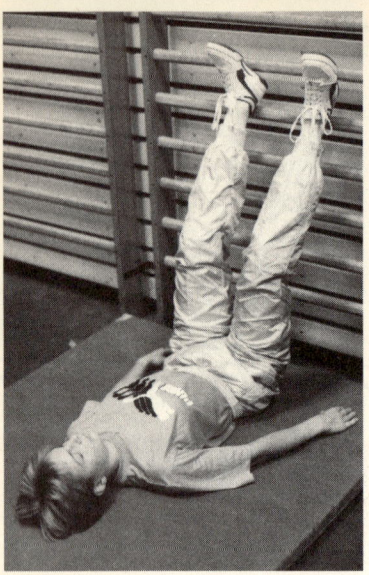

Übung 7.18
Hochlagerung der Beine
zur psycho-physischen Entspannung

Anspannungs-Entspannungs-Dehnen

Diese auch als «postisometrische Relaxation» (vgl. auch KNEBEL 1985; CHRS-Übungen) bezeichnete Dehnungstechnik bezieht ihre Wirkung aus der Eigenschaft der Muskulatur, nach einer maximalen isometrischen Kontraktion nicht auf ihre Ausgangslänge zurückzukehren (Kontraktionsrückstand). Dabei werden Regelmechanismen der neuronalen Steuerung der Muskulatur ausgeschöpft, die man als *Eigenhemmung* bezeichnet. Diese Eigenhemmung verursacht mit anderen neurophysiologischen Vorgängen auf der Rückenmarksebene nach einer isometrischen «Vor-Anspannung» eine kurzzeitige Entspannung. Der Grund ist der Umstand, «...daß ein Muskel, wenn er kontrahiert, etwa 7 sec lang danach (postfazilitäre Phase) nicht oder nur gering auf einen Dehnreiz mit einer Gegenspannung reagiert» (DIETRICH 1985, 54).

Alle Übungen des gehaltenen Dehnens lassen sich ebenfalls als «Anspannungs-Entspannungs-Dehnen» umstrukturieren. Um ein besseres Verständnis für diese Technik der Dehnfähigkeitssteigerung zu erreichen, werden nachfolgend die Grundübungen nochmals als «postisometrische Relaxation» dargestellt.

Anspannungs-Entspannungs-Dehnen 205

🚩kennzeichnet dabei die Aktion, die zum Aufbau der isometrischen Spannung nötig ist, ⇨ dagegen die Bewegung, die ausgeführt werden muß, um die gleiche Muskelgruppe nach folgendem Muster zu dehnen:

8–10 sec isometrisch, maximal anspannen,
1– 2 sec lösen der Kontraktion und heranführen der Muskulatur an das aktuelle Dehnungsmaximum (ebenfalls ca. 1–2 sec),
8–10 sec in der Endposition verharren.

Übungsbeispiele

Übung 8.1
Dehnung langer Rückenstrecker (unterer Anteil)

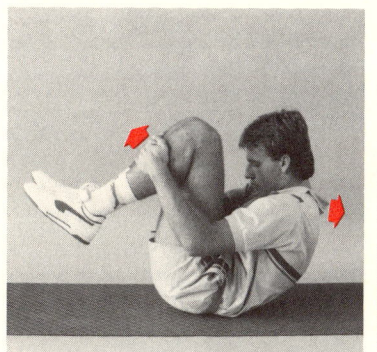
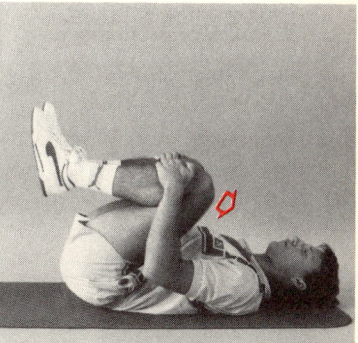

Übung 8.2
Dehnung großer Gesäßmuskel

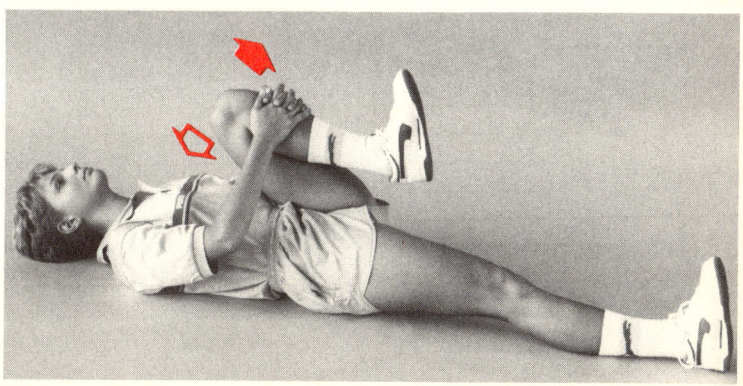

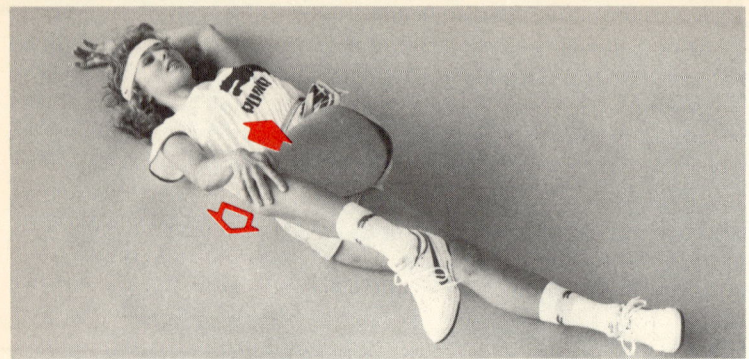

Übung 8.3
Dehnung mittlerer Teil
des Gesäßmuskels und Abduktoren
(Foto oben)

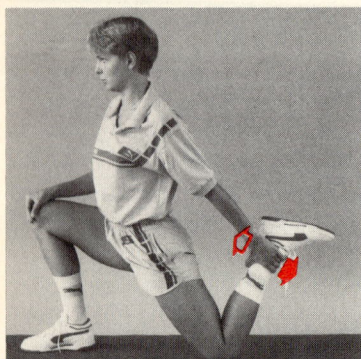

Übung 8.4
Dehnung Kniegelenkstrecker
(Quadrizeps) (Foto links)

Übung 8.5
Dehnung Kniegelenkbeuger
(Ischiocruralen)
(Foto unten und rechts oben)

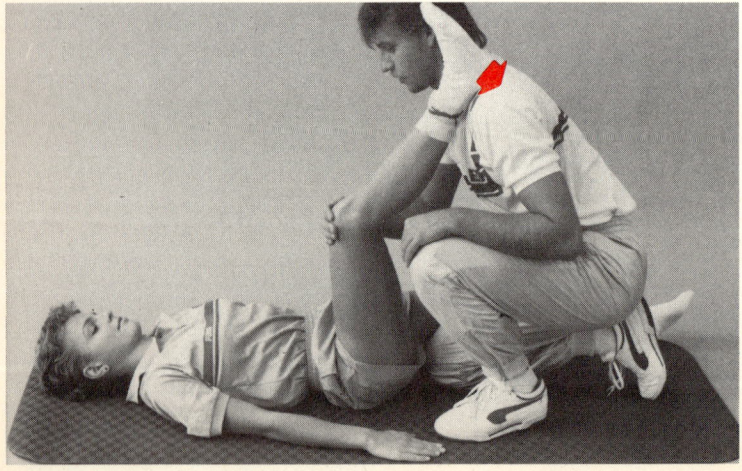

Anspannungs-Entspannungs-Dehnen

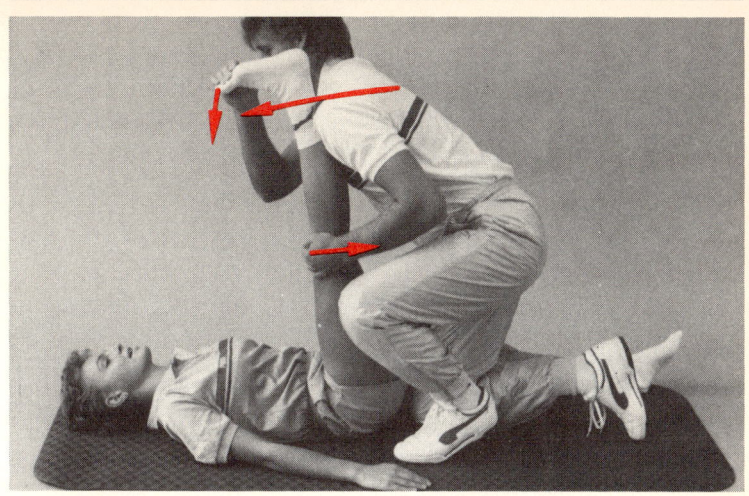

Übung 8.6
Dehnung Adduktoren

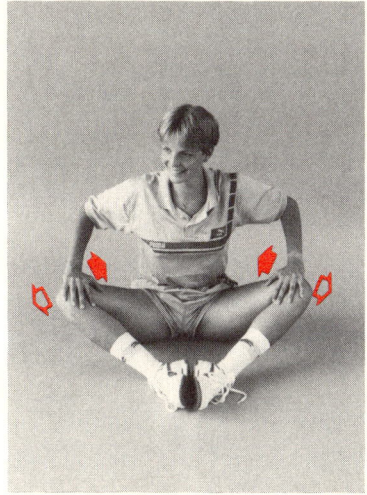

Übung 8.7
Dehnung Pronatoren

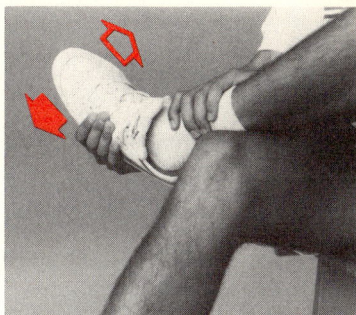

Übung 8.8
Dehnung Supinatoren

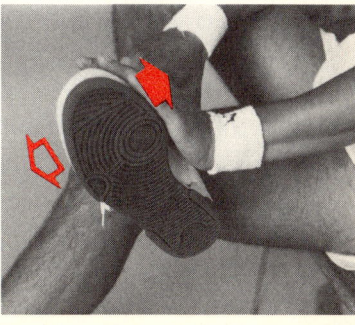

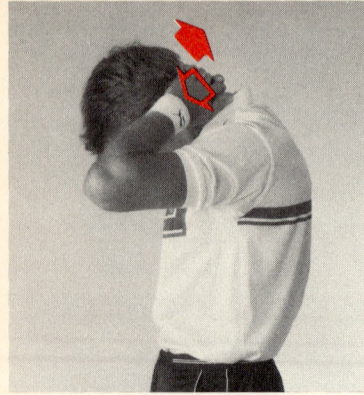

Übung 8.9
Dehnung Nackenmuskeln

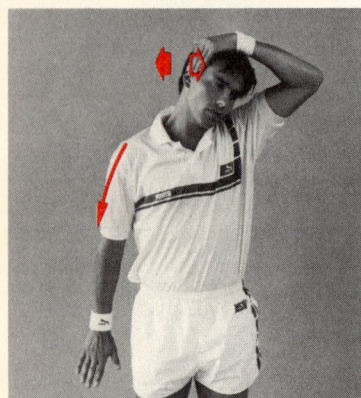

Übung 8.10
Dehnung Kopfwender und oberer Anteil Trapezius

Übung 8.11
Dehnung der Schultergürtelmuskulatur auf der Rumpfrückseite
(Fotos unten)

Übung 8.12
Dehnung breitester Rückenmuskel und hinterer Teil Deltamuskel
(Foto rechts)

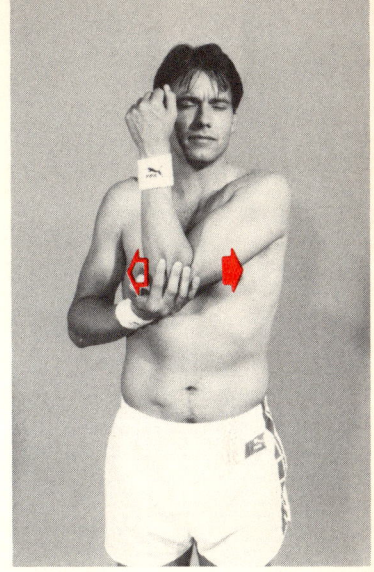

Übung 8.13
Dehnung Ellbogenstrecker
(Foto unten rechts)

Übung 8.14
Dehnung Brustmuskeln
(Foto unten)

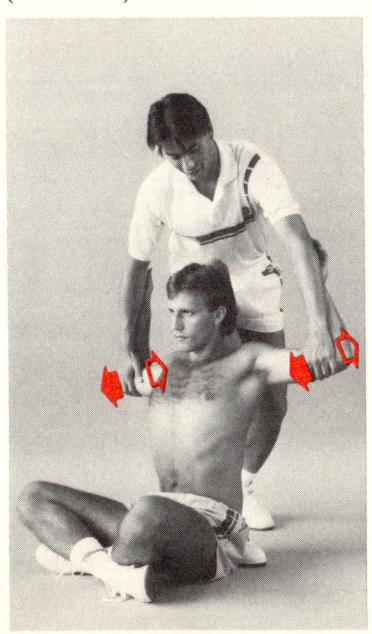

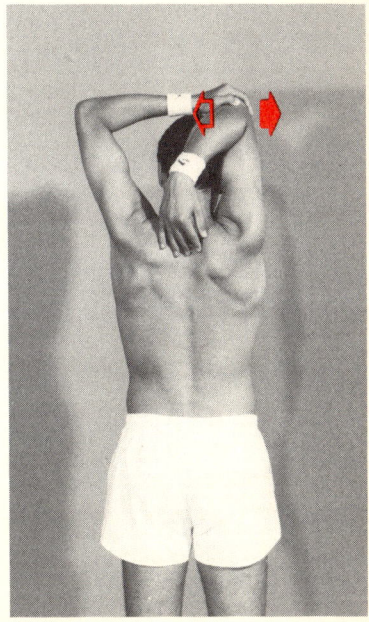

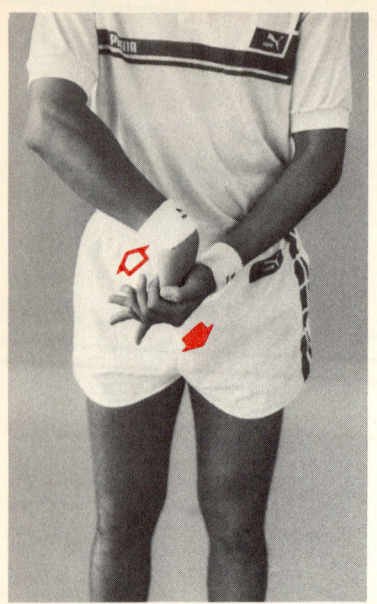

Übung 8.15
Dehnung Handgelenkstrecker

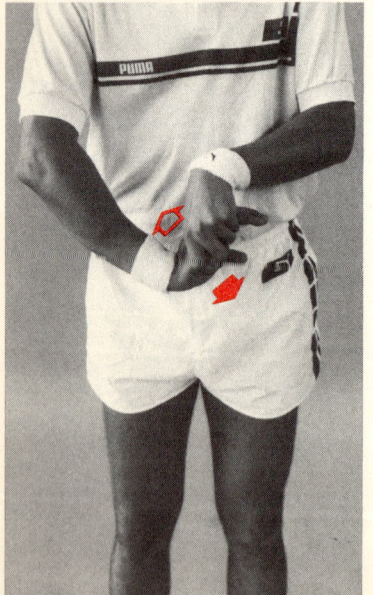

Übung 8.16
Dehnung Handgelenkbeuger

Kraftübungen mit Hilfsmitteln

Das Krafttraining mit Hanteln und anderen Geräten sprengt im strengen Sinn den Rahmen einer Gymnastik. Dennoch werden nachfolgend ausgewählte Beispiele vorgestellt, um aufzuzeigen, daß die Idee des funktionellen Trainings sich auch auf andere Inhalte des Konditionstrainings übertragen läßt.

Des weiteren muß eingeräumt werden, daß sich bestimmte, für die Rückschlagspiele bedeutsame Muskelgruppen einfacher und effizienter mit Hilfsmitteln trainieren lassen als mit gymnastischen Übungen. Besonders die Schultergürtel- und Schulterblattstabilisatoren, die als Gegenspieler der ohnehin stark geforderten Brustmuskulatur eine wichtige Rolle spielen, lassen sich unter Anwendung bestimmter Hilfsmittel zweckmäßiger und manchmal auch ökonomischer kräftigen.

Übung 9.1

Bizeps-Kräftigung aus vorgedehnter Stellung mit Kurzhantel, Gummiband, Seilzugapparat etc.

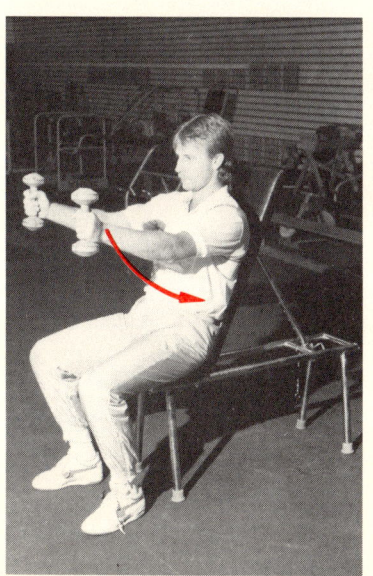 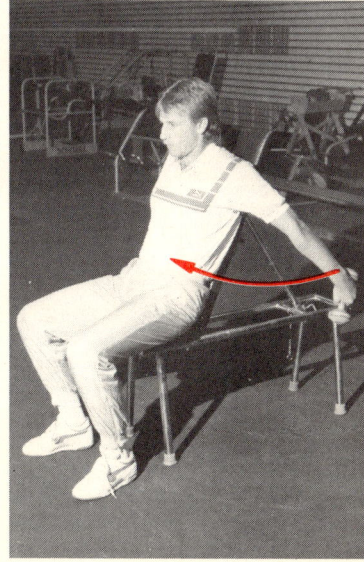

Kraftübungen mit Hilfsmitteln

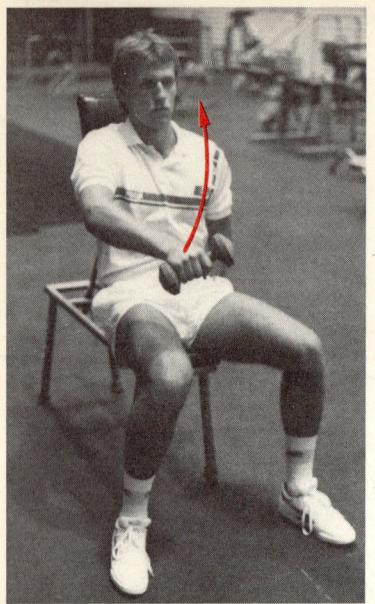

Übung 9.2
Bizeps-Kräftigung im «diagonalen Muster» mit der Kurzhantel

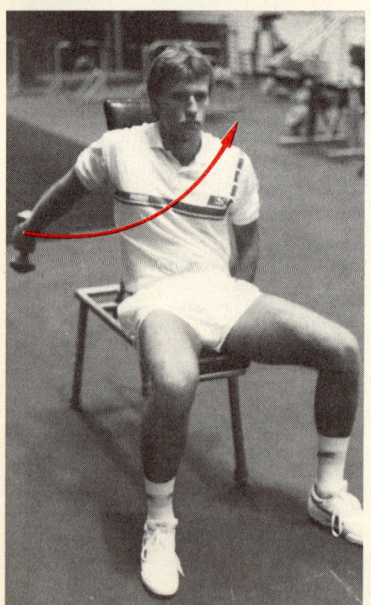

★ Übung 9.3

Flys in liegender Position als Kräftigung der Brustmuskulatur
(mittlerer Anteil). Foto unten: Beim Auseinanderführen Kräftigung von
Trizeps (konzentrisch) und Brustmuskeln (exzentrisch)

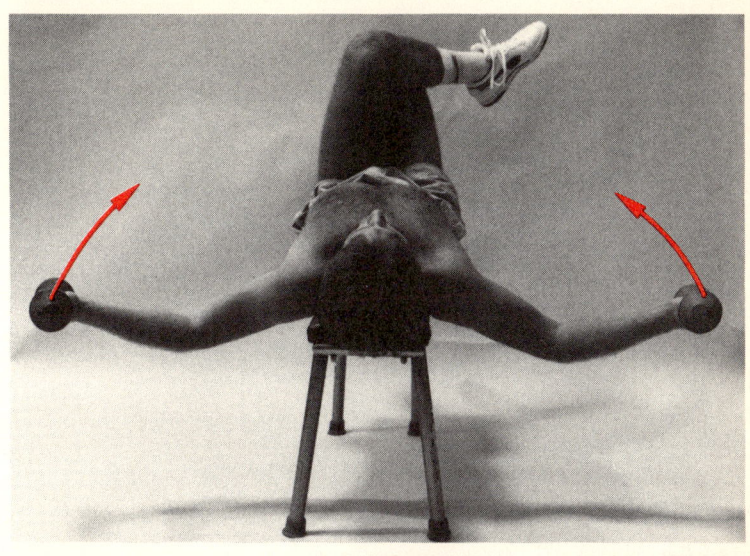

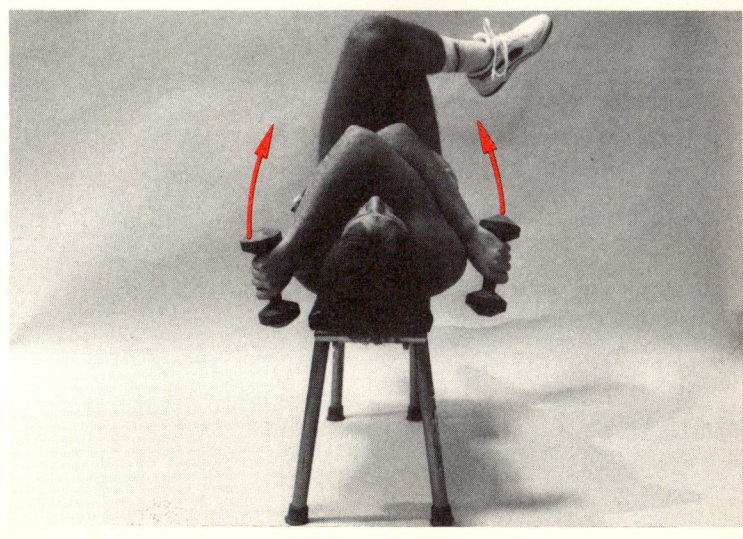

Übung 9.4
Kräftigung der Einwärtsrotatoren in schlagtypischer Ausführung mit Deuser-Band, Fahrradschlauch o. ä. (Foto oben links)

Übung 9.5
Kräftigung der Auswärtsrotatoren in schlagtypischer Ausführung mit dem Deuser-Band, Fahrradschlauch o. ä. (Foto oben rechts)

★ Übung 9.6
Fotos rechts: Flys in der Bauchlage zur Kräftigung der Schultergürtel- und Schulterblattmuskulatur in drei Ebenen
Oben: vordere Ebene   Mitte: mittlere Ebene   Unten: hintere Ebene

Kraftübungen mit Hilfsmitteln

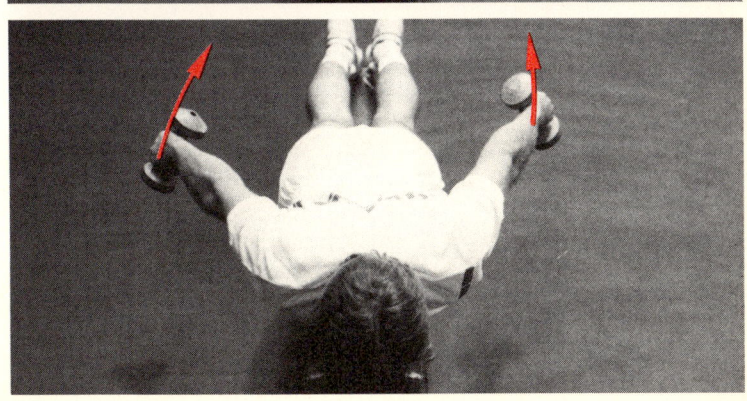

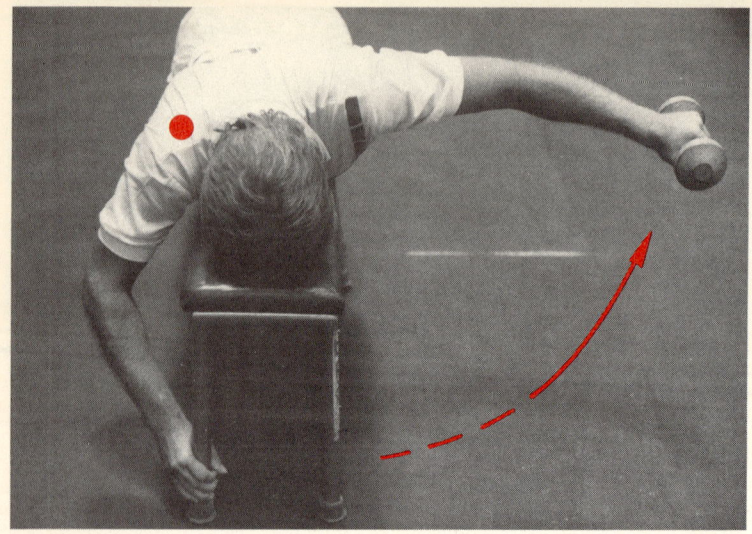

★ Übung 9.7
Flys einarmig als kontralaterale Kräftigung (Foto oben)
Variation auf der Schrägbank; Wirkung wie 9.6

★ Übung 9.8
Kickbacks; Schultergürtelkräftigung (1. Phase: Foto unten und rechts oben) und Trizeps-Kräftigung (2. Phase: Foto rechts unten)

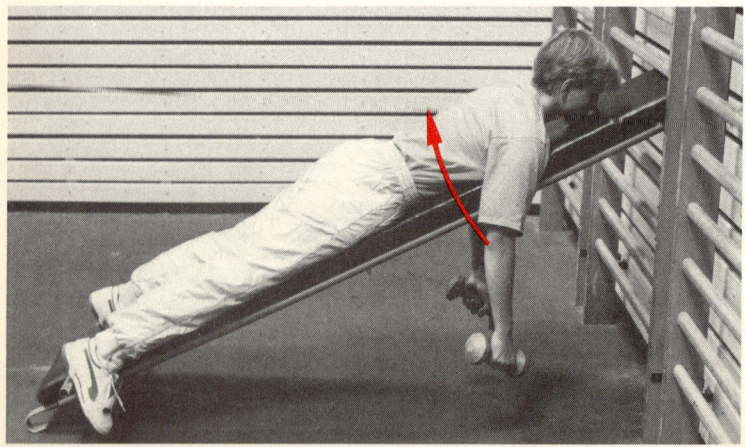

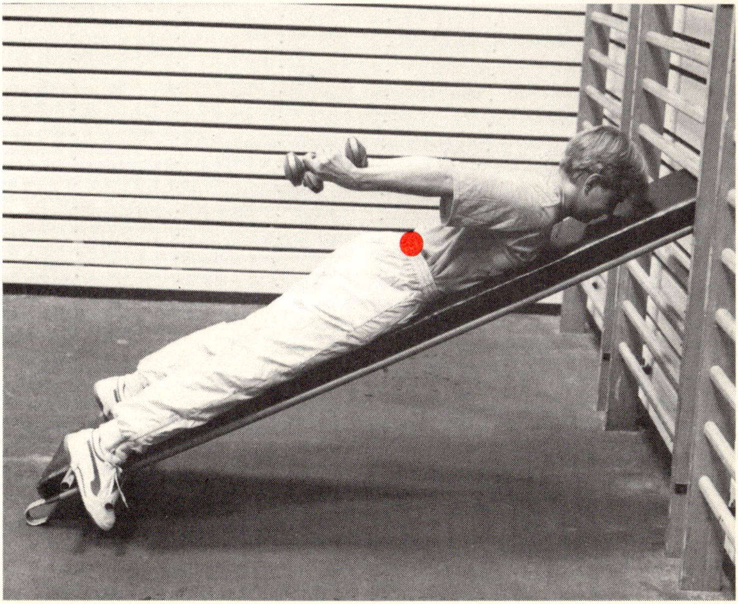

Kraftübungen mit Hilfsmitteln

Kraftübungen mit Hilfsmitteln

Übung 9.9
Thors Hammer; Trizepskräftigung mit einem Maurerhammer (1250 g, auch schwerer)

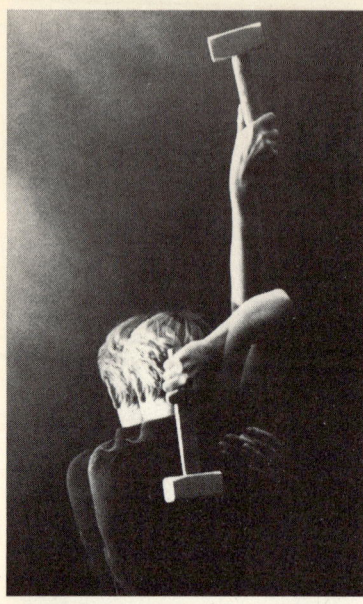

★ Übung 9.10
Kräftigung Handgelenkstabilisatoren (Fotos unten)

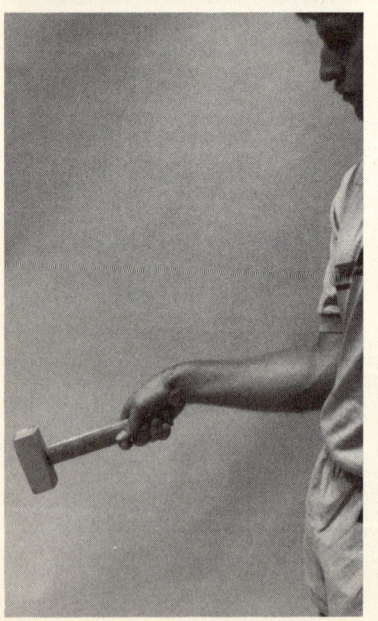

Kraftübungen mit Hilfsmitteln

★ Übung 9.11
Thors Hammer; Kräftigung der Handgelenkstabilisatoren und Unterarmrotatoren (vgl. auch sportmedizinische Aspekte, S. 52)

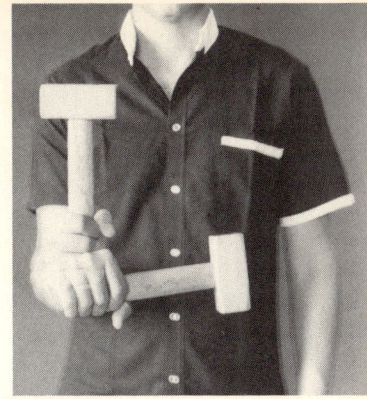

★ Übung 9.12
Handgelenk-Curls; Kräftigung der Beugergruppe (Fotos unten)

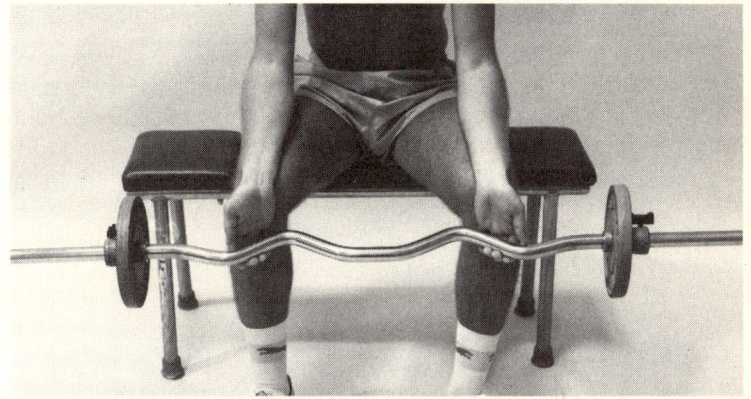

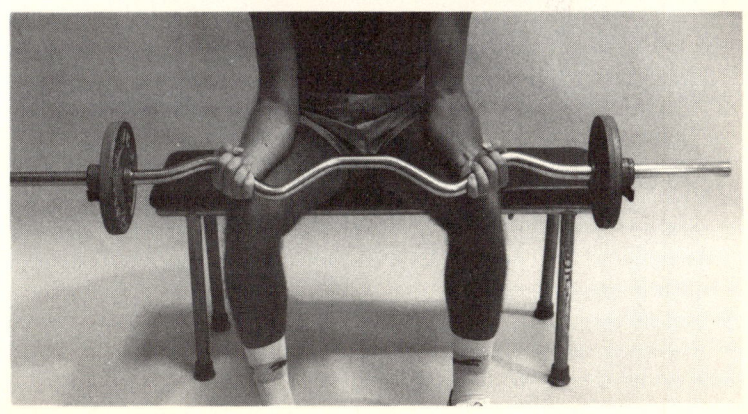

★ Übung 9.13
Handgelenk-Curls; Kräftigung der Streckergruppe

Circuittraining

Circuittraining (auch als Zirkeltraining bezeichnet) ist eine im Sport beliebte Methode, Konditionstraining attraktiv zu organisieren. Besonderes Merkmal dieser Methode ist die Aneinanderreihung bestimmter Trainingsübungen zu einer Art Rundlauf. Dieses typische «Nacheinander» verschiedener Übungsstationen wird nach bestimmten Richtlinien gestaltet, je nachdem, welche Wirkung erzielt werden soll.

Auswahl der Übungen

Die Auswahl der Übungen erfolgt nach verschiedenen Gesichtspunkten. Entscheidende Aspekte der Auswahl sind:
- Größe der Trainingsgruppe
  So viele Übungen wählen, wie Teilnehmer vorhanden sind. Die Anzahl der Übungen sollte je nach Ausbildungsziel zwischen 8 und 15 liegen. Bei großen Trainingsgruppen (mehr als 15 Teilnehmer) Stationen doppelt belegen (einer übt – der andere hat Pause) oder durch «Ruhestationen» den Zirkel auf die entsprechende Zahl erweitern. Aber: alle diese Organisationsänderungen beeinflussen die Trainingswirkung. Das ursprüngliche Ziel im Auge behalten!
- Einfache Übungen
  Einfache, unkomplizierte und der Trainingsgruppe geläufige Übungen sind besser als Übungen mit großen koordinativen Anforderungen (vor allem bei Kindern und Jugendlichen).
- Trainingsziel
  Reihenfolge der Übungen nach dem Trainingsziel einrichten:
  – Kraftzirkel: von Station zu Station die zu beanspruchende Muskelgruppe wechseln.
  – Kraftausdauerzirkel: mehrere Übungen für die gleiche Muskelgruppe hintereinander schalten.
  – Ausdauerzirkel: ganzkörperlich beanspruchende Übungen mit Teilkörperübungen kombinieren.
  – Beweglichkeitszirkel: nach dem Prinzip «Antagonist – Agonist» im steten Wechsel organisieren.

Die Gesamtgestaltung des Zirkels kann der Übersicht halber einem Rundgang in Kreisform gleichen. Doch wird es in der Regel von den räumlichen und materialen Voraussetzungen sowie der Größe der Trainingsgruppe abhängig sein, welche Gestaltung man wählt. Immer sollte jedoch darauf geachtet werden, daß die einzelnen Stationen in einem Curcuit in ihrer Reihenfolge für die Übenden erkennbar sind. Hilfreich ist die Durchnume-

rierung der Stationen (mit Kreide, Zahlen auf Pappkarton etc.). Für Kinder hat es im Training einen besonderen Anreiz, wenn sie solche «Stationen-Karten» selbst malen und gestalten dürfen.
Grundsätzlich ist bei der Auswahl der Übungen und der Gestaltung des Zirkels zu beachten, daß Übungen, bei denen Arme und Beine gleichzeitig belastet werden, wie z. B. Seilhüpfen, Hampelmann u. ä. höhere Anforderungen an das Herz-Kreislauf- und Atmungssystem sowie den Stoffwechsel stellen als Übungen ohne Einschluß von Armbewegungen. Übungen dagegen, die vorwiegend die Haltemuskulatur (z. B. Rumpfmuskulatur) beanspruchen, sind aufgrund deren tonischer Funktionslage für das Herz-Kreislaufsystem weniger belastungsintensiv.
In der Anordnung eines Circuit sollten sich daher – wenn keine anderen Trainingsziele angestrebt werden, wie Stresstraining, Willensstrukturtraining u. a. – belastungsintensive mit weniger fordernden Übungen in der Aufeinanderfolge stetig abwechseln (vgl. auch JONATH 1985).

Methoden der Durchführung

Das Üben nach Zeit

Für jede Station steht die gleiche Übungszeit zur Verfügung. Beispiel: 20–30 sec belasten, 20–30 sec Pause. Diese Methode hat den Vorteil, daß der Beanspruchungsgrad an der jeweiligen Station *individuell*, gemäß der aktuellen Leistungsfähigkeit gewählt und der unterschiedlichen, fasertypologischen Belastungsverträglichkeit der Muskulatur Rechnung getragen werden kann. So werden Bauchmuskelübungen (tonische Muskulatur; Haltefunktion) mit mäßiger Geschwindigkeit durchgeführt, weshalb weniger Wiederholungen möglich sind. Beinkraftübungen verlangen dagegen eine deutlich höhere Dynamik (phasische Muskeln), so daß in gleicher Zeiteinheit die Übung häufiger ausgeführt wird.
Ein weiterer Vorteil ist die Kontrollier- bzw. Manipulierbarkeit von Belastung und Pause. Beides sind entscheidende Gestaltungsmittel der Trainingswirkung. Je nachdem, in welchem Verhältnis beides zueinander steht, verschiebt sich die Wirkung der Belastung. Mit langen Belastungsphasen und kurzen, unvollständigen Pausen betont man die Ausdauer- und Kraftausdauerkomponenten, mit kurzen Belastungen und längeren, vollständigen Erholungspausen wird dagegen stärker die Kraft gefördert. Trainingsfortschritte werden über die Anzahl der möglichen Wiederholungen je Zeiteinheit registriert.

Das Üben nach Zahl

An jeder Station wird von jedem Teilnehmer die Übung in vorher festgelegter Anzahl wiederholt. Beispiel: 8× Liegestütz, 6× Bauchmuskeln, 12× Beinstrecken usw. Eine individuelle Belastungsdosierung ist auf diese Weise schwer möglich, weswegen sich die Organisationsform mehr für *homogene Trainingsgruppen* eignet. Des weiteren ergibt diese Form der Gestaltung unterschiedliche Pausenlängen zwischen den einzelnen Stationen, so daß die Pause als kalkulierbare Entlastungskomponente wegfällt.
Eine Kontrolle des Trainingsfortschritts ist nur über das Ausführungstempo und die Gesamtübungszeit möglich.

Wie auch immer der Zirkel zusammengestellt wird, die Gestaltungsmittel sind stets die gleichen (nach SCHOLICH 1984):
- *Übungsumfang:* Anzahl der Wiederholungen je Station und/oder Anzahl der Durchgänge
- *Übungsdauer:* Übungszeit je Station, Anzahl der Durchgänge, Anzahl der Übungsstationen
- *Übungsintensität:* Krafteinsatz je Zeiteinheit durch Steigerung der Bewegungsfrequenz, höherer Krafteinsatz bei der Überwindung größerer Zusatzlasten oder anstrengendere Übungen
- *Übungsdichte:* Pausengestaltung zwischen den einzelnen Übungsstationen oder Durchgängen
- *Übungshäufigkeit:* je Woche
- *Übungsauswahl:* Ganzkörper- oder Teilkörperbelastung; allgemein oder speziell entwickelnde Übungen; Kraft-, Ausdauer- oder Beweglichkeitsübungen

Unter Berücksichtigung von Geschlecht, biologischem Reifegrad, aktuellem Konditionszustand und Trainingsziel kann durch Änderung eines oder mehrerer dieser Belastungskriterien eine angemessene Trainingswirkung erzielt werden (vgl. Übersicht auf Seite 224).

Trainingsbeispiele

Alle Beispiele basieren auf den in den vorausgegangenen Kapiteln dargelegten Sachverhalten. Eine sinnvolle Trainingsgestaltung ist daher nur möglich, wenn die grundlegenden Erörterungen entsprechend umgesetzt werden können. Nur dann wird es dem Trainer, Übungsleiter und Sportler gelingen, die Beispiele so zu variieren, daß sie individuellen Bedürfnissen und den formulierten Trainingszielen entsprechen.
Wird der Zirkel nicht *nach Zeit* durchgeführt, können die empfohlenen Wiederholungszahlen der einzelnen Übungen nur grobe Richtwerte sein,

Circuittraining – Belastungskriterien und Trainingswirkung

Zirkeltyp	Kraft	Kraftausdauer	Ausdauer	Beweglichkeit
Belastung	15–30 sec	20–40 sec	30–60 sec	ohne Bedeutung
Pause	30–40 sec	20–40 sec	40–60 sec	20 sec
Wiederholung der Übung	Seite 225	Seite 226	Seite 227	ca. 5 mal
Stationen	6–8	10–15	10–15	beliebig
Ausführungsgeschwindigkeit	mäßig schnell; bei tonischer Muskulatur mit Haltephase; bei phasischer Muskulatur langsam in der exzentrischen, schneller in der konzentrischen Phase	schnell; bei tonischer Muskulatur mit längerer Haltephase (Haltekraftausdauer); gleichförmige Geschwindigkeit in konzentrischer und exzentrischer Phase	schnell; mäßig bei tonischer Muskulatur ohne Haltephase; gleichförmig exzentrisch und konzentrisch	unbedeutend
Durchgänge	1–3	3–5	4–6	ca. 3
physiologische Wirkung	Rekrutierungsfähigkeit motorischer Einheiten (Intra- und Intermuskuläre Koordination)	Energiepotential; Stoffwechsel; Pufferkapazität	Herz-Kreislauf-Regulation; aerobe Kapazität; Stoffwechsel	Dehnfähigkeit; Entspannungsfähigkeit (lokal und zentral)
Besonderheiten	steter Wechsel der zu beanspruchenden Muskelgruppen	Belastung gleicher Muskelgruppen über mehrere Stationen (max. drei) möglich; Pulskontrolle vor und nach jedem Durchgang lohnend	Ganzkörperübungen dominieren; Pulskontrolle vor und nach jedem Durchgang lohnend	auf exakte Ausführung achten; Konzentration; zur Verkürzung neigende Muskeln intensiver üben.

die auf den aktuellen und individuellen Trainingszustand der Übenden eingestellt werden müssen.

Der Wechsel von Station zu Station bedeutet eine *passive Pause*. Die Pausen zwischen den Durchgängen werden mit Dehnübungen für die jeweils gerade beanspruchte Muskelgruppe ausgefüllt (*aktive Pausen*), um die Elastizität der Muskulatur zu erhalten.

Im *Kraftzirkel* sollten alle Übungen über die volle Breite der möglichen Gelenkbewegung durchgeführt werden. Aufgrund der höheren Übungsgeschwindigkeit im Ausdauer- und Kraftausdauerzirkel ist dies zwar nicht immer möglich, doch auch hier ist das Üben über den vollen Bewegungsumfang anzustreben.

Die Übungen können durch anderes Übungsgut aus den Beispielen ersetzt und den situativen Trainingsbedingungen sowie den materialen Voraussetzungen angepaßt werden.

Kraftzirkel

Übung 3.15
Kniebeugen- und strecken: 8mal (S. 171)

Übung 4.11
Liegestütz: 6mal (S. 188)

Übung 2.14
Crunchers: 6mal (S. 155)

Übung 2.12 C
Rückenmuskeln (beidbeinig): 6mal (S. 153)

Übung 3.20
Adduktoren: 6mal links und rechts (S. 175)

Übung 2.17
Crunchers (schräg): 4mal links, 4mal rechts;
links/rechts im Wechsel (S. 158)

Übung 3.23
Wadenmuskeln: 8mal links und rechts (S. 179)

Übung 9.6
Schulterblatt-Muskeln: 6mal (S. 215)

Kraftausdauerzirkel

Übung 2.14
Crunchers (Haltekraftausdauer): in der Endposition 2–3 sec verharren, 8mal (S. 155)

Übung 2.12
Rückenmuskeln (Haltekraftausdauer): in der Endphase 2–3 sec verharren, (S. 153)

Übung 4.11
Liegestütz: 8mal (S. 188)

Übung 5.4
Schlittschuhschritte auf der Weichbodenmatte: 8mal nach links/ 8mal nach rechts (S. 190)

Übung 2.17
Crunchers (schräg): 6mal links und rechts im Wechsel (S. 158)

Übung 9.6
Schulterblatt-Muskeln: 8mal (S. 215)

Übung 9.3
Flys: 8mal (S. 213)

Übung 9.9
Armstrecken: 8mal links und rechts (S. 218)

Übung 9.1
Bizeps aus gedehnter Stellung: 6mal (S. 211)

Übung 5.3
Seilspringen: 20mal (S. 189)

Übung 2.19
seitliches Rumpfheben: 6mal links und rechts (S. 160)

Übung 3.20
Adduktoren: 6mal links und rechts (S. 175)

Ausdauerzirkel

Übung 5.2
Seilspringen: 20–30mal (S. 189)

Übung 4.11
Liegestütz: 8–10mal (S. 188)

Übung 5.1
Kniehebeläufe auf der Weichbodenmatte: 20–30mal (S. 189)

Übung 9.3
Flys: 8–10mal (S. 213)

Übung 3.16
Beinstrecken auf der Schrägbank: 10mal links und rechts im Wechsel (S. 172)

Übung 4.10
Armbeugen und Strecken am Kasten: 8–10mal (S. 187)

Übung 3.23
Fußgelenkarbeit auf der Weichbodenmatte: 10–15mal links und rechts im Wechsel (S. 178)

Übung 9.6
Schulterblatt-Muskeln (3 Positionen): 8mal (S. 215)

Übung o. Abb.
Hampelmann auf der Stelle: 10–15 mal

Übung 3.15
Kniestrecken und Beugen: 10mal links und rechts im Wechsel (S. 171)

Übung 2.12 Mitte
Rücken- und Gesäßmuskeln: 10–15mal links und rechts im Wechsel (S. 153)

Übung 2.14
Crunchers: 8mal (S. 155)

Beweglichkeitszirkel

Übung 8.1
Rückenmuskeln als Anspannungs-Entspannungs-Dehnen (S. 205)

Übung 3.3
Gesäßmuskeln (S. 162)

Übung 3.7
Hüftbeuger und Kniegelenkstrecker (S. 166)

Übung 3.11
Adduktoren als Anspannungs-Entspannungs-Dehnen (S. 168)

Übung 3.13
Wadenmuskeln (S. 169)

Übung 3.12
Abduktoren (S. 168)

Übung 7.8
Schienbeinmuskeln (S. 200)

Übung 1.2
Nackenmuskeln (S. 144)

Übung 1.1
Kopfwender (S. 143)

Übung 8.11
Schultergurtel (Rückseite) als Anspannungs-Entspannungs-Dehnen (S. 208)

Übung 4.1
Brustmuskeln (S. 182)

Übung 4.3
Ellbogenstrecker (S. 183)

Übung 4.6
Handgelenk- und Fingerstrecker (S. 184)

Übung 4.7
Handgelenk- und Fingerbeuger (S. 185)

Unfunktionelle Übungen – Negativ-Beispiele

Die nachfolgenden Beispiele sind eine willkürliche Zusammenstellung aus dem Standard-Übungsgut des Sports, sie sind auch im Tennis nicht untypisch. *Von diesen Übungen werden bestimmte Trainingswirkungen erwartet, die allerdings meistens nicht eintreten*, weil die Struktur und die Ausführung unspezifisch bzw. unfunktionell sind. Die Übungen haben zahlreiche, teilweise verdeckte Nebenwirkungen. Werden sie über einen längeren Trainings- und Übungszeitraum intensiv angewandt, stellen die nicht unerheblichen Nebenwirkungen ein Risiko dar. Die Liste der *unfunktionellen* Übungen könnte beliebig fortgeschrieben werden, so daß die sarkastische Bemerkung eines bekannten Sportmediziners nachhaltig unterstrichen würde, der Mensch sei für sportliche Betätigungen nicht geeignet. Wir meinen zwar, daß man solchermaßen den Sport nicht in Frage stellen kann, doch sollte jeder Sportlehrer, Trainer und Übungsleiter immer wieder aufs neue die *Funktionalität* dieser oder jener gebräuchlichen Übung überprüfen. Dies um so gewissenhafter, je näher die Grenzen des Menschenmöglichen erreicht werden, wie im Hochleistungssport üblich.
Besonders verhängnisvoll sind sogenannte «Bauchmuskelübungen», wenn sie, wie in Abb. Seite 236/237 demonstriert, mit freibeweglichem Oberkörper aus einer Überstreckung der Lendenwirbelsäule (Hyperlordose) ausgeführt werden. Solche und ähnliche Ausführungsweisen ‹garantieren› eine enorme Beanspruchung der Bandscheiben. GUSTAVSEN (1984) gibt Druckbelastungen auf die Bandscheibe zwischen dem zweiten und dritten Lendenwirbel von ca. 210 kp an. Aufgrund der Hebelwirkung vervielfachen sich solche Beanspruchungen, wenn nur geringe Zusatzlasten (Hantelscheibe, Sandsack u. ä.), wie im Leistungs-, aber auch Fitnesssport so häufig praktiziert, eingesetzt werden. Abgesehen davon, daß bei den «Sit-ups» wiederum die Lendendarmbeinmuskeln (m. iliopsoas) die Hauptarbeit zu leisten haben, führt diese Ausführung – langfristig betrieben – zu vielerlei unliebsamen Nebenwirkungen:
– die Strukturelemente der Wirbelsäule (in den meisten Sportarten ohnehin schon stark beansprucht) sind zusätzlich unnötig hoch (druck-) belastet;
– die ‹tiefe› Rückenmuskulatur im Lendenbereich verspannt und verkürzt sich bei besonders intensiver und längerer Anwendung.

Wie auch immer «Sit-ups» ausgeführt werden, sie kräftigen vornehmlich die Hüftbeuger unter Fehlbeanspruchung der Lendenwirbelsäule (vgl. PETERSON-KENDALL u. a. 1983, 206).

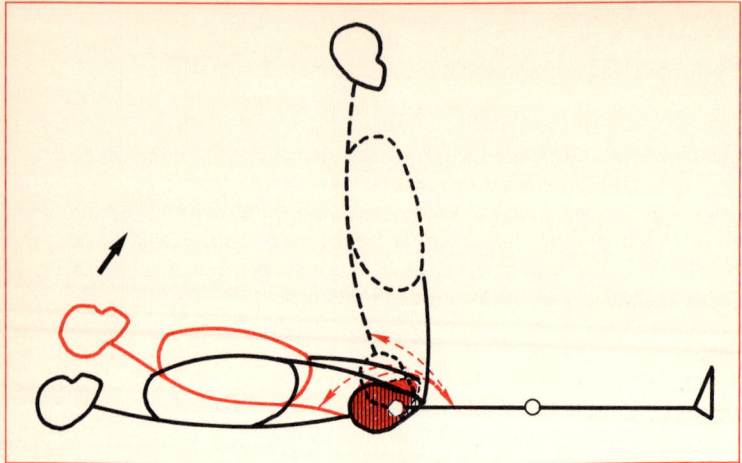

Abb. 41: Unfunktionelle Bauchmuskelübung (Sit-up)
Sit-ups sind unzweckmäßige Kräftigungsübungen für die gerade Bauchmuskulatur. Beim Rumpfaufrichten muß das Becken mitbewegt werden. Drehpunkt ist das Hüftgelenk. Bewegend auf das Hüftgelenk wirken nur die Hüftbeugemuskulatur und ihre Gegenspieler. Diese Muskelgruppe entspringt mit einem Teil (m. psoas major) an der Lendenwirbelsäule und zieht zum Oberschenkel. Sie ist dafür verantwortlich, daß die Lendenwirbelsäule beim Bewegungsbeginn in eine verstärkte Lordose gezogen und über den größten Teil des Bewegungswegs auch darin fixiert wird. Die Bauchmuskulatur hat in diesem Aktionsmuster vorwiegend mithelfende (synergistische) Funktion und stabilisiert den Oberkörper gegenüber dem Becken. Die Folge dieser Übung ist eine Fehlbeanspruchung der Bandscheiben besonders im Übergang zum Kreuzbein (lumbosakraler Übergang) durch hohe Druckbelastung (vgl. auch Abb. S. 83, 236 u. 237).

Unfunktionelle Übungen – Negativ-Beispiele

Negativ-Beispiele
Kopfkreisen zur Mobilisation der Halswirbelsäule
Kritik: mögliche Schädigung der Zwischenwirbelscheiben und der Wirbelkörperränder
Begründung: anatomisch bedingtes Verzahnen («Haifischzahnphänomen») der Wirbelkörper

Rollbewegung rückwärts zur Dehnung und Mobilisation (Foto unten)
Kritik: Überdehnung des hinteren Längsbands der Wirbelsäule
Begründung: Ganze Körperlast wirkt in Fehlhaltung auf den cervico-thorakalen Übergang (Halswirbelsäule/Brustwirbelsäule).

Schwunghaftes Armkreisen (Windmühle) zur Mobilisation von Oberarmgelenk und Schultergürtel
Kritik: unfunktionelle Beanspruchung des Schultergürtels und des Oberarmgelenks
Begründung: Kein Muskel erreicht seine maximale Dehnstellung; Kapselbandschädigungen durch schwunghaftes Bewegen möglich.

Liegestütz zur Kräftigung von Oberarmmuskulatur
Kritik: Bei nicht genügender Fixationsmöglichkeit (Kraft) des Schulterblatts verstärkt sich die Muskeldysbalance zwischen unteren Schulterblattstabilisatoren und Oberarmmuskulatur.
Begründung: Durch zu schwachen m. serratus anterior und/oder mittleren Trapeziusanteil gleitet das Schulterblatt vom Brustkorb ab (vgl. S. 85).

Klimmzüge zur Kräftigung der Armmuskulatur
Kritik: bei ungenügend fixiertem Schulterblatt Verstärkung der Dysbalance zwischen Schulterblattfixatoren und Oberarmmuskulatur
Begründung: Mm. rhomboidei und Trapezius fixieren ungenügend.

Rumpfvorbeuge im Strecksitz mit Partnerhilfe als Dehnungsübung (Foto unten)
Kritik: unspezifische Mobilisation der gesamten Wirbelsäule in Fehlhaltung mit Überdehnung des hinteren Längsbands
Begründung: Die Kniegelenkbeuger (mm. ischiocrurales) ‹bremsen› die Bewegung und unterstützen die gesamte Fehlbelastung der Wirbelsäule.

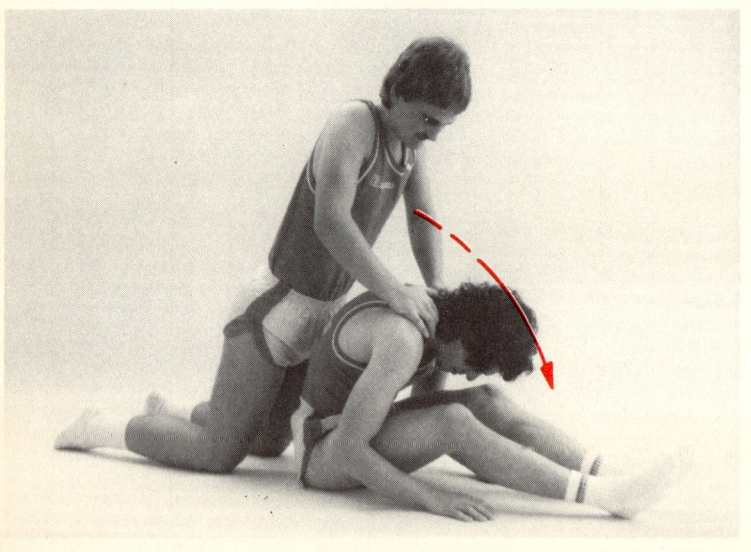

Schwungvolle Rumpfvorbeuge im Strecksitz und im Stand (Fotos rechts, oben und innen), «Holzhackerübung»
Kritik: mögliche Schädigung der Lendenwirbelsäule, Überdehnung des hinteren Längsbands
Begründung: Die schwächste Stelle (Lendenwirbelsäule) der Dehnungskette gibt bei allen drei Übungsausführungen als erstes nach.

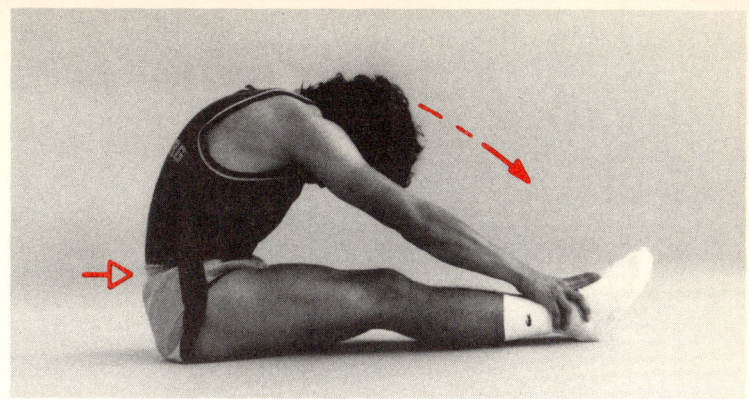

Klappmesser zur Kräftigung der Bauchmuskeln
(Foto oben rechts)
Kritik: mögliche Schädigung der Lendenwirbelsäule, nicht-fasertypische Belastung der Bauchmuskeln, primäre Kräftigung der Hüftbeuger
Begründung: durch primäre Innervation der Hüftbeuger verstärkte Lendenwirbelsäulenlordose

Unfunktionelle Übungen – Negativ-Beispiele

Aushängen zur Dehnung der gesamten Rumpfvorderseite (Foto oben)
Kritik: mögliche Schädigung der Lendenwirbelsäule; kein Dehnungseffekt durch Abwehrspannung von Arm-, Rumpf- und Hüftmuskulatur
Begründung: Verstärkter Iliopsoas-Zug zieht Lendenwirbelsäule in Hyperlordose.

Bauchwippe zur Dehnung der gesamten Rumpfvorderseite (Foto unten)
Kritik: mögliche Schädigung der Lendenwirbelsäule (lumbo-sakraler Übergang)
Begründung: unfunktionelle Verstärkung der natürlichen Lordose, Anspannung der Quadrizeps- und Hüftbeugemuskulatur

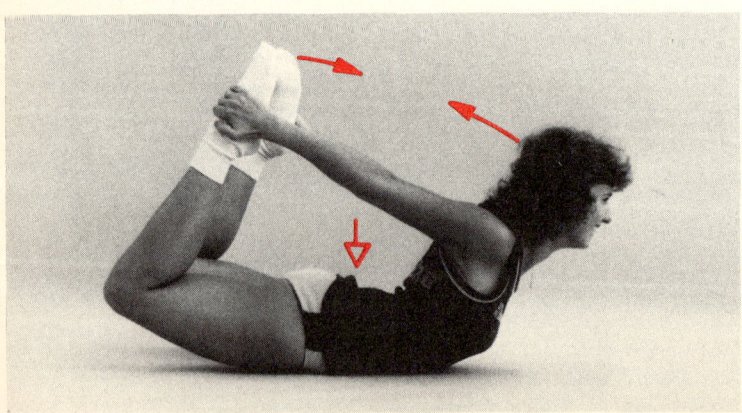

Unfunktionelle Übungen – Negativ-Beispiele

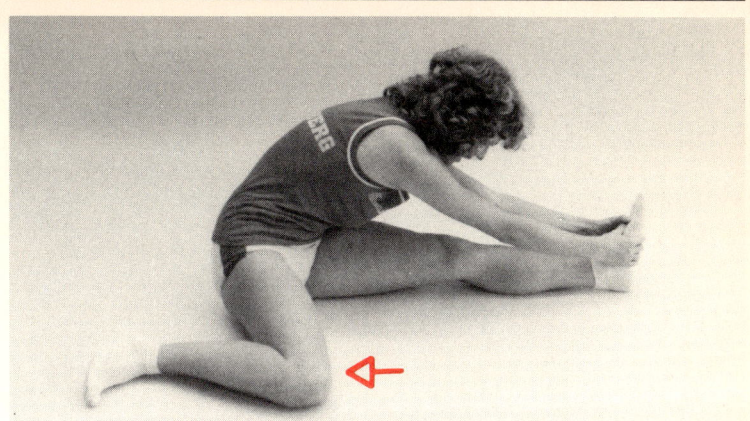

Hürdensitz mit außenrotiertem (Foto oben) oder innenrotiertem (Foto unten) Bein zur Mobilisation der Hüftgelenke und Dehnung der gesamten Beinrückseiten
Kritik: mögliche Schädigung des gebeugten Kniegelenks und der Lendenwirbelsäule
Begründung: Scherbelastung im Kniegelenk; die Lendenwirbelsäule als schwächste Stelle gibt zuerst nach (Überdehnung des hinteren Längsbandes).

Unfunktionelle Übungen – Negativ-Beispiele

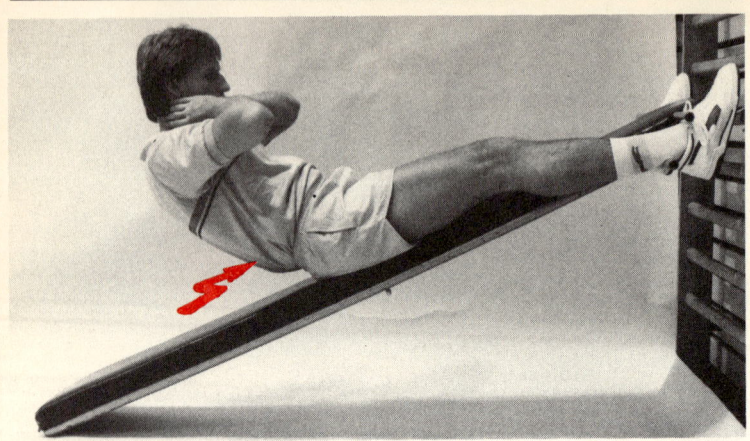

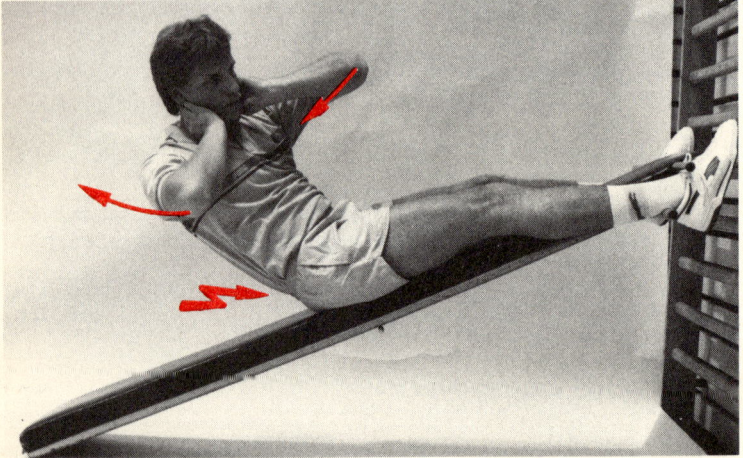

Sit-ups auf der Schrägbank (Foto oben)
Kritik: mögliche Schädigung der Lendenwirbelsäule
Begründung: durch primäre Innervation der Hüftbeuger verstärkte Lendenwirbelsäulenlordose mit hoher Fehlbeanspruchung der Bandscheiben

Dreh-Sit-ups (Foto Mitte)
durch Drehung des Oberkörpers Verstärkung der Fehlbeanspruchung

Unfunktionelle Übungen – Negativ-Beispiele

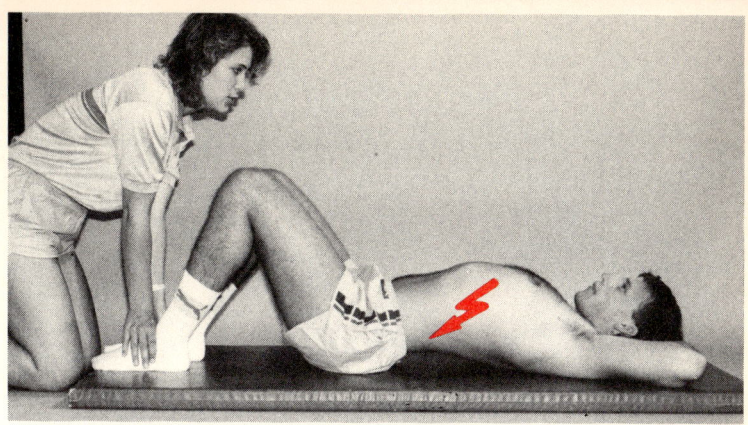

Sit-ups als Partnerübung
Kritik: wie Übungen auf Seite 236

Rumpfaufrichten aus der Hyperlordose
Kritik: extreme Fehlbeanspruchung der Wirbelbögen und der kleinen Wirbelgelenke sowie der Bandscheiben
Begründung: die Hohlkreuzbildung verstärkt die Schub- und Scherkräfte im Übergangsbereich Wirbelsäule–Kreuzbein (‹Bandscheibenkillerübung›).

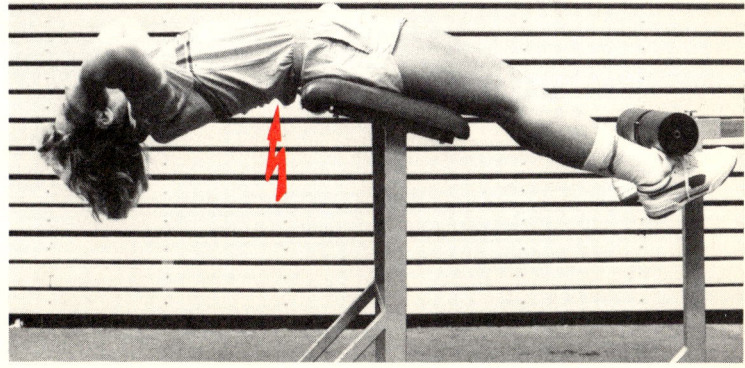

238   **Unfunktionelle Übungen – Negativ-Beispiele**

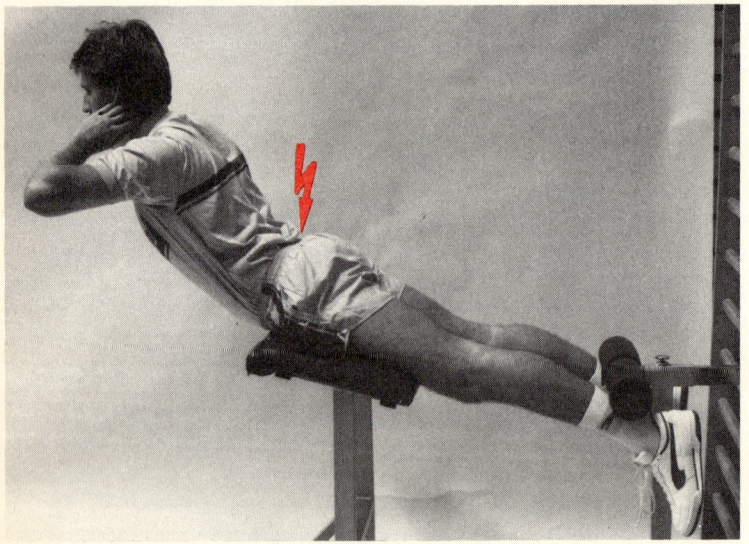

Rumpfaufrichten mit frei schwingendem Oberkörper
Kritik: extreme Fehlbeanspruchung der Lendenwirbelsäule (vgl. Übung S. 237 unten)
Begründung: dynamische Hohlkreuzbildung in der Abbremsphase verstärkt die Schub- und Scherkräfte im lumbo-sacralen Übergang.

Anhang

Literaturhinweise

APPELL, H. J. / STANG-VOSS, CH.: Funktionelle Anatomie. Grundlagen sportlicher Leistung und Bewegung. München 1986.
BADTKE, G.: Sport in der Prävention und Therapie von Erkrankungen des neuromuskulären Systems. In: Medizin und Sport 26 (1986) 5, 142–144.
BÄKER, B.: Bandscheibenbeschwerden. München 1983.
BAMMES, G.: Die Gestalt des Menschen. Dresden o. J.
BEAULIEU, J. E.: Stretching For All Sports. Pasadena 1981.
BERGER, J. / LOTZ, I.: Zu einigen Fragen des Krafttrainings im Kindes- und Jugendalter. In: Theorie und Praxis der Körperkultur (1979) 8, 672–677.
BERTHOLD, F.: Die Änderung der Körperhöhe von Sportlern im Tagesverlauf als Indikator für die Be- und Entlastung der Wirbelsäule. In: Medizin und Sport 26 (1986) 3, 78–82.
BERTHOLD, F. / JELINEK, W. / ALBRECHT, R.: Die Bedeutung des Muskelfunktionstests nach Janda für die sportärztliche Praxis. In: Medizin und Sport 21 (1981) 6, 171–174.
BERTHOLD, F. / THIERBACH, P.: Zur Belastbarkeit des Halte- und Bewegungsapparats aus sportmedizinischer Sicht. In: Medizin und Sport 21 (1981) 6, 165–171.
BEYER, L. / SCHOBER, F. / ASCHERON, R.: Optimierung der Erwärmung aus zentralnervaler Sicht. In: Medizin und Sport 26 (1986) 5, 145.
BIEHL, G. / SCHMITT, J.: Zum Problem der Epicondylitis als typischen Tennissportschaden. In: Dt. Ztsch. f. Sportmedizin 29 (1978) 205–210.
BIENER, K. / CALUORI, P.: Sportmedizinisches Profil des Tennisspielers. In: Sportarzt und Sportmedizin 1976, 8–10.
BIENER, K. / OECHSLIN, M.: Sportmedizinisches Profil des Tischtennisspielers. In: Dt. Ztsch. f. Sportmedizin 1979, 11 u. 12, 374–376 u. 406–410.
BLUM, B. / WÖLLZENMÜLLER, F.: Stretching – Bessere Leistungen in allen Sportarten. Oberhaching 1985.
BLUM, H. (Red.): 1014 Spiel- und Übungsformen im Tischtennis. Schorndorf 1986.
BOLLIGER, A.: Top Fit im Tennis – Sportärztliche Ratschläge für jeden Tennisspieler. St. Gallen 1979.

BONCZEK, H. P. / KRIEG, H.: Pathophysiologie, Diagnostik und Therapie des Schmerzes unter Berücksichtigung sportmedizinischer Besonderheiten. In: Medizin und Sport 25 (1985) 2, 37–47.
BORNEMANN, R. / GABLER, H. / REETZ, J. (Bearb.): Lehrbuch Tennis: Das Wichtigste aus den Tennis Lehrplänen. München / Wien / Zürich 1986.
BORNEMANN, R. / ZEIN, B. (Red.): Tennis Training. Beiträge zur Methodik, Bewegungs- und Trainingslehre vom 8. Seminar «Tennis» 1982. Ahrensburg 1983.
BRECHT, K.: Muskelphysiologie. In: ARNOLD, A. (Hg.): Sportmedizin. Leipzig 1960[2].
BRENKE, H. / DIETRICH, L.: Sport in der Rehabilitation nach Verletzungen, Fehlbelastungsfolgen und Operationen. In: Medizin und Sport 21 (1981) 6, 177–185.
BRENKE, H. / DIETRICH, L. / BERTHOLD, F.: Trainingsmethodische Hinweise zur Vermeidung von Schäden am Stütz- u. Bewegungsapparat. In: Medizin und Sport 25 (1985) 2, 57–62.
BRENKE, H. / DIETRICH, L.: Die Bestimmung der Rücken- und Bauchmuskelkraft. In: Medizin und Sport 26 (1986) 3, 92–94.
BRESKVAR, B.: Tennis – Wie es Boris Becker bei mir lernte. München 1985.
BRZANK, K.-D. / PIEPER, K.-S.: Muskelzelluläre Charakteristik von Sportlern mit ausgeprägten Schnelligkeitsfähigkeiten. In: Medizin und Sport 27 (1985) 1, 11–14.
BRZANK, K.-D. / PIEPER, K.-S.: Die Fasertypen im menschlichen Skelettmuskel – Basis für funktionelle Variabilität und energetische Effektivität in der Arbeitsweise des Muskels. In: Medizin und Sport 25 (1985) 5, 129–132.
BUCHER, W. (Red.): 1002 Spiel- und Übungsformen im Tennis. Schorndorf 1984.
BÜHRLE, M. (Hg.): Grundlagen des Maximal- und Schnellkrafttrainings. Schorndorf 1985.
BULL, H.-J. / BULL, CH.: Körperliche Beweglichkeit und Leistungsfähigkeit. In: Theorie und Praxis der Körperkultur 29 (1980) 9, 667–684.
BUREAU, M.: Wenn der Rücken zum Kreuz wird. In: Tennis Magazin 1987, Hft. 5, 84–85.
CAIRD, CH.: Squash. Wiesbaden 1985.
COPELAND, K. L.: An I-EMG Comparision of an Isotonic Leg Press with an Isotonic Knee Extension and Knee Flexion Exercise. (unveröffentlichtes Manuskript).
COTTA, H. / SOMMER, H. M.: Die Belastung und Trainierarbeit der Haltungs- und Bewegungsorgane in den verschiedenen Alters- und Entwicklungsstufen. In: PROKOP, L. (Hg.): Kindersportmedizin. Stuttgart / New York 1986.
DANGEL, G. / REICHARDT, H.: Funktionelle Gymnastik zur Verbesserung der tennisspezifischen Beweglichkeit und Kraft. In: GABLER, H. / ZEIN, B. (Hg.): Konditionstraining im Tennis. Ahrensburg 1986.
DANIELS, L. / WORTHINGHAM, C.: Muskelfunktionsprüfung. Stuttgart 1982[4].
DARDEN, E.: The Knee and the female Athlete. In: Scholastic Coach 46 (1976/77), 54.
DIETRICH, L. / BERTHOLD, F. / BRENKE, H.: Muskeldehnung aus sportmethodischer Sicht. In: Medizin und Sport 25 (1985) 2, 52–57.
DORDEL, H.-J.: Die Muskeldehnung als Maßnahme der motorischen Leistungsverbesserung. In: Sportunterricht 24 (1975) 2, 40–45.
EBERSPÄCHER, H.: Sportpsychologie. Reinbek bei Hamburg 1987[3].
EBERSPÄCHER, H.: Ansatz und Methodik zur Regulation psychischer Beanspruchungen im Hochleistungssport. Studienbrief Nr. 13, Trainerakademie Köln, o. J.

ECCLES, J. C.: The Physiology of Synapses. Berlin / Heidelberg 1964.
EKSTRAND, J. / GILLQUIST, J. / LILJEDAHL, S. O.: Prevention of soccer injuries. In: AMER. J. Sports Med. 11 (1983) 116–120.
FRISCH, H.: Programmierte Untersuchung des Bewegungsapparats. Berlin / Heidelberg / New York / Tokio 1983.
FUCHS, K. / SOLOGUB, L.: Badminton. Niedernhausen 1984.
GABLER, H. (Red.): Talentsuche und Talentförderung im Tennis. Ahrensburg 1984.
GABLER, H. / SCHÖNBORN, R. / SCHOLL, P. / WEBER, K.: Tennis-Lehrplan Bd. 5 – Training und Wettkampf. München 1986.
GOTTSCHALK, K. / BEYER, L.: Sportmedizinische Begriffsbestimmung der Bewegungskoordination. In: Medizin und Sport 25 (1985) 3, 67–69.
GOTTSCHALK, K. / WINTER, R.: Zu einigen sportmedizinischen Aspekten der Beschleunigung von Wiederherstellungsprozessen im sportlichen Training. In: Medizin und Sport 24 (1984) 6, 168–173.
GRAFF, K.-H. / PRAGER, G.: Der Kreuzschmerz des Leistungssportlers – Teil I u. II. In: Leistungssport 4 u. 6/1986, 14–22 u. 31–35.
GROHER, W.: Lendenwirbelsäule und lumbosakraler Übergang als funktionelle Einheit. In: RIECKERT, H. (Hg.): Sportmedizin-Kursbestimmung. Berlin / Heidelberg 1987.
GROSS, B.-U.: Tischtennis-Praxis. Programme, Übungen, Lernhilfen. Reinbek bei Hamburg 1987.
GUNNARI, H. / EVJENTH, O. / BRADY, M.: Sequence Exercise. The Sensitive Approach to All-Round Fitness. Oslo 1984.
GUSTAVSEN, R.: Trainingstherapie. Stuttgart / New York 1984.
HAAGE, K. / LIEBIG, K. / PROBST, K. J. / ROESSLER, E.: Fußbelastung des Tennisspielers – Belastungsmessung bei unterschiedlichen Sportschuhmaterialien und Spielplätzen. Orthopädische Praxis. Uelzen 15 (1978) 11, 816–818.
HARTMANN, J. / TÜNNEMANN, H.: Krafttraining für jedermann. Berlin 1984.
HARST, H. / GIESECKE, H. / SCHLAF, J.: Tischtennis. Reinbek bei Hamburg 1977/1987[8].
HASSELBACH, C. / HÄRTEL, N.: Squash. Reinbek bei Hamburg 1981/1987[6].
HERBECK, B.: Die hypermobile Lendenwirbelsäule der Frau im Sport. In: MEDAU, H. J. u. a. (Hg.): Frau und Sport II. Erlangen 1985.
HINRICHS, H.-U.: Sportverletzungen. Erkennen, Helfen, Vorbeugen. Reinbek bei Hamburg 1986.
HOLLMANN, W. / HETTINGER, TH.: Sportmedizin. Arbeits- und Trainingsgrundlagen. Stuttgart / New York 1980[2].
HOLT, L. E.: Scientific Stretching For Sport. (Eigenverlag) Halifax 1971.
ISRAEL, S.: Das Erwärmen als Startvorbereitung. In: Medizin und Sport 16 (1977) 12, 386–391.
ISRAEL, S.: Die organismischen Grundlagen der geschlechtsspezifischen sportlichen Leistungsfähigkeit. In: Medizin und Sport 19 (1979) 7, 194–205.
ISRAEL, S.: Die Grundzüge bewegungsinduzierter organismischer Adaption. In: Medizin und Sport 26 (1986) 8, 225–230.
JANDA, V.: Muskelfunktionsdiagnostik. Heidelberg 1979.
JONATH, U. / KREMPEL, R.: Konditionstraining. Reinbek bei Hamburg 1981/1987[5].
JONATH, U.: Circuittraining. Reinbek bei Hamburg 1985/1987[2].
JONATH, U. (Hg.): Lexikon Trainingslehre. Reinbek bei Hamburg 1988.
JUNGHANNS, H.: Die Wirbelsäule unter den Einflüssen des täglichen Lebens, der Freizeit und des Sports. Stuttgart 1986.

KLÜMPER, A.: Überlastungsreaktionen bei Spitzenathleten. In: Leistungssport 17 (1987) 2, 5–6.
KNEBEL, K.-P.: Funktionsgymnastik. Reinbek 1985/1989[6].
KNEBEL, K.-P.: Funktionelle Kraft – Eine neue «Dimension» im Krafttraining? In: MECHLING, H. u. a. (Red.): Aspekte der Bewegungs- und Trainingswissenschaft. DVS Protokolle Nr. 22, 1986.
KNEBEL, K.-P.: Sinn und Unsinn des Stretching. Kongreßbeitrag «Sport und Gesundheit», Siegen 1987 (unveröffentl.).
KNEBEL, K.-P. / HERBECK, B.: Computergesteuerte Muskelfunktionsdiagnostik und ihre Verwendung im Training. In: Lehre der Leichtathletik 1986, Nr. 15, 559–562.
KNEBEL, K.-P./HERBECK, B./HAMSEN, G.: Fußball-Funktionsgymnastik. Reinbek bei Hamburg 1988.
KNUPP, M.: 1011 Spiel- und Übungsformen im Badminton. Schorndorf 1985.
KRÄMER. J. / SCHMITZ-BEUTING, J.: Überlastungsschäden am Bewegungsapparat bei Tenninsspielern. In: Dt. Ztsch. f. Sportmedizin 2 (1979), 44–48.
KUHN, W.: Zum Phänomen des kontralateralen Transfers. Köln 1987.
LEISS, J. / WOLF, J.: Tischtennis-Lehrplan 3. München / Wien 1983.
LENDL, I./MENDOZA, G.: Top-Tennis mit Ivan Lendl. München/Wien/Zürich 1987.
LETZELTER, M.: Trainingsgrundlagen. Reinbek bei Hamburg 1978/1987[9].
LETZELTER, H./LETZELTER, M.: Krafttraining. Reinbek 1986.
DE MARÉES, H.: Sportphysiologie. Köln 1979.
MARKWORTH, P.: Sportmedizin, Reinbek bei Hamburg 1983/1988[4].
MICHAELIS, R./SKLORZ, M.: Tischtennis-Lehrplan 4. München/Wien 1983.
MICHEL, P./SEGESSER, B./FEINSTEIN, R./JENOURE, P.: Chronische Achillessehnenbeschwerden - Prophylaktische Maßnahmen im Training und beim Wettkampf. In: Physikalische Therapie 8 (1987) 1, 20–24.
MÜLLER, B./HEYSE, K.: Anwendungsformen physioprophylaktischer Selbstmaßnahmen. In: Medizin und Sport 22 (1982) 10, 300–305.
MÜLLER-WOHLFARTH, H.-W.: Die Wirbelsäule. Haltung durch Beweglichkeit – Das Kreuz mit dem Kreuz. In: SPORTS International 7/1987, 110–114.
MÜLLER-WOHLFAHRT, H. W./MONTAG, H. J./DIEBSCHLAG, W.: Süße Pille Sport – Verletzt, was nun? Neufahrn 1984.
NACHEMSON, A./ELFSTRÖM, G.: Intravital dynamic pressure measurements in lumbar discs. Stockholm 1970.
NACHEMSON, A.: Lumbar intradiscal pressure. In: IAYSON, M. (Hg.): The lumbar spine and back pain. London 1976.
NAVRATILOVA, M.: Mein Erfolgsrezept. Wiesbaden 1984.
NIESNER, H. W./RANZMAYER, J. H.: Badminton. Reinbek bei Hamburg 1980/1987[6].
NOTH, J.: Neurophysiologische Aspekte der Muskelelastizität. In: BÜHRLE, M. (Hg.): Grundlagen des Maximal- und Schnellkrafttrainings. Schorndorf 1985.
PAUL, B.: Die Bedeutung des Krafttrainings für Therapie und Rehabilitation von Sportverletzungen. In: Medizin und Sport 24 (1984) 4, 108–110.
PAUL, B./GENTKOW, W.: Laktatanstieg im cavum articulare – Wegbereiter degenerativer Knorpelschäden? In: Medizin und Sport 26 (1986) 7, 208–211.
PAERISCH, M.: Neue Aspekte zur kontraktilen Dynamik von Muskeln. In: Medizin und Sport 24 (1984) 8, 225–228.
PETERSON, L./RENSTRÖM, P.: Verletzungen im Sport. Handbuch der Sportverletzungen und Sportschäden für Sportler, Übungsleiter und Ärzte. Köln 1987[2].
PFÖRRINGER, W./KEYL, W.: Traumatologie im Racketsport. In: CHAPCHAL, G.

Konditionstraining...

... ist für Tennisspieler eine unverzichtbare Voraussetzung für den späteren Erfolg im Spiel. Daß sich dieser Erfolg bei Profis auch noch in Form von gut gefüllten Bankkonten zeigt, sollte den Amateur nicht entmutigen. Das beglückende Gefühl, sportlich etwas geleistet zu haben, ist schon der Mühe Lohn.
Und: Sparen kann man auch, ohne ein Star zu sein.

Pfandbrief und Kommunalobligation

Meistgekaufte deutsche Wertpapiere - hoher Zinsertrag - bei allen Banken und Sparkassen

Verbriefte  Sicherheit

(Hg.): Sportverletzungen und Sportschäden. Stuttgart 1983.
PFÖRRINGER, W./MÜLLER-WOHLFAHRT, H. W.: Skelettveränderungen bei Hochleistungssportlern. In: KINDERMANN, W. u. a. (Hg.): Sportmedizin. Gräfelfing 1980.
PFÖRRINGER, W./ROSEMEYER, B./BÄR, H. W. (Hg.): Sport – Trauma und Belastung. Erlangen 1985.
PÖTINGER, P./MENSING, E.: Tennissport. Handbuch für Lehre, Training und Spiel. Böblingen 1986.
PROKOP, L. (Hg.): Kinder-Sportmedizin. Stuttgart/New York 1986.
RIEDER, H.: Ergebnisse einer Längsschnittuntersuchung an Tennistalenten und ihre Nutzanwendung in der Talentförderung. In: BORNEMANN, R. u. a. (Hg.): Tennistraining. Beiträge zur Methodik. Ahrensburg 1982.
RÜHL, H./WITTEKOPF, G.: Die Bedeutung der Anpassungsgeschwindigkeit für die muskuläre Mobilistion. In: Medizin und Sport 24 (1984) 8, 232–234.
RÜHL, H./WITTEKOPF, G.: Die motorische Koordination bei automatisierten Bewegungsabläufen. In: Medizin und Sport 25 (1985) 5, 138–142).
RUMLER, H./URBAN, D.: Der Muskelfunktionszustand bei trainierenden Kindern. In: Medizin und Sport 26 (1986) 2, 41–43.
SALIS-SOGLIO, G. VON: Sportfähigkeit bei Tennisspielern mit Erkrankungen des Bewegungsapparates. In: HECK, H. u. a. (Hg.): Sport: Leistung und Gesundheit. Köln 1983.
SALIS-SOGLIO, G. VON: Sportverletzungen und Sportschäden bei Tennis-Spitzensportlern. In: RIEKERT, H. (Hg.): Sportmedizin-Kursbestimmung. Berlin / Heidelberg 1987.
SCHMIDT, H./FRAUENDORF, V./ASMUSSEN, U./KRAFT, W.: Der Muskeltest nach Janda für die sportmedizinische Praxis. In: Medizin und Sport 23 (1983) 9, 271–278.
SCHMIDT, H.: Muskuläre Dysbalancen und deren Beeinflussung durch Sport. In: Medizin und Sport 26 (1986) 5, 145.
SCHOBER, H./WITTEKOPF, G.: Muskuläres Entspannungsverhalten und individuelle Belastungsverarbeitung. In: 26 (1986) 5, 146.
SCHÖNBORN, R.: Ein Kind ist kein kleiner Erwachsener. Tennis 12 u. 1, 1978/79.
SCHÖNBORN, R.: Die neue Tennis-Praxis. Niedernhausen 1981.
SCHÖNBORN, R.: Trainingstheoretische Gesichtspunkte. In: GABLER, H./ZEIN, B. (Red.): Talentsuche und Talentförderung im Tennis. Beiträge vom 1. Symposium des Sportwiss. Beirats des DTB 1983. Ahrensburg 1984, 210–226.
SCHOLICH, M.: Zum Kreistraining, seiner Gestaltung und Trainingswirkung. In: Medizin und Sport 24 (1984) 3, 86–90.
SIMKIN, N. W. zit. in: HOLLMANN, W./HETTINGER, TH.: Sportmedizin – Arbeits- und Trainingsgrundlagen. Stuttgart/New York 1980.
SKLORZ, M.: Tischtennis – Vom Anfänger zum Könner. München/Wien 1980.
SÖLVEBORN, S. A. Stretching. München 1983.
SOMMER, H.-M.: Ganzkörpergymnastik zur Leistungssteigerung und Verletzungsprophylaxe im Hochleistungssport. In: Basketball 22 u. 24/1983, 25–26 u. 21–27.
SOMMER, H. M.: Belastungs- und Überbelastungsmöglichkeiten des jugendlichen Haltungs- und Bewegungsapparats im Hochleistungssport. In: GABLER, H. / ZEIN, B.: Talentsuche und Talentförderung. Ahrensburg 1984.
SOMMER, H. M. / ROMPE, G.: Orthopädische Aspekte der Adaption und Prävention beim jugendlichen Tennisspieler. In: JESCHKE, D. (Hg.): Stellenwert der Sport-

medizin in Medizin und Sportwissenschaft. Berlin/Heidelberg 1984.
SPERRY, R. W.: Lateral Specialization of Cerebral Function in the Surgically Separated Hemispheres. In: MCGUIGAN, F. J. u. a. (Hg.): The Psychophysiology of Thinking. New York 1973.
SPRING, H.: Was bringt Stretching? Ergebnisse bei Skirennfahren. Schweiz. Ztsch. Sportmedizin 33 (1985), 21–24.
SPRING, H. / ILLI, U. / KUNZ, H.-R. / RÖTHLIN, K. / SCHNEIDER, W./TRITSCHLER, T.: Dehn- und Kräftigungsgymnastik. Stuttgart / New York 1986.
STEINHÖFER, D.: Training im Tennis für Spieler unterschiedlicher Leistungsstärke unter besonderer Berücksichtigung der Problematik Schulsport-Leistungssport. In: BORNEMANN, R./ZEIN, B.: Tennistraining. Beiträge zur Methodik. Ahrensburg 1982.
SYER, B./CONOLLY, CH.: Psychotraining für Sportler. Reinbek bei Hamburg 1987/1988[2].
THOMAS, J.: Neue Therapieformen beim «Tennisarm». In: Physikalische Therapie 8 (1987) 8, 491–492.
TAUCHEL, U./MÜLLER, B.: Untersuchungen zu Muskelfunktionsstörungen im Kindesalter und die Bedeutung des arthromuskulären Gleichgewichts für die sportliche Belastung. In: Medizin und Sport 26 (1986) 4, 120–125.
THIESS, G./SCHNABEL, G./BAUMANN, R.: Training von A bis Z. Berlin 1980.
TITTEL, K.: Funktionell-anatomische und biomechanische Grundlagen für die Sicherung des «arthro-muskulären Gleichgewichts» im Sport, ein Beitrag zur Erhöhung der Belastbarkeit bindegewebiger Strukturen. In: Medizin und Sport 26 (1986) 1, 2–4.
WEBER, J.: Zur Prophylaxe von Verletzungen und Fehlbelastungsschäden bei Sportlern. In: Medizin und Sport 21 (1981) 6, 175–176.
WEBER, J./BERTHOLD, F./BRENKE, H./DIETRICH, L.: Die Bedeutung muskulärer Dysbalancen für die Störung der arthromuskulären Beziehungen. In: Medizin und Sport 25 (1985) 5, 149–151.
WEBER, J.: Die Bedeutung der manuellen Therapie für die sportmedizinische Betreuung. In: Medizin und Sport 26 (1986) 3, 82–85.
WEBER, K.: Tennis-Fitness – Gesundheit, Training, Sportmedizin. München/Wien/Zürich 1982.
WEBER, K.: Konditionstraining im Tennis. In: GABLER, H. (Hg,) Tennis: Unterrichtsmaterialien. Schorndorf 1982, 126–134.
WEBER, K.: Stellenwert des Konditionstraining im Leistungstennis. In: GABLER, H./ZEIN, B. (Hg.) Konditionstraining im Tennis. Ahrensburg 1986.
WEICKER, H.: Verhalten der Sexualhormone bei Sportlerinnen. In: MEDAU, H. J. u. a. (Hg.): Frau und Sport. Erlangen 1983.
WEINECK, J.: Optimales Training. Erlangen 1980.
WEISS, M.: Körperliche, gesundheitliche und leistungsmäßige Entwicklung von jugendlichen Tennistalenten in einem Beobachtungszeitraum von 5 Jahren. In: GABLER, H. (Red.) Talentsuche und Talentförderung im Tennis. Ahrensburg 1984.
WENDLER, H.-J.: Ausgewählte Gymnastikprogramme zur Vorbereitung und Unterstützung sportlichen Trainings und sportmedizinischer Rehabilitation. In: Medizin und Sport 23 (1983) 4, 118–126.
WURSTER, K. G.: Einfluß von Leistungssport auf das endokrine System der Frau. Berlin/Heidelberg 1986.

Die Autoren

Karl-Peter Knebel, Jahrgang 1941, ist Diplom-Sportlehrer und wissenschaftlicher Angestellter am Institut für Sport und Sportwissenschaft der Universität Heidelberg. Von 1974 bis 1980 war er Bundestrainer für den Hochsprung der Frauen im Deutschen Leichtathletik-Verband. Außerdem führte er in zahlreichen Ländern Afrikas und Asiens Fortbildungslehrgänge für Sportlehrer und Trainer durch. Gegenwärtig ist er verantwortlich für das Konditionstraining im Bereich «Eiskunstlauf» im Olympiastützpunkt «Rhein-Neckar». Er ist Autor verschiedener Buch- und Aufsatzveröffentlichungen zu Themen der allgemeinen und speziellen Trainingslehre und Methodik der Sportarten.

Bernd Herbeck (Foto Mitte), Jahrgang 1946, ist leitender Krankengymnast bei «sportomed» Mannheim, einer Einrichtung für die Rehabilitation von Sport- und Unfallverletzten. In diesem Zentrum werden Leistungssportler nach Verletzungen therapiert und auftrainiert sowie mit modernsten leistungsdiagnostischen Verfahren in ihrer Trainingsplanung unterstützt. Als Leistungssportler war er im Handball und Modernen Fünfkampf aktiv. Seit 1984 ist er Lehrbeauftragter am Institut für Sport und Sportwissenschaften der Universität Heidelberg.

Susanne Schaffner, Jahrgang 1962, ist A-Trainerin und stellvertretende Verbandstrainerin des Badischen Tennis-Verbandes im Landesleistungszentrum (Bundes- und Olympiastützpunkt) in Leimen. Als Turnierspielerin gewann sie die Deutsche Jugendmeisterschaft im Doppel und mehrfach die Deutsche Mannschaftsmeisterschaft mit dem Heidelberger Tennis-Club.

Glossar

Abduktoren: Beinabspreizmuskeln.
Adduktoren: Beinanziehermuskeln.
Agonist: Muskel, der eine bestimmte, dem Antagonisten entgegengesetzte Bewegung durchführt.
Aktin: Eiweißkörper der Muskelzelle mit kettenartiger und spiraliger Struktur.
Antagonist: Gegenspieler; Muskel, der eine bestimmte, dem Agonisten entgegengesetzte Bewegung ausführt.
arthro-muskulär: Gelenk- und Muskelfunktion betreffend.

bilateral: zweiseitig; auf beiden Seiten.

Cool-down: Entmüden, Abwärmen.
Crunchers: funktionelle Bauchmuskelübung.

Dorsalflexion: Fuß in Richtung des Schienbeins anziehen; Bewegung im oberen Sprunggelenk.
Dysbalance, muskuläre: funktionelles Ungleichgewicht; Störung im harmonischen Zusammenspiel einzelner Muskeln und Muskelgruppen.

Ermüdung, zentrale: Ermüdungserscheinungen, die vom Gehirn ausgehen.
Ermüdung, lokale: Ermüdung, die ihre Ursache in der Funktionsminderung begrenzter Areale (z. B. der Beinmuskulatur) hat.
Explosivkraft: Komponente der Schnellkraft; Fähigkeit der Muskulatur, einen bereits begonnenen Spannungsanstieg maximal schnell weiterzuentwickeln.
Extensoren: Gelenkstreckmuskeln.
exzentrische Muskelarbeit: Spannungsentwicklung des Muskels bei der der Muskel trotz Kontraktion länger wird (nachgebende Arbeitsweise).

Flexoren: Gelenkbeugemuskel.
FT-Fasern: Fast-twitch-fibres; schnellkontrahierende Muskelfasern, auch weiße Fasern genannt.

Golgi-Apparate: Meßfühler der Sehnen, die die Spannung und deren Änderung kontrollieren.

Hyperlordose: verstärkte Biegung der Lendenwirbelsäule (z. B. beim Hohlkreuz).
Hypermobilität: Überbeweglichkeit eines Gelenks.
Hypomobilität: eingeschränkte Beweglichkeit eines Gelenks.
Hypertonie: gesteigerter Funktionszustand der Muskulatur.
Hypotonie: herabgesetzter Funktionszustand der Muskulatur.

Kinästhesie: Muskelempfinden, Bewegungsgefühl.
Kinetik: Forschungsrichtung, die den Zusammenhang zwischen den auf einen Körper wirkenden Kräften und die durch sie hervorgerufenen Bewegungen untersucht.
kontraktil: Fähigkeit, sich zusammenzuziehen.
Kontraktion, isometrische: Spannungsentwicklung des Muskels ohne sichtbare Verkürzung.

Glossar 249

Kontraktion, isotonische: Muskelverkürzung bei gleichbleibender Spannung.
konzentrische Muskelarbeit: Spannungsentwicklung des Muskels unter Verkürzung (überwindende Arbeitsweise).
Koordination, intermuskuläre: Zusammenspiel motorischer Einheiten verschiedener Muskeln.
Koordination, intramuskuläre: Zusammenspiel zwischen verschiedenen motorischen Einheiten in einem Muskel.
Kybernetik: Lehre und Forschungsrichtung, die vergleichende Betrachtungen über Gesetzmäßigkeiten im Ablauf von Steuerungs- und Regelprozessen anstellt.

Laktat: Endprodukt des Muskelstoffwechsels (der Glykolyse).
Lumbagoschmerzen: nicht näher differenzierte Beschwerden, die die Lendenwirbel betreffen oder von ihr ausgehen.
lumbo-sakraler Übergang: Übergang von der Lendenwirbelsäule zum Kreuzbein.

Motocortex: Teil des Gehirns, der für die Planung und auch Steuerung von Bewegungen verantwortlich ist.
Muskelkette: funktionell im Zusammenhang stehende Muskeln und Muskelgruppen (auch Muskelschlingen).
Myofibrille: kleinste, nachweisbare Fadenstruktur des Muskels.
Myosin: Eiweißkörper, Baustein der Muskelzelle.
Myosinfilament: bündelartig geordneter Eiweißfaden.

Osteochondrose: Knochen- und Knorpeldegeneration.

Physioprophylaxe: vorbeugende, die Körperfunktion erhaltende und fördernde Maßnahmen.
Plantarflexion: Strecken des Fußes (Bewegung im oberen Sprunggelenk).
Plastizität: Verformbarkeit eines Materials.
postfazilitäre Phase: Phase nach der Anbahnung einer Bewegung.
postisometrische Relaxation: Stretching-Technik, Anpassungs-Entspannungs-Dehnen.
präventiv: vorbeugend, verhütend.
Pronatoren: Muskeln, die den äußeren Fußrand heben (Pronation).
Propriozeptoren: Empfängerorgane für Muskel- und Sehnenreflexe.

Sarkolemm: Hülle der Muskelfasern.
Sarkomer: Grundbaustein der Muskelzelle, Eiweißzylinder.
spinale Motorik: Steuerungsprozesse, die vom Rückenmark ausgehen.
Spondylose: Arthrose der Wirbelkörper.
Spondylarthrose: Arthrose der kleinen Wirbelgelenke.
Supinatoren: Muskeln, die den inneren Fußrand heben (Supination).
ST-Fasern: Slow-Twitch-fibres; langsam kontrahierende Muskelfasern (rote Fasern).

Tendomyose: degenerative Erkrankung einer Sehne samt ihres Muskelanteils.
thorakolumbaler Übergang: Übergang von der Brust- zur Lendenwirbelsäule.
Trauma: Verletzung.
vegetativ: dem Willen und dem Bewußtsein entzogen, das vegetative Nervensystem betreffend.
viskoplastisch: zäh verformbar.

Sachregister

Abfluggeschwindigkeit 23
Abnutzungserscheinungen 56
Abschwächung 33
Abschwächungstendenz 70
Abwärmen 45
Achillessehnen-Beschwerden 64
Agonisten 133
Aktivierungsprozesse, psychophysische 19
–, zentralnervale 48
Amenorrhöen 89
Anforderungsprofil 17
Anpassungsfähigkeit 16
Anspannungs-Entspannungs-Dehnen 96, 102
Antagonisten 133
Aufwärmen 48, 90
–, funktionelles 91, 100
Ausdauer 15
Ausführungstempo 138
Auslösemechanismen, sportarttypische 69
Außenband 67
Außenmeniskus 67
Ausweichbewegungen 37
Athron 39

Bagatellverletzungen 49
Beckenkippung 36
Beinkraftmaschine 125
Bein-Press-Maschine 125
Bein-Streck-Maschine 125
Beweglichkeit 15, 19
Bewegungsamplitude, maximale 19
Bewegungshirn 16
bilaterales Tennis 18
Bindegewebsschwäche 87
bio-negativer Bereich 133
biorhythmische Schwankungen 93
Brustwirbelsäule 21

Cool-down 97

Dehndauer 117
Dehnen, gehaltenes 114
Dehnfähigkeit 15, 43, 46, 101
Dehntechniken, funktionelle 20

Dehnungsreiz 103
Dehnungsrückstand 111
Dehnungsverhalten 111
Differenzierungsfähigkeit 16
Druckbelastungen 43
Dysbalancen, muskuläre 14, 37, 44, 70

Eigenschaften, psychische 15
–, viskoplastische 102
Einheit, reflektorische 39
Elastizität 18
Endstellung 104
Energieträgerstoffe 31
Entspannungsfähigkeit 15, 43, 46, 86
Erhaltungstraining 114
Ermüdungswiderstandsfähigkeit 28
Explosivkraft 23
Extensoren 32
Extremitäten 52

Fähigkeiten, konditionelle 15
–, koordinative 15
Fasertypen 31
Fehlstellungen, angeborene 42
Formelemente, bindegewebige 19
–, knöcherne 19
FT-Fasern 31
FTG-Fasern 31
FTO-Fasern 31
Funktionskreisprinzip 39
Funktionsüberprüfungen 13, 46
Funktionszustand 13

Ganzkörperübungen 94, 100
Gelenk 37
–, mobiles 22
–, stabiles 22
Gelenkbeweglichkeit 19, 78
Gelenkform 101
Gelenkkette 37
Gelenkstoffwechsel 19, 44, 101
Gelenkverhalten 13
Geschicklichkeit 15
Gespanntheit, konzentrative 47
–, psychische 19
Gewandtheit 15f
Gleichgewicht, arthromuskuläres 38

Register

Gleichgewichtsfähigkeit 16
Glykose 31
Grundlagenkraft 121
Grundspannung 112
Gymnastik, präventive 43

Halswirbelsäule 55
Hemmungsprozesse, psychophysische 19
Hirnforschung 18
Homöostase 44, 49
Hüfte-Lenden-Becken-Region 13
Hürdensitz 50 f
Hyperelastizität 104
Hyperextension 38
Hyperlordosierung 36
Hypermobilisation 55, 104
Hypermobilität 19
Hypertonie, bio-positive 133
Hypertrophie 21
Hypomobilität 19

Innenband 67
Innenmeniskus 67
Interaktivierung 48

Kinder- und Jugendtraining 38
Kniegelenk 67
Kniescheibe 67
Knorpeldegeneration 44
Knorpelschicht 92
Kombinationsfähigkeit 16
Kompensationstraining 43
Kondition 12
Konditionstraining 23
Kontraktionsrückstand 132
Kontrakturen 44
Koordination, intermuskuläre 18
–, intramuskuläre 18, 24
Körpertemperatur 93
Kraft 15, 22
Kraftausdauer 23
Kraftausdauertest 29
Kraftdefizite 13
Kraftentfaltung 43
Krafttraining 81
–, gymnastisches 121
Krankengymnastik 33
Kreuzbänder 67, 125
Kreuzschmerzen 37, 80

Laktatanstieg 44
Lastarmsituation 45
Leg-curl-Maschine 127
Leistungsbereitschaft, psychische 14
Leistungsfähigkeit, motorische 18
Lendenwirbelsäule 21
–, Überbeweglichkeit der 87
Lendenwirbelsäulen-Becken-Statik 37
Lernfähigkeit, koordinative 45
–, motorische 18
Liegestütz 84
Lordosierung 58
Lumbagoschmerzen 58

Maximalkraft 23
Maximalkrafttest 25
Medizin, manuelle 33
Mobilisation 94
Motocortex 16
Muskelaufbautraining 121
Muskelfunktionsuntersuchungen 46
Muskelfunktionszustand 79
Muskelgefühl (Kinästhesie) 115
Muskelhartspann 133
Muskelkette 132
Muskelriß 70
Muskelsicherung 54, 58
Muskelstoffwechsel 92
Muskeltonus 19, 111 f
Muskeltypus 24
Muskelverhalten 13
Muskelverkürzungen 80
Muskulatur, phasische 32
–, tonische 32
Myogelosen 133

Nackenschmerzen 72
Nackensteife 72
negativ-hyperton 113
normoton 113

Orientierungsfähigkeit 16
Osteochondrosen 55
Osteoporose 89

Patellarsehne 67
Physioprophylaxe 38, 57, 102
Physiotherapie 33
Plastizität 110
positiv-hyperton 113

Prävention 121
Propriozeptoren 44
Pseudolasègue-Test 109f
psychische Eigenschaften 15
Puffereigenschaften 37

Quellungen 44

Reaktionsfähigkeit 16
Reaktivkraft 23
reflektorische Einheit 39
Reflexmechanismen 116
Reflextonus 112
Regeneration 14
Regenerationsprozesse 100
Regenerationstraining 43
Rehabilitation 66, 121
Relaxation, postisometrische 96, 115f
Rotation 21
rote Fasern 31
Rückenprobleme 71
Rückentrainingsgeräte 129
Rückhandschlag 17
Rückhandschmetterschlag 45
Rumpfdreh-Sit-ups 38
Rumpfmuskeln 32

Scherbelastungen 43
Schlagarm 53
Schlagarmseite 44
Schnelligkeit 15
Schnellkraftfähigkeiten 23
Schultergelenk 73
Schultergelenkbeweglichkeit 20
Schultergürtel 13, 21
Schwingungsweite, maximale 20
Schwunggymnastik 103
Seitneigung 21
Selbstmaßnahme,
 physioprophylaktische 46
Sicherung, muskuläre 58
Sit-ups 50
Skoliosen 56
Spondylarthrosen 55
Spondylosen 55
Sportschaden 20
Sprunggelenk 66
Steuerungselemente,
 neurophysiologische 19
Steuerungsfähigkeit 16

ST-Fasern 31
Streßsyndrome, negative 43
Stretching 20, 102

Talent-Cup 77
Tendomyosen 133
Tennisbein 52
Tennisellbogen 52, 75
Tennisferse 52
Tennisschulter 52
Tenniszehe 52
Tonus, motorischer 112
Tonusdynamik 44
Tonuslage 112
Tonusmomente 112
Tonusperiodik 112
Tonussenkung 33
Torsionsbelastungen 43
Trainerausbildung 50
Trainingsreize, ausgleichende 43
Turnierspieler 43
Turniertennis 96

Übergang, cervico-thorakaler 55
–, lumbo-sacraler 55f
–, thorako-lumbaler 55
Übertreten 66
Umgebungstemperatur 93
Umknicken 66
Umstellungsfähigkeit 16
Ungleichgewicht, arthromuskuläres 37
–, muskuläres (Dysbalance) 13
Verfügbarkeit, motorische 18
Verkürzung 33
Verkürzungstendenz 70
Verletzungsnachsorge 49
Verletzungsrisiko 20
Verletzungsvorsorge 20
Verspanntheit, psychische 42
Verspannungen 72
viskoplastische Eigenschaft 102

Wadentrainer 126
weiße Fasern 31
Wirbelsäule, Statik der 55, 122

Zelltonus 112
Zerrungen 70
Zirkeltraining 221
Zugbelastungen 43
Zyklusstörungen 88

Norsk Trainingsgeräte,

Richtungsweisend für Training, physiotherapeutische Prävention, und Rehabilitation.

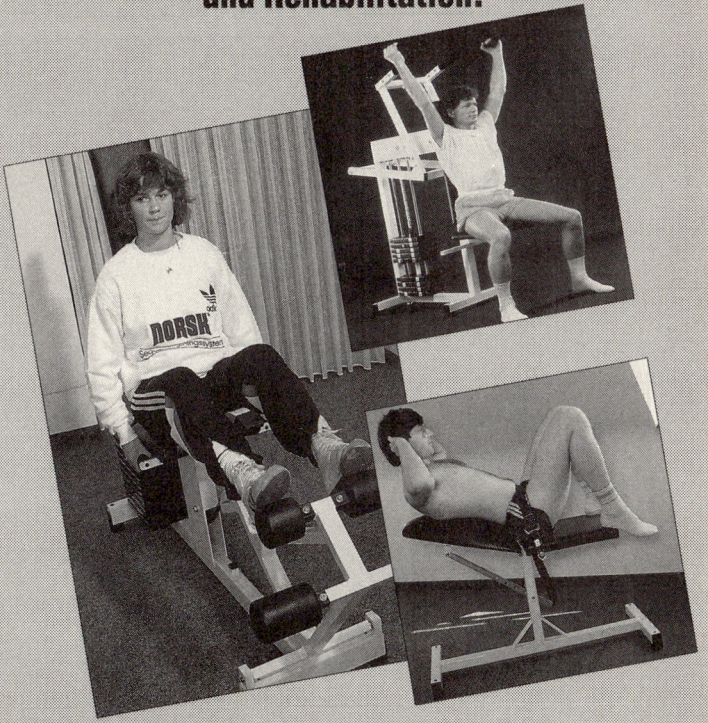

GALLUS-PLESNER
(DEUTSCHLAND) GmbH
Braugasse 12 · 5 Köln 40 · Tel.:02234/47091

Norsk Sequenz-Trainingsgeräte,

Nicht nur von Spitzensportlern werden die Norsk Sequenz-Trainingsgeräte genutzt, Sie finden ebenso vielfach Anwendung im Bereich der Rehabilitation.

GALLUS-PLESNER (DEUTSCHLAND) GmbH

Braugasse 12 · 5 Köln 40 · Tel.:02234/47091